被分心的孩子，愛干擾的父母

不暴躁、不苛求、不逼迫，雙方都該學會「靜心」，
爸媽更要一起練習！

胡郊仁，陳雪梅 編著

U0075145

才坐著不到十分鐘，孩子的屁股就待不住，
又開電視又開冰箱，作業什麼時候能完成？

你是否曾在孩子唸書時，一下端茶送水一下當起「伴讀」？
你是否一味逼迫孩子學習，卻從未關心他們精神已達極限？

那些無法專心的孩子，父母其實要負很大責任！

崧燁文化

目 錄

目錄

第六章　用正面情緒引導孩子的注意力

第七章　在生活中，有目的地訓練孩子的注意力

目錄

第八章　訓練注意力的特殊方法

第九章　訓練孩子注意力的相關遊戲

前言

身為家長，我們可能會發現自己的孩子有以下的特點：

➤ 他們總被形形色色的東西吸引，很難靜下心來專注地讀書；

➤ 做什麼事情都拖拖拉拉，漫不經心；

➤ 只要一看電視，就「兩耳不聞」窗外事；

➤ 上課時，老師提問，可他總是一問三不知；

➤ 做作業時，粗枝大葉，漏洞百出；

總之，你可能為自己的孩子「傷透了腦筋」！

為什麼孩子會有這些不良的表現呢？他們到底是不是真的有什麼「毛病」？

實際上，這都是孩子注意力不集中的表現。所謂注意力，指的是腦神經細胞吸收資訊時的一種能力。當一個人專心致志地注意某一件事物時，大量資訊透過視覺、聽覺、觸覺……源源不絕地快速透過神經傳入大腦中樞，並在各種神經細胞中儲存起來，印象就這樣產生了。在學習中，這種資訊被快速地綜合加工形成整體的知覺，變成知識。這就是注意力的效用。注意力與學習的效率和記憶成正比。注意力越集中，學習的效果越好，記憶越牢；反之則越差。

義大利著名的教育家瑪麗亞·蒙特梭利（Maria Montessori）說：「注意力是發展的第一要素！」愛因斯坦也說：「成功來自於良好的注意力。」縱觀古今中外那些著名的科學家們，我們無法想像，如果沒有「注意」他們該如何獲得成功呢？注意力如此重要！但注意力不集中卻是現今社會大多數孩子都存在的問題。因此我們說，提升孩子的注意力，是所有教育的

前言

當務之急。

眾多老師和家長透過長期的教育實踐認為，與其盲目地灌輸知識給孩子，不如先培養孩子的注意力，這樣才能掌握教育的根本之道。

只有提升孩子的注意力，才能讓孩子由「充耳不聞」變成「耳聰目明，全神貫注」。

只有提升孩子的注意力，才能減少及糾正孩子視聽上的錯誤、抄寫上的錯誤等「粗心」的毛病，使你對自己的孩子刮目相看。

只有提升孩子的注意力，才能改變孩子上課注意力不集中、恍神、上課效率低的情形。

總而言之，注意力是學習知識的入口，注意力的好壞直接決定了學業成績的優劣。因此提升孩子的注意力意義重大！

本書從孩子的現狀出發，用通俗易懂的語言，全面、系統地介紹了孩子的注意力特點、孩子注意力不集中的原因及訓練孩子注意力的具體操作方法等內容。在此基礎上，還搭配了一系列的教育實例，可讀性強，簡單實用，是孩子的良師益友，更是每位家長訓練、培養孩子注意力的好教材。願本書能使每一位孩子快樂成長！

編者

第一章　注意是孩子的心靈之門

俄國教育學家烏申斯基曾說：「注意是我們心靈的唯一入口，意識中的一切，必須要經過它才能進來。」每個人的學業和生活都離不開注意力，只有在注意力的引導下，才能正常地完成各種任務！

身為家長，與其盲目地灌輸知識給孩子，不如先培養孩子的注意力，只有打開「注意」這扇心靈之門，智慧之光才能照進來——

注意力集中的孩子易成功

注意力是指人對一定事物指向和集中的能力，它具有集中性和指向性這兩個特點。我們之所以能夠認識周圍的環境，主要是因為我們能夠透過身上的各種感覺器官來收集外界的各種資訊，然後將它們彙集起來，形成完整的認知。這些感覺器官之所以能夠收集外界資訊，就在於我們擁有注意力，注意力幫助我們維持觀察分析的指向性，從而完成認知活動。因此，每一個人的心理活動總是和注意力連繫在一起。要欣賞美麗的花朵，首先要注意到它；要聆聽優美的音樂，首先也要注意到它；打算記住重要的資料，首先還是要注意到它……可以說，注意力是一個人成大事必備的素養之一。

牛頓一生中絕大部分時間是在自己的實驗室度過的。每次做實驗時，牛頓總是通宵達旦，注意力非常集中，有時一連幾個星期都在實驗室工作，不分白天和黑夜，直到把實驗做完為止。

有一天，他請一個朋友吃飯。朋友來的時候，牛頓還在實驗室裡工作，朋友等了很長時間，肚子很餓，還不見牛頓從實驗室裡出來，於是就到餐廳裡把煮好的雞吃了。

過了一會兒，牛頓出來了，他看到碗裡有很多雞骨頭，不覺驚奇地說：「原來我已經吃過飯了。」然後就又回到了實驗室繼續工作。牛頓注意力高度集中到了做實驗上，竟然會忘記自己有沒有吃過飯。

正是這種高度集中的注意力，才使牛頓在科學領域建立了豐碩的成果。俄國教育學家烏申斯基曾說：「注意是我們心靈的唯一入口，意識中的一切，必然要經過它才能進來。」的確，注意力是智力結構中的一個重要組成部分，也是一個人發揮創造力的關鍵因素之一。

1928 年 9 月的一天，英國聖瑪麗學院的細菌學講師 —— 弗來明像往

常一樣，來到實驗室工作。

在實驗室的一排排架子上，整整齊齊地排列著很多玻璃器皿，上面還分別貼著標籤寫著鏈狀球菌、大腸桿菌、葡萄狀球菌等。這些都是有毒的細菌，尤其是其中一種在顯微鏡下看起來像葡萄的細菌，存在很廣泛，危害也非常大，病人的傷口化膿感染，就是這種細菌在「作怪」。弗萊明培養它們，目的就是為了找到一種能夠制服它們、使它們變成無毒細菌的方法。遺憾的是，他試驗了各種試劑，就是沒有找到合適的藥品。

這天，弗萊明又來到架子前，逐個檢查著培養器皿中細菌的變化情況。當他來到靠近窗戶的一隻培養器皿前的時候，他發現在貼著葡萄狀球菌的培養器皿中的培養基長出了一團青色的黴。

這時，弗萊明的助手趕緊過來說：「這可能是被雜菌汙染了，不用它了，還是倒掉算了！」弗萊明示意助手不要倒掉培養基，接著，他仔細地觀察起這團青色的黴狀物，在觀察中，他驚奇地發現：在青色的黴菌周圍，有一圈空白的區域，原來生長的葡萄狀球菌消失了。

難道是這種青黴菌把葡萄狀球菌殺滅了嗎？想到這裡，弗萊明不禁一陣興奮，他馬上把這瓶培養基拿到顯微鏡下觀察，結果發現，青黴菌附近的葡萄狀球菌已經全部死去，只留下一點殘跡。

於是，弗萊明立即決定，把青黴菌放在培養基中培養。

幾天後，青黴菌明顯地繁殖起來。弗萊明開始了新的試驗：他用一根線黏上溶了水的葡萄狀球菌，然後再放入青黴菌的培養基的器皿中。

幾個小時後，葡萄狀球菌全部死掉。

接著，弗萊明又分別把帶有鏈狀球菌、白喉菌、肺炎球菌的線放進去，結果，這些細菌也很快死掉。

為了弄清青黴菌對葡萄球菌的殺傷能力有多大，弗萊明把青黴菌的培

第一章　注意是孩子的心靈之門

養液加水稀釋，先是一倍、兩倍……最後以 800 倍水稀釋，結果，這稀釋過的青黴菌對葡萄狀球菌和肺炎菌的殺滅能力依然存在。這在當時是人類發現最強而有力的一種殺菌物質了。

後來，弗萊明就把他的發現寫成論文發表。他把這種青黴菌分泌的殺菌物質稱為青黴素。

由於弗萊明在青黴素發現和利用方面做出的傑出貢獻，他於 1945 年獲得了諾貝爾生理學和醫學獎。

弗萊明發現青黴素，看似偶然，實際上是他留心觀察、不斷注意的結果。如果沒有弗萊明的留意，沒有他不間斷的注意，就不可能有青黴素的發現。這就是注意的力量。

法國生物學家喬治‧居維葉（Georges Cuvier）說過：「天才，首先是注意力。」某著名教育專家也說：「注意力是學習的窗戶，沒有它，知識的陽光就照射不進來。」孩子若沒有足夠的注意力，就會影響讀書的品質和效果；相反的，對任何事若能專心、投入地學習，不僅學習效果佳，學習成果也會高人一等。許多專家和有經驗的老師都認為：在同一個年齡層，同一個班級裡常常會有成績差別很大的兩個極端，其差別的原因除了讀書動機、讀書態度及讀書方法等因素外，還有一個很重要的原因，就是這兩部分同學之間在注意力上有著很大的差距。可以說：注意力是確保學生順利學習的重要前提。

對孩子來說，注意力分散是普遍的問題。它至少帶給孩子四種危害。

➤ **危害一**：讀書花費時間長。注意力渙散的孩子，完成作業的時間與一般同學比，要多花 40%～ 60%的時間，因而學業的負擔就會比別的孩子重。這樣會失去玩耍、運動、課外閱讀等許多時間，孩子的學習過程很難形成良性循環。

➤ **危害二**：讀書效率低，記憶力差。有經驗的教師在總結教學經驗時，都知道學生學業成績不理想可能與注意力不穩定有關。有人做過這樣的實驗：如果在注意力高度集中時背課文，只需要讀 9 遍就能達到背誦的程度，而同樣的課文，在注意力渙散時，竟然讀了 100 遍才能記住。因此有的專家說：「哪裡有注意，哪裡才會有思考和記憶。」如果沒有了注意力，孩子讀書效率必然低下，記憶能力差。

➤ **危害三**：很難勝任高難度的學業內容。一般來說，解難度高的題需要持續思考較長的時間，好多孩子因為無法持續地思考一個問題，所以解難題很難成功。

➤ **危害四**：思維速度和書寫速度也很難達到高水準。注意力不集中會導致思考和書寫的速度大大降低。到了中學，學科內容成倍增加，學習速度不快的孩子就更感到困難，完全掌握不了主動權，學業成績肯定要落在別人後面。成績差就失去了讀書的興趣，沒有了自信，成績就會更差。結果，注意力就更加不集中，造成惡性循環。

值得一提的是，注意力不僅對孩子的學業有著重要的作用，對於孩子的生活乃至未來發展同樣至關重要！對於那些思維運行完好的孩子來說，注意功能表現出協同或「夥伴」樣的良好協調性。這樣他們既可以集中注意力，又可以靈活地進行思維活動。當靈活的思維與專注的品質達到一定的平衡時，孩子不但能在學習的過程中取得好成績，還能在生活與將來的工作中有所發現，有所創新。這樣的孩子，何愁不能在人才濟濟的社會中脫穎而出呢？這樣的孩子，又怎麼可能不會獲得成功呢？注意力的品質如此重要，因此，家長應該從小就培養孩子的注意力，讓孩子從小就養成做事專心的習慣，這將影響他們的一生。

第一章　注意是孩子的心靈之門

注意力的四種品質

注意力即專心於某事物的能力，是智力結構中的重要組成部分。它包括四種品質，即注意的廣度、注意的穩定性、注意的分配和注意的轉移，這是衡量一個人注意力好壞的標準。

一、注意的廣度

注意的廣度也就是注意的範圍，它是指人們對於所注意的事物在一瞬間內能夠清楚地掌握的對象數量。它反映的是注意力的空間特性。

心理學家很早就開始研究注意廣度的問題。1830 年，心理學家漢密爾頓（Hamilton）最先做了這方面的實驗，他在地上撒了一把小石子，發現人們很難在一瞬間同時看到六顆以上的小石子。如果把小石子兩個、三個或五個組成一堆，人們能同時看到的堆數和單個的數目一樣多。透過速示器進行的研究顯示，一般人在 1/10 秒內能注意到 8～9 個黑色的圓點，4～6 個沒有關聯的外文字母，5～7 個互相沒有關聯的數字，3～4 個互相沒有關聯的幾何圖形。

當然，不同的人具有不同的注意廣度。一般來說，孩子的注意廣度要比成年人小。但是，隨著孩子的成長及有意識的訓練，注意廣度會不斷得到擴大。擴大注意廣度，可以提高工作和讀書的效率。

二、注意的穩定性

注意的穩定性也稱為注意的持久性，是指注意在同一對象或活動上所保持時間的長短。這是注意的時間特徵。但衡量注意穩定性，不能只看時間的長短，還要看這段時間內的活動效率。

注意的穩定性有狹義與廣義之分。

　　狹義的穩定性是指注意在某一事物上所維持的時間，如長時間看電視、讀一本書等。但人在注意同一事物時，很難長時間地對注意對象保持固定不變。例如，把一隻錶放在耳邊，保持一定距離，使他能隱約聽到錶的滴答聲，結果是時而聽到錶的滴答聲，時而又聽不到。注意這種週期性變化的現象，叫做注意的起伏。

　　廣義的穩定性是指注意在某項活動上保持的時間。在廣義的穩定性中，注意的具體對象可以不斷變化，但注意指向的活動的總方向始終不變。例如，學生在聽課的時候，跟隨教師的教學活動，一會兒看黑板，一會兒記筆記，一會兒讀課文，雖然注意對象不斷變換，但都服從於聽課這一個總任務。在許多課業和工作中，我們都強調廣義的注意的穩定性。

　　和注意的穩定性相反的表現是注意的分散。注意的分散，又稱分心，是指在注意過程中，由於無關刺激的干擾或者單調刺激的持續作用引起的偏離注意對象的狀態。

三、注意的分配

　　注意的分配是指在同一時間內把注意指向不同的對象和活動。注意的分配在人的實踐活動中有重要的現實意義。如老師需要一邊講課，一邊注意學生的課堂反應；司機需要一邊開車，一邊觀察路況。事實證明，注意的分配是可行的，人們在生活中可以做到「一心二用」，甚至「一心多用」。有史料記載，一位法國學者當眾表演邊朗誦詩歌邊做數學運算。

四、注意的轉移

　　注意的轉移是指根據活動任務的要求，主動地把注意從一個對象轉移到另一個對象。例如，在學校課程安排上，如果先上國文課，再上數學課，學生就應根據教學需求，把注意主動及時地從一門課轉移到另一門課。

第一章　注意是孩子的心靈之門

注意的轉移不同於注意的分散。前者是根據任務需求，有目的地、主動地轉換注意對象，為的是提升活動效率，確保活動能順利完成，如看完一堂影片教學課，要求學生轉而互相討論。後者是由於外部刺激或主體內部因素的干擾作用引起的，是消極被動的。注意的分散違背了活動任務的要求，偏離了正確的注意對象，降低了活動效率。如果兩個學生在看教學影片的過程中交頭接耳，互相說笑，而沒有關心影片的內容，顯然是注意分散的表現。良好的注意轉移表現在兩種活動之間的轉換時間短，活動過程的效率高。

在注意的四種品質中，注意力的穩定性對孩子來說是最重要的。可以說，穩定而集中的注意力直接決定著孩子的學業成績和未來的發展。因此，良好的注意力既要求孩子能夠持久地穩定注意，又要求孩子能夠主動、迅速地轉移注意。

當然，每個孩子的注意品質都是不一樣的，有些孩子注意廣度比較好，有些孩子注意穩定性比較好，有些孩子則是注意分配和注意轉移比較好，這些差異都是因人而異的。身為家長，我們不可過於強求孩子每一種注意品質都很傑出。只要在生活中透過有意識地引導和訓練，就能很好地培養孩子的注意力。

▍不自主注意和自主注意

一般來說，注意力分為自主注意（voluntary attention）和不自主注意（involuntary attention）。

一、不自主注意

所謂不自主注意，就是沒有預定目的，也不需要意志努力的注意。這種注意往往是由某些新奇的、強烈的、變化著的刺激引起的。比如，大家

正在開討論會，忽然有一個人推門進來，大家都不由自土地轉過頭去看他；又比如，當我們上街時，看到一大群人圍在一起，也會不自覺地走上去想看個究竟……這些都屬於不自主注意。可見，這種不自主注意在我們生活中是非常常見的。

正常情況下，能夠引起一個人不自主注意的事物主要有以下特點。

> **相對強烈的刺激**：例如一聲巨響，一道強光，一種鮮豔的顏色等，由於這些事物具有相對強烈的刺激，都會立刻引起我們的注意。但在這種情況下，形成決定作用的不是事物的絕對強度，而是事物的相對強度（即事物與其他事物互相比較的力量）。例如在屋裡安靜的時候，很小的腳步聲也能引起注意，而在很喧鬧時，這種腳步聲就無法產生作用了。

> **突然發生變化的刺激**：當周圍的環境和事物突然發生變化時，每個人肯定都能感覺得到。例如，老師上課上得好好的，突然停止不說了。這時，孩子們肯定會好奇地去注意，老師到底發生了什麼事情。再比如，我們在家裡午休的時候，門外突然響起了一陣鞭炮聲，這時，想出去看看到底發生了什麼事情，是很多人的普遍心理……凡此種種，都屬於因突然發生的強烈刺激引起的不自主注意。

> **不斷變化的刺激**：事物的不斷變化會引起人的生理反應。例如，商場的霓虹燈一閃一閃的，特別容易引起我們的不自主注意。這是因為，一閃一閃的霓虹燈刺激了我們的視覺神經。又比如，在圖書館裡，很多人都在安靜地看書，這時，有兩個人在喋喋不休地交談著，使人們很難靜下心來看書。這是因為，不斷變化的說話聲讓人不得不去注意它。

第一章　注意是孩子的心靈之門

> **直接興趣引起不自主注意**：注意與興趣的關係非常密切，凡是能引起興趣的事情都能引起注意。興趣有直接興趣和間接興趣兩種；直接興趣是不自主注意的主要源泉，這類興趣通常又可分為兩種。

- **專業的興趣**：一個熱愛自己工作的人，他對關於工作的一切事物都會覺得有興趣，都要注意它，而這些事物對別人可能是非常乏味、不加注意的。
- **一般的興趣**：人們除了工作和業務以外，還有許多事物是會勾起他們的興趣的，因而也能引起他們的注意，例如電影、戲劇、小說和一般性的科學問題等。

二、自主注意

　　所謂自主注意，就是有自覺的目的，必要時還需要一定努力的注意。例如你正在用心看書，聽見別人談到使你感興趣的問題，你的注意就不由自主地轉向他們的談話內容，這是不自主注意。如果當時你想到必須堅持讀書，經過一定的努力，仍舊把注意集中在書上，這就是自主注意，這是一種主動的、服從於一定目的要求的注意。

　　自主注意是在生活實踐中發展起來的，因為無論從事什麼活動，你都會經常被迫做一些使你不感興趣而又必須做的事，這時你就必須透過一定的努力，迫使自己把注意力集中到那些活動上去。因此生活實踐是鍛鍊注意力極重要的方法。有些人經常無法集中注意聽講和自學，可能就是過去在學業上、工作上沒有經過很好的鍛鍊。

　　引起自主注意的原因是對於某種事物的間接興趣。所謂間接興趣，就是我們對於某種事物本身沒有興趣，反而對於這種事物未來的結果感興趣。例如你本來對學習外語沒有興趣，不注意學習，但因為了解它是學習

外國先進科學技術的重要條件之一，而你又對學習外國先進的科學技術很有興趣（直接興趣），於是你就決心努力去學習外語，這就是由於間接興趣在支持。由此可見，自主注意是和了解工作的目的，積極地克服困難，努力地完成任務分不開的。

三、自主注意和不自主注意之間的關係

上文提到，不自主注意主要是由直接興趣所引起的，而自主注意是由間接興趣所引起的。在一定條件下，直接興趣與間接興趣是可以互相轉換的，這就意味著，不自主注意與自主注意也是可以互相轉換的。比如說，有些孩子在初學數學時，對數學並不感興趣，只是在師長的諄諄教導下，為了取得好成績不得不集中注意力去讀書，這時的注意就是自主注意。後來，孩子逐漸克服了學業上的困難，學業成績突出，獲得老師的喜愛、同學的羨慕等，這時候，數學本身逐漸引起了他的注意。只要一上數學課，他的注意就自然地集中到課業上去。這個時候，孩子的注意力就從原來的自主注意轉化成不自主注意了。當然，這種不自主注意已經不同於一般的不自主注意了，它是「特殊種類」的不自主注意。這種不自主注意可稱為「自主後注意」，因為它是由自主注意透過努力學習轉變而來的。

與自主注意可轉化為不自主注意同理，不自主注意同樣可以轉化成自主注意。例如在樹林中突然發現一種令人驚異的、奇異的植物，這本來是不自主注意，但如果我們因此去研究它，這就成為自主注意了。

任何工作和學習，都要求自主注意與不自主注意相互為用，因為只有自主注意而沒有直接興趣的工作和學習是很吃力的，也是難以持久的。同時，任何工作和學習都有它相對枯燥和單調的一面，做久了總免不了厭倦，而且又經常有別的事物在擾亂我們的注意，所以只靠不自主注意也是

難以持久的。只有不自主注意與自主注意有效地結合起來，才能提升注意的品質。

孩子注意力發展的特點

與其他能力一樣，孩子的注意力也有一個發展的過程。一般來說，不同年齡層的孩子有著不同的注意力，就算同一年齡層的孩子注意力也不盡相同。孩子注意力集中時間段的長短與孩子的年齡、性格和其他個性有關。歸納起來，孩子的注意力發展有以下特點。

從不自主注意逐步發展到以自主注意為主

心理學家在研究的過程中發現，新生兒一出生就具備了一定的注意能力。新生兒在覺醒狀態時可因周圍環境中的巨響和強光等刺激而產生無條件的定向反射。

出生 2～3 個月的嬰兒由於條件反射的出現，已經能夠比較集中地注意人的臉和聲音，看到色彩鮮豔的圖像時，他們能比較安靜地注視片刻，但時間很短。除了強烈的外界刺激之外，那些能直接滿足小兒機體需求或與滿足機體需求相關的事物也能引起他們的注意，如奶瓶、媽媽等。

➤ 5～6 個月的孩子能比較持久地注意一個物體。但他們的注意極不穩定，對一個現象集中注意只能保持幾秒鐘。

➤ 1 歲以內的孩子注意力還不是很穩定，他們的注意都是以不自主注意為主的。1 歲左右的孩子能凝視成人手中的錶，一般超過 15 秒。

➤ 2 歲時能精確地、主動地聽故事。這個時期的孩子出現了自主注意的萌芽，逐漸能按照成人提出的要求完成一些簡單的任務。

➤ 3 歲後，孩子開始對周圍新鮮事物表現出更多的興趣，如能集中 5 分

鐘的時間看小朋友做早操、愛看幼兒畫冊等。但是，這一時期，孩子的自主注意還是極不穩定的，他們易被不自主注意分散或轉移。那些凡是新穎的、變化的、有趣的事物都能使他們分心，但也可以吸引和集中他們的注意。

根據孩子注意發展的這一特點和規律，家長應做到因勢利導、講究方法，使孩子的注意力能夠集中較長的一段時間。此外，家長還可以透過引導孩子玩感興趣的活動來培養孩子的自主注意。遊戲是孩子最喜歡的活動，最能使他們集中注意。隨著孩子年齡的增長，自主注意的穩定性逐漸增大。5～6歲的孩子開始學會獨立地控制自己的注意。

孩子的自主注意的發展，同樣可以分成三個階段。

➤ **第一階段**：這一階段，孩子的自主注意是由大人的言語指令引發的。如，在家長的要求下，孩子完成各項作業和預習溫習；在老師的要求下，孩子觀察黑板上的掛圖，找出錯別字等。也就是說，從這個時期開始，孩子的注意已經不是單純的不自主注意了。他們的注意能力已經從不自主注意向自主注意轉變了。

➤ **第二階段**：當孩子的自主注意發展到第二階段時，孩子需要透過自己出聲的言語活動，來調解和控制自己的各種心理活動。很多家長可能都有這樣的經驗，孩子上低年級的時候，他們的嘴裡常常要發出聲音來。如做算術題時，他會一邊寫，一邊唸幾加幾等於幾。如果家長不知道這個時期孩子注意力發展的特點，不讓孩子說出聲，孩子可能反而無法集中注意力讀書了。

➤ **第三階段**：當孩子的注意發展到第三階段時，透過內化過程，孩子可以用內部言語指令來調節和控制自己的各種心理活動，這時候，家長

第一章　注意是孩子的心靈之門

就很少聽到孩子念叨了。但是，孩子自己會感到頭腦裡仍有個聲音在指揮他注意，這時，他的自主注意已發展到高級階段。國小高年級學生基本都達到了這一水準，當然，他們的注意力還不是很強，還需要繼續訓練，進一步發展。

孩子的注意帶有明顯的情緒色彩

國小低年級學生的注意經常帶有情緒色彩，也就是說，這個年齡的孩子對自己生活中的事情往往會產生十分強烈的反應，這種情緒反應在他們的注意上也有明顯的表現。

這是因為，年齡比較小的孩子大腦與神經系統活動的內抑制能力沒有充分發展，一個興奮中心的形成往往波及其他相應器官，如面部表情、手腳乃至全身的活動。所以，這個時期，孩子的注意就表現出明顯的情緒色彩。這就導致孩子可能只會對自己有興趣的東西注意力比較集中，對自己不感興趣的事情，往往缺乏注意。

由注意具體直觀的事物向注意抽象的材料發展

根據研究，孩子的自主注意，大部分都表現在具體活動和內容的掌握上，有人甚至說國小低年級學生是按照形狀、顏色、聲音和形象來思維的。而那些比較抽象的概念、道理不大容易吸引孩子的注意。這時候，他們經常會把注意分散到一些不相干的細節上去。但隨著年齡的增長，孩子會逐漸學會把自己的注意力集中到需要多加注意的抽象材料上來。

根據孩子的這一注意特點，在孩子還小的時候，家長應充分利用一些可觀的、具體形象的事物來吸引孩子的注意，而為了孩子以後的成長，家長又要慎重而積極地培養孩子對抽象事物的注意能力，不可放任不管。

孩子的注意品質隨著年齡的發展而發展

首先從注意力的集中性上來看，國小低年級的學生，集中性是很差的，他們總是坐不住，讀沒一會兒就開始東張西望。但是到了國小中、高年級以後，孩子的注意集中能力就有了很大的進步。

其次，孩子注意的持續時間，也是隨著年齡的增大而延長。據相關研究資料統計，5～7歲的孩子能聚精會神地注意某一事物的平均時間是10分鐘；7～10歲是15分鐘；10～12歲是25分鐘；12歲以後是30分鐘。對於孩子來說，喚起他們的注意並不難，難就難在於整個活動或教學過程之中保持孩子的注意穩定。另外，在學齡初期，孩子的注意穩定性是存在男女差異的。一般情況下，男孩的注意穩定性略遜於女孩。

▎孩子注意力不集中的種種表現

生活中，很多家長可能都有類似於小鈺媽媽這樣的苦惱：

小鈺的媽媽吩咐小鈺回自己的房間寫作業。小鈺依依不捨地「告別」了電視，回到自己的房間裡。

小鈺坐在自己房間的書桌旁，準備做家庭作業。正當她打開作業本的時候，她突然想到：同桌說周杰倫這個月要在本市開演唱會，但不知道具體是哪一天。這樣想著，小鈺就隨手打開了電腦，查找有關周杰倫演唱會的資訊。接著，她又順便瀏覽了一些網頁，當她意識到自己的作業還沒做時，忙不迭地關了電腦，匆匆忙忙地做起作業來……

這時，小鈺的媽媽進來「視察」小鈺的作業情況，當她拿起小鈺的作業時，不禁變了臉色：「妳這孩子怎麼回事呢？進來半天了，才寫這幾個字？」

第一章 注意是孩子的心靈之門

這樣的場景,相信很多家長並不陌生。因為,我們的許多孩子與小鈺有著同樣的毛病!比如,上課容易恍神、做作業總比別人慢半拍、粗心大意、丟三落四……為此,家長們沒少嘮叨、抱怨,認為這都是因為孩子不懂事、不自覺、不懂得體諒大人造成的。

其實,這是家長認知上的迷思。孩子之所以這樣,並非他自己能夠意識得到、能夠控制得了的,這都是孩子的注意力差,也就是我們常說的注意力障礙惹的禍。主要表現為無法將心理活動指向某一具體事物,或無法將全部精力集中到這一事物上來,同時無法抑制對無關事物的注意。

我們都知道,保持良好的注意力,是大腦進行感知、記憶、思維等認知活動的基本條件。在讀書過程中,注意力是打開孩子心靈的入口,而且是唯一的入口。門開得越大,孩子學到的東西越多。而一旦注意力渙散了或無法集中,心靈的入口就關閉了,一切有用的知識資訊都無法進入。可以說,一個人如果沒有了注意力,那麼他的心神就會永遠處於游離的狀態,他永遠不可能取得學業和事業上的成功。

注意力不集中屬於一種心理上的缺陷,家長要及時發現孩子的這一問題,以幫助他們及時糾正這一毛病。而想要幫助孩子糾正注意力不集中的問題,家長首先要了解孩子注意力不集中具體有哪些表現。心理專家透過研究顯示,有注意力障礙的孩子一般會出現以下徵兆。

➤ **從事一項活動時容易分心**:因為容易分心,因此在上課時,只要聽到教室內有一點響動,他的眼睛立即尋聲而去,窗外有人走過,馬上轉頭張望。由於分心,所以對於完成的工作或作業,總是粗心大意,差錯百出。尤其是一些需要有耐心去觀察和完成的細節性任務更容易出錯。經常丟三落四,把書本、鉛筆、文具盒等學習用品或生活用品丟在家裡或忘在學校。做作業拖拖拉拉也是這類兒童常見的症狀,正常

只用 1 個小時做完的作業，他們常常一會兒喝水、一會兒上廁所、一會兒玩東西，2～3 個小時也完成不了，需要家長在旁邊時時督促，甚至考試時也因注意力不集中而寫不完考卷。在答題的過程中，稍微有點難的題目他就不願意深入思考。大人跟他說話的時候，他也經常心不在焉，似聽非聽。問他問題，他通常不知道問的是什麼問題等。因注意無法集中，所以，這些孩子的學業成績往往具有很大的波動性，家長與老師管得嚴格一些時就上升，放鬆管理後又下降到低谷。

➤ **衝動控制能力差**：孩子衝動控制能力差的表現為沒耐心，無法等待，對挫折的耐受能力弱。所以，常常是別人話還沒說完，他們就搶著回答。在與別人交流時也不把別人的話聽完就插嘴，無法耐心地傾聽別人說話往往是這類兒童的特點。考試中粗心大意，從來不會檢查核對，常常漏掉一些題目未做或把本來計算正確的結果抄錯，甚至試卷的背面還未翻過來看就交卷，導致考試成績不好。在集體遊戲或比賽中無法遵照遊戲規則，無法等待著按照順序輪流進行，而是插隊搶先。經常去干擾其他兒童的活動，與同伴發生衝突，不受人歡迎。

➤ **活動過度**：這些孩子通常比別的孩子精力旺盛，無法安靜下來。行走時不是走在路中間，而是在路旁跳來跳去，或是繞著障礙物行走。過馬路時不怕危險，快速地奔跑。到需要安靜的公共場所也不安靜，總是讓大人為他繃著一根弦，擔心他們的安危。

在學校，上課不安靜，做小動作，玩文具、書本，用手去捉弄鄰座同學，弄出雜音。下課後總是在教室內外與別的同學追追打打，高聲叫喊，嚴重影響學校秩序。

➤ **缺乏朋友，不受他人歡迎**：大約一半以上有注意力障礙的孩子常常在學校很孤獨，感到沒有朋友。發生這些問題的原因是他們在與朋友的

交往中常常以自我為中心，對別人發號施令，干擾別人遊戲；他們常缺乏社交技能，不尊敬長輩，無法與朋友合作，在遊戲時不守規則，無法依次輪流等待；他們無法體察別人的感受，例如開玩笑引起別人惱怒時無法及時轉換話題；對人有敵意，遇事總是從壞的面向猜測別人，在和同學產生矛盾時常採用語言和軀體攻擊的方式解決……因而不受同學的歡迎。

➤ **情緒波動較大，喜歡與大人唱反調：** 有注意力障礙的孩子，在情緒上可能波動得較為厲害，表現為經常煩躁不安、不高興，遇到不愉快的事情總大發脾氣。有極端的行為，如在家違抗家長的命令，跟大人唱反調，在學校不聽老師的話，違反紀律，有攻擊他們的行為等。

除此之外，還有一些孩子會有知覺功能異常等不良表現。如翻掌等活動不靈活，拿筷子、握筆書寫、扣鈕扣、綁鞋帶、做手工操作等動作笨拙。眼球輕微震顫，閱讀時眼球運動不協調，認字時把偏旁相近的字搞混淆，如 6 與 9、b 與 p 之間區分困難……

如果你的孩子出現了上述這些情況的話，身為家長一定要認真對待這一問題，除了給予孩子更多的關愛之外，還應該注重孩子注意能力的培養。唯有如此，才能幫助孩子跨越注意的障礙，提升讀書的效率。

你的孩子注意力如何

要培養孩子的注意力，首先家長應該了解孩子的注意品質如何。那麼，如何判斷你的孩子的注意品質呢？以下是高品質注意力的四個判斷標準。

➤ **能夠迅速進入注意狀態：** 注意品質高的孩子能迅速進入注意狀態。如打了上課鐘以後，學生進入教室，回到座位上就能夠迅速地進入注意

狀態，專心聽老師講課，在家裡寫作業，攤開作業本，馬上就能把注意力集中到作業上面來，相反的情況就是，孩子上課遲遲無法進入狀態，聽課心不在焉，在家中寫作業也是一會兒上廁所，一會兒喊餓，很難靜下心來。

➤ **能夠排除干擾**：注意品質高的孩子能夠排除干擾。比如上課時孩子專心讀書，即使外面再吵鬧也不為所動。在家做作業的時候，不會受到客廳裡面電視的干擾。相反的，孩子上課時，教室外面一有風吹草動，哪怕有個人走過，他都會轉頭張望，在家寫作業，大人在客廳一開電視，他馬上就坐不住，有人敲一下門，他馬上就會伸出頭來看一下。

➤ **能夠及時轉移**：注意品質高的孩子能夠迅速轉移注意力。比如孩子雖然在下課休息的時候與同學發生爭吵，讓自己心情很不好，但是一上課，馬上能放下不愉快的心情，專心聽講。在家裡，即使被爸爸媽媽責罵了，受了委屈，一旦寫作業，馬上能遺忘不快。相反的，有些孩子被老師和父母責備後，心裡越想越委屈，上課想，寫作業想，根本無法自拔，讀書當然也就無法專心了。還有些孩子，前一天晚上看了好看的卡通，或者參加了有趣的活動，到第二天還在回想，甚至上課就與同桌講話，注意力還無法及時轉移到課業上來。

➤ **能夠快速反應**：注意品質高的孩子能夠快速對一事物進行反應。如孩子在上課時，老師一提問，馬上就能快速反應，積極舉手發言，在家寫作業也是速度很快。相反的，孩子上課時注意力跟不上，無法快速反應，很少主動舉手發言，被老師點名了，也往往回答不上來。

家長可以按照以上的判斷標準替孩子評估一下，看看自己的孩子注意力水準究竟好不好？如果你的孩子能達到以上四個標準，那麼祝賀你！你

第一章　注意是孩子的心靈之門

孩子具備了成功人士必備的一個素養——高度集中的注意力。無論他做什麼事，都能排除外界干擾，整個身心都沉浸其中。他除了學業成績不錯之外，在其他方面也容易取得佳績。

如果你的孩子只能達到其中的一兩項，或者一項也達不到，那麼需要提醒你，孩子做事總是心猿意馬，三心二意；做作業粗心大意，成績也不怎麼理想。常常有這樣的感覺：本想集中精力做一件事，可是由於各種原因，他總是分心，或者他本身就是一個好動的人，靜不下來，結果浪費了許多寶貴時間，一事無成，常常後悔不已。如果不想辦法提升他的注意力，不管他的天資多好，做的許多事都會事倍功半。

注意力測評一：

對下列自測題，符合自己情況的在括弧內畫「√」，反之畫「×」。

1. 上課聽講時，常常恍神，心不在焉。（　）
2. 星期天忙這忙那，什麼都想做似的度過一天。（　）
3. 想做的事情好多，卻無法靜下心來認真做其中一件，結果什麼事都沒有做好。（　）
4. 做國文作業時，就急著想做數學作業，恨不得一口氣把作業做完。（　）
5. 擔心第二天上學遲到，有時整晚睡不好。（　）
6. 總覺得上課時間過得太慢。（　）
7. 做作業時，常恍神，想起作業以外的事情。（　）
8. 始終忘不了前幾天被老師責備的情景。（　）
9. 在讀書時，很在意周圍的聲音，對周圍的聲音聽得特別清楚。（　）
10. 讀書靜不下心來，注意無法持續 30 分鐘以上。（　）

11. 一件事做得太久，就會很不耐煩，希望快點結束。（　）

12. 對剛看完的漫畫書會重新看好幾遍。（　）

13. 在等同學時，覺得時間特別難熬。（　）

14. 和朋友聊天時，有時會無緣無故地說起其他無關的事。（　）

15. 學校集會時間稍長一點，就會不耐煩，呵欠連天，也不知道主持人說什麼。（　）

記分：

「√」0 分，「×」1 分。總分為 15 分。得分越高，注意力越集中。

0 ～ 3 分：注意力差

4 ～ 7 分：注意力稍差

8 ～ 11 分：注意力一般

12 ～ 13 分：注意力好

14 ～ 15 分：注意力很好

注意力測評二：

世界著名的「舒爾特方格」測試法。「舒爾特方格」不但可以簡單測量注意力水準，而且是很好的訓練方法。「舒爾特方格」又是諮商心理師進行心理治療時常用的基本方法。其實，測量和訓練都是極為簡單的。先說測量，可自製「舒爾特方格」一個，如圖：

4	11	25	17	9
15	22	7	20	13
5	19	23	2	14
18	1	12	24	3
8	16	6	10	21

第一章　注意是孩子的心靈之門

　　圖由 25 個小方格組成，格子內任意排列 1 ～ 25 的數字。測量時，要求受測者用手指按 1 ～ 25 的順序依次指出其位置，同時誦讀出聲，施測者一旁記錄所用時間。數完 25 個數字所用時間越短，注意力水準越高。以 7 ～ 12 歲年齡組為例，能達到 26 秒以上為優秀，學業成績應是名列前茅，42 秒屬於中等水準，班級排名會在中游或偏下，50 秒則問題較大，考試會出現不及格現象。

　　18 歲及以上成年人最好可達到 8 秒的水準，25 秒為中等水準。

注意力測評三：

　　下面是一份注意力保持的測驗，主要測驗孩子在完成作業時的注意力保持情況。請讓孩子按照各個題目的要求結合自己的實際情況如實填寫，認真完成。

1. 做作業時，你喜歡開著電視嗎？（　　）

　　A. 是的，我覺得只有這樣做作業才不會枯燥。

　　B. 不是，我做作業一向很專心，一邊看電視、一邊做作業會互相干擾。

　　C. 一般不會，但做作業時間比較長的時候也會看電視或者聽廣播。

2. 常常在聽別人講話時，仍想著另一件事嗎？（　　）

　　A. 是的，我會不由自主地想到別的什麼事。

　　B. 我會盡量應付講話的人。

　　C. 我不會一心二用，否則可能一件事都做不好。

3. 你常常在做作業的時候還能耳聽八方嗎？（　　）

　　A. 我在做作業的時候對周圍的一切瞭若指掌。

B. 我做作業時不關心周圍的事情。

C. 這種情況不常發生，除非我在抄習題。

4. 做暑假作業時，你花幾天的時間就能將所有作業做完？（　）

　　A. 是的，快速做完後，會有更多的時間可以玩。

　　B. 基本不是，因為這樣做會影響功課的品質。

　　C. 當然啦，但是如果有事想出去玩才會這樣。

5. 你每次看書的時間有多長？（　）

　　A. 我一般最長能看一個小時左右。

　　B. 看一下子我就坐不住了，想玩。

　　C. 我每次看書時間都很長，能堅持住兩小時。

6. 你經常在看完一頁書後卻不知道書上講的是什麼嗎？（　）

　　A. 是的，我很難集中注意力。

　　B. 我只能記住一點。

　　C. 我看完以後，能記住書上所講的內容。

7. 做試卷時，你會經常漏掉題目嗎？（　）

　　A. 我很粗心，做題有點心不在焉。

　　B. 我做任何事情都很認真。

　　C. 我幾乎每次都要漏掉點什麼。

8. 上課時，你是否經常想起昨天發生的事情？（　）

　　A. 是的，我很容易想起昨天開心的事情。

　　B. 上課的時候，我會跟著老師的節拍走。

　　C. 上課不緊張時，我會恍神。

9. 媽媽叫你拿碗筷，你是否會拿一些其他的東西？（　）

　　A. 當我在看我最喜歡的卡通時會發生這樣的錯誤。

　　B. 一般不會，我做事一向很準確。

　　C. 是的，我經常會拿錯東西。

10. 你放的東西經常會找不到嗎？（　）

　　A. 我放的東西有條有理，除非別人挪了位。

　　B. 我經常會亂放東西。

　　C. 我常常找不到橡皮擦、直尺等小東西。

11. 上課時如果外面下雨，你會分心嗎？（　）

　　A. 我會聽一會兒雨聲，然後再繼續上課。

　　B. 上課時，外面的雨不會讓我分心。

　　C. 是的，我會被雨聲吸引。

12. 心裡一有事，你就會在上課時坐不住嗎？（　）

　　A. 是的，我常常會念念不忘心裡的事。

　　B. 我會將不愉快的事情放在一邊。

　　C. 我會在不影響上課的前提下想想心事。

13. 班上來了新老師，你會將注意力放在老師的穿著上嗎？（　）

　　A. 我會花點時間想想新老師的事情。

　　B. 我會像原來一樣認真聽課。

　　C. 我會好奇地一直打量著老師。

14. 當家裡來了客人，你會取消做作業的計畫嗎？（　）

　　A. 我和客人聊一會兒再做作業。

　　B. 正好有理由熱鬧熱鬧。

　　C. 不會，我會按照自己的計畫做作業。

15. 一旦身體不舒服，你就會請假不上學嗎？（　）

　　A. 如果不上新課的話我就請假。

　　B. 正好有理由不去上課。

　　C. 我不會因為小病而影響上課。

評分規則：

請將孩子的選擇寫在題目後面的括弧裡，測驗題的記分情況如下：

題號	A	B	C
1	1	3	2
2	1	2	3
3	1	3	2
4	1	3	2
5	2	1	3
6	1	2	3
7	1	3	2
8	1	3	2
9	2	3	1
10	3	1	2
11	2	3	1
12	1	3	2
13	2	3	1
14	2	1	3
15	2	1	3

測試結果：____ 分

第一章　注意是孩子的心靈之門

評價標準：

➤ 15～24分：警鐘已經敲響了，你孩子的注意力亟待提高！你的孩子是不是經常覺得在看電視或者玩遊戲的時候注意力很集中，而一到上課或者做作業的時候就無法有效地集中注意力？孩子可能很容易被周圍環境所干擾，即使沒有干擾的時候也很容易恍神。為此，孩子也很苦惱，但就是管不住自己。其實，有這種情況也不要緊，每個人的注意力都是可以透過訓練進步的。只要父母和孩子按照科學的方法堅持訓練，這種情況是會得到改善的。不然，孩子可能這一輩子就被荒廢了，讀書時無法專心，將來工作時也會三心二意，一事無成。

➤ 25～34分：你的孩子的注意力基本上能夠維持日常的課業和生活的需求。但是，還有許多事情因為孩子的注意力不夠集中而不夠完美。如果孩子能再專心一點，也許學業成績就能進一大步。如果不是因為上課時容易恍神，面對老師的提問就不會答非所問……想結束上面的遺憾嗎？只要父母和孩子能夠按照科學的注意力方法加強訓練，注意力就會越來越好。

➤ 35～45分：你的孩子的注意力非常棒！孩子能在自己想做的事情上保持相當長的時間和高效的注意力，他具備一個成為成功人士的潛能。你的孩子是老師眼中認真勤奮的好學生，是父母眼中懂事的好孩子，是同學學習的好榜樣。當然，有效的注意和正確地運用好注意的方法，同樣會在孩子以後的學業和生活中產生積極的作用。

哪些因素影響孩子的注意力

有不少孩子從上學開始，家長們不斷地接到老師的投訴，上課 10 分鐘後，就開始動、說話或上課恍神，聽不到。不知上課講的是什麼，不知所留作業；有些孩子雖然看似安安靜靜地坐在那裡做功課，但實際上卻在神遊四方，心不在焉；作業中，漏字、錯字、錯符號、抄錯數；讀書時，錯字、漏字很多；考試中，看錯題、漏題。孩子回到家，讀書時也非常不專心，一會兒看電視，一會兒喝口水，一會兒又要上廁所，總之不拖上幾個小時作業是做不完的。一有聲響就四處顧盼。對於每個家長來說，孩子是自己一生中最大的創作，對孩子不良行為長久的忽視，會對孩子的將來造成難以彌補的損失。所以，家長要冷靜細心地觀察孩子的行為，找出孩子不專心的根本原因，並耐心地幫助他加以解決，以便完善孩子智力的發展。那麼，造成孩子注意力不集中的原因是什麼呢？心理學家們經過研究得出以下結論。

孩子的身心發育不健全影響了孩子的注意品質

小凱今年上國小二年級，這孩子的頭腦很聰明，和小朋友一起玩遊戲，他總能想出許多新奇的點子，在小朋友中間很有威信，總能看到許多孩子跟在他後面一起玩。

可是，這個聰明的孩子卻無法集中精力讀書。上課時，他不專心聽講，不是玩橡皮擦、鉛筆，就是和同桌講話。由於他在課堂的小動作太多了，老師不得不讓他一個人坐。但是，即便如此，小凱也無法專心聽講。因為上課老是恍神，所以孩子的學業成績很不理想。為此，小凱的爸爸媽媽沒少操心。

像小凱這樣的孩子不在少數。孩子注意力不集中的表現，在國小低年

第一章　注意是孩子的心靈之門

級尤為突出。這是由於孩子大腦發育不完全，神經系統興奮和抑制過程發展不平衡，故而自制能力差。前文我們已經提到，注意可分為自主注意和不自主注意兩種。對於年幼的孩子來說，他的不自主注意有著重要的作用。因此，當出現新奇事物時，孩子的注意力就容易被吸引，也因此無法專注於自己的學業。另外，對於低年級的孩子來說，他們的自主注意剛剛開始加強，雖然他們已經能夠在老師的要求下專心聽講，但注意的持續性（注意的穩定性）比較低。因此，上課的時間一長，孩子就會東張西望、左顧右盼了。

兒童心理學研究顯示，孩子分心的程度與年齡成反比。孩子的年齡越小，他們注意力集中的時間就越短。對於低年級的孩子來說，讓孩子全神貫注地坐上 40 分鐘聽課那是不現實的。

此外，由於身心發育不健全，孩子無法根據實際情況將自己的注意力集中在需要注意的事物上，於是經常會過於興奮，總是「惦記」著一件事情，而忽視了眼前的事物。

出現這些情況都是正常的，只要教育得當，隨著年齡的增長，絕大多數孩子能做到注意力集中。孩子注意力的集中程度會隨著年齡的增長而增加，但每個孩子發育程度不盡相同，有些孩子快一些，有些孩子慢一些。

生理健康影響孩子的注意力

某些腦區功能的缺陷也會造成注意力不集中，這些腦區活動比較弱，就容易引發問題。其中，以兒童過動症也叫注意力缺陷障礙（ADD）為最典型，它是兒童時期的常見病。這些孩子幾乎片刻不停，忙忙碌碌，被各種事物所吸引，雖然他們也有興趣愛好，但對感興趣之事也無法集中注意力。大約有 1/3 的兒童過動症患者病情會延續到成年，並帶來後遺症，如

性格問題等。像這類孩子就具有注意力分散度較大的特點，應該及早到醫院給予治療。

家庭教育方式不當影響孩子的注意力

教育態度與家中生活習慣對孩子的行為影響極大，也常是影響孩子注意力的最主要的因素，但「當局者迷」，家長往往無法客觀地找出問題的癥結所在。從下列幾個方面來觀察，也許可以找出一些原因。

➤ **教育態度是否一致？**家長對孩子教育態度不一致的情況常使孩子無所適從，沒有定性。

➤ **家長是否太寵愛孩子，缺少行為規範？**過度的寵愛會導致對孩子的縱容，往往使孩子隨心所欲，沒有忍耐、克制情緒、克服困難的觀念，做事自然難以靜下心來進行到底。

➤ **是否為孩子買過多的玩具或書籍？**外在刺激太多，玩著汽車又找別的玩具，一換再換，玩具只帶給孩子短暫的吸引，無法在玩的過程中感受到發揮想像力與創造力的樂趣。

➤ **家庭生活步調是否太快？**家長在公私兩忙的情況下，凡事講求效率，步調原本較慢的孩子，被迫在快、快、快的節奏中打轉，根本無暇慢慢而專心地完成一件事。

➤ **家裡的活動是否太多？**太多則無法為孩子提供安靜的環境，總在浮動的氣氛中度過。若非自制力很強的孩子，很難建立良好的專注力。

➤ **讀書的過程中是否累積了不愉快的經驗？**提供給孩子的教材太深或太淺，都不易引起讀書興趣，而引導的技巧不佳，或經常因此造成乘興開場，大哭收場的局面，將使幼兒產生對課業排斥的心理，讀起書來自然無法專心。

> ➤ **孩子是否有情緒上的壓力？**如孩子覺得自己達不到父母的期望等，這些壓力易使孩子看起來魂不守舍。

> ➤ **是否過多地責罵、數落孩子？**過多的數落可能對孩子形成不良的暗示，使他產生「反正自己怎麼也做不好」的想法，導致做事時不肯專心完成它。

> ➤ **孩子是否受到太多不良資訊的影響？**不好的影視作品、較大齡兒童的不良行為對孩子的灌輸、汙染，會使孩子心理發生扭曲，行為異常。

飲食影響孩子的注意力

隨著生活方式、環境及飲食結構的變化，兒童過動症的發生率越來越高。常見的發病原因有：長期食用烤羊肉串、涮羊肉、泡麵等食品，過量飲用飲料、過量食用皮蛋等。此外，病毒感染、腦外傷及維他命缺乏等，也可能造成孩子注意力不集中。所以建議家長多給孩子吃些富含維他命的水果、蔬菜和高蛋白質的食物，以補充身體所需的營養。

睡眠品質影響孩子的注意力

作息不定時、生活無規律是孩子注意力分散的主要原因。讀書是腦力勞動，要消耗大量的腦內氧氣，若望子成龍心切，整天強迫孩子長時間從事單調的課業活動，必然造成孩子大腦疲勞而精神分散。因此，合理安排孩子的作息時間，讓孩子明白什麼時候可以盡情地玩，什麼時候必須專心完成作業，養成規律生活的好習慣。

外界環境影響孩子的注意力

如看電視、大聲議論或哈哈大笑。有些家長總是擔心孩子無法自主讀書，所以他們總喜歡在孩子做功課時對孩子問這問那。「做幾道了？還有

幾道？」看起來似乎是關心了孩子，殊不知這樣不時地干擾孩子，弄得孩子無法集中注意力，思考問題的思路也總被打斷。

看電視、玩遊戲過多

當個體沉溺於某些事情或意識範圍狹窄時，注意範圍亦會相應縮小，因而引起對其他事物的注意力下降。比如：上網、沉迷遊戲。電視節目的特點就是畫面生動活潑，孩子習慣了熱鬧，到了幼稚園或者學校就不習慣靜靜地聽老師的話。電視雖然也能增加孩子的知識，但是對於孩子來說完全是被動的學習，沒有對答，沒有互動，不利於創造性思維的培養，語言也容易發展遲滯。

「感覺整合功能失調」導致孩子注意力不集中

近年來，越來越多的研究發現，「感覺整合功能失調」也是導致孩子注意力不集中的一種病因。「感覺整合功能失調」是指大腦無法將來自身體各部分的感覺資訊進行充分的加工和整理，從而無法組成機體各方面的活動。

精神衛生專家認為，產生「感覺整合功能失調」的原因有：都市的高樓大廈剝奪了孩子們與大自然、綠地接觸的機會；家長經常將孩子摟抱在懷中，使孩子缺少練習抬頭、在地上滾爬等成長必需的活動；非必要的剖腹產使孩子失去了唯一經過產道擠壓獲得觸覺訓練的機會等。

這些病理性的問題往往很難自癒，而且對孩子身心危害很大。遇到這些情況，家長一定要及時帶孩子治療，以免影響孩子生理和心理的健康發展。

總之，注意力不集中形成的原因雖然很複雜，但是家長應該多與孩子溝通，察言觀色、耐心詢問，全面細心地了解孩子所面臨的具體障礙。不

了解孩子不專心的具體原因，就做不到因材施教、對症下藥，盲目地干預孩子，有可能適得其反。

身為家長，只要仔細地觀察和對照，就能發現自己的孩子注意力不集中是由哪一個原因造成的。這樣，才能更好地採取措施，糾正孩子注意力不集中的毛病。

培養孩子注意力應避免的迷思

注意力不集中，易分心，是所有孩子的共性。年齡越小，孩子控制注意力的時間越短。身為家長，在培養孩子的注意力時，應避免陷入以下的教育迷思。

➤ **認知的迷思**：生活中，有很多家長一聽到老師告狀，或者發現孩子的某些現象時，沒有判定這種現象是否屬於正常範圍就認定自己的孩子是不正常的。這樣的認知對於孩子來說有失公正。事實上，過分強化孩子的注意力，也會導致孩子創造力的下降。因為，當一個人專心做一件事情時，聚精會神，而對周圍的人和事會聽而不聞、視而不見，這就很難捕捉資訊，抓住機會，這種人的思想也不可能活躍。我們知道普通人和成功者的重要區別就是創造力，過分糾正注意力無法集中的問題，不利於創造能力的培養。我們在面對注意力不集中的問題時，首先應該考慮這是否造成了什麼嚴重的後果。對於很多低年級的孩子，學業成績不錯，可上課就是愛講話，這並沒有什麼大不了。孩子考試成績起起伏伏，本來就是正常現象，不要輕易與孩子上課注意力不集中掛上鉤。

➤ **沒有搞清楚原因就開始糾正**：當孩子學業成績不好的時候，很多家長輕易就下結論說是孩子注意力不集中所導致的，因此，不分青紅皂

白，就對孩子採取嚴加管教的方式，如不好好完成作業，就不准吃飯，不准睡覺，不准看電視，不准……有些家長索性坐在孩子旁邊監督，甚至採用體罰手段。事實上，這些措施收效甚微。

因此，當孩子注意力不集中時，家長首先應該判斷孩子注意力無法集中是否屬於器質性的。很多時候，孩子是因為對讓他所做的事情沒有興趣才導致注意力不集中。特別是對許多低年級的孩子來說，他所學的課程，對他來說往往是太簡單了，這很容易導致孩子注意力不集中。

➤ **過早幫孩子請家教**：現在還有不少國小生的家長自己每天都把一天的功課對孩子講一遍，或者替孩子請家教，以為可以幫助孩子提高成績。如果一年四季都自己幫孩子補習或有家教指導，讓孩子認為有了依靠，他就不需要上課聽講，反正回家有人講給他聽。

➤ **家長的責備和抱怨強化孩子的弱點**：比如孩子注意力不集中，家長逢人便說：「這孩子什麼都好，就是注意力不太集中。」久而久之，造成了孩子的認同心理，他就會認為自己就是個注意力不集中的孩子，更加難以改變。其實，家長要盡量弱化孩子的這些特點，引導孩子慢慢糾正而不是一味地強化。

➤ **給孩子太多的作業**：有些家長安排了太多的作業給孩子，特別是當孩子提前完成作業後，又不斷增加新作業。孩子對課業感到厭倦，讀書的時候就會分心。又比如，讓孩子在旅遊途中，每天按要求仔細觀察某件事或物，然後口頭作文，家長將孩子口述的記錄下來，做一些修改後，唸給他聽，並且表揚鼓勵他。孩子出去玩，有自己的目的，這些目的也許不是家長所期望的，如果家長期望孩子能夠透過旅遊學到一些新的知識，那麼，我們首先要設法讓孩子覺得家長的要求是有趣的。

第一章　注意是孩子的心靈之門

➤ **停止活動性強的訓練**：停止如跳舞、體操等活動，而改為參加書法、
圍棋等需要集中注意力的訓練。這是治標不治本的做法。體育鍛鍊提
升機體能力，可以加速孩子心智的成熟。

第二章
良好的環境有利於注意力發展

　　良好的環境是幫助孩子養成好的注意習慣的重要因素。對於孩子來說，他們的注意力的形成是從家長創造的家庭環境中開始的。

　　孩子的注意力容易因新的刺激發生轉移。因此，想要為孩子營造一個良好的注意環境，家長首先應排除各種可能分散孩子注意力的因素，為孩子創造一個安靜、祥和、簡單的讀書環境，這是幫助孩子養成良好的注意習慣的首要條件。

第二章 良好的環境有利於注意力發展

為孩子創造一個安靜、祥和的讀書環境

孩子的注意力與周圍的環境關係密切。一個獨立、安靜的讀書環境，能讓孩子很快做到「入境」、「入靜」，而只有做到「入境」、「入靜」，孩子才能夠目的明確、思想集中、踏踏實實地讀書，並取得良好的讀書成效。相反，如果孩子的讀書環境混亂嘈雜，就很容易給他造成心理干擾、情緒壓力，使其產生焦慮、厭煩、不安等心態，導致他們無法安心地讀書。以下的故事講的正是這個道理。

筱筱是國小六年級的學生，平時讀書非常認真，成績也很好。可是，最近不知怎麼回事，上課的時候老是打哈欠，一副精神不振的模樣，班導王老師暗示了她幾次，可情況並沒有因此而好轉。這到底是怎麼一回事呢？為此，王老師專程去了一趟筱筱的家，對她進行家訪。

那是星期天的下午，王老師來到筱筱的家門口，大老遠就聽到筱筱家裡傳出的麻將聲。

聽到敲門聲，筱筱的媽媽出來開門，一見王老師，筱筱的媽媽有點不自然了，她紅著臉把老師迎進家門。王老師一看到筱筱家混亂嘈雜的情景，一下子就明白了筱筱上課精神不振的原因。原來這都是「麻將聲」惹的禍呀！

王老師說明來意，並告知了筱筱最近在學校的表現情況。最後，王老師意味深長地對筱筱的媽媽說：「想要孩子好好讀書，是需要家長與孩子一起努力的，特別是家長，要為孩子創造一個良好的讀書環境。」

筱筱的媽媽聽了這話，不禁慚愧地連連點頭，趕忙中止了家裡的「活動」，並承諾以後一定不會在家裡打麻將影響孩子讀書了。

孩子良好讀書習慣的養成有賴於一個良好的家庭環境，而良好的家庭

環境首先應該以安靜、祥和為前提。故事中，筱筱的家長沒有意識到家庭環境對孩子學習注意力的影響，因此，在家裡公然開起了「麻將館」，讓孩子缺少安靜和諧的讀書環境，導致孩子注意力不集中，影響了孩子的正常學習。這種做法顯然是非常不明智的。當然，在現實生活中，這樣的家長畢竟是少數，許多家長還是非常重視良好的家庭環境與讀書氛圍的營造的。小田眾的爸爸媽媽就是這樣的：

小田眾一家擠在一個小小的一居室裡，每當孩子開始讀書的時候，田眾的爸爸媽媽就自覺地關掉電視，在客廳裡喝茶、看書、看報紙。媽媽對孩子說，這是共同學習，共同進步。一般情況下，爸爸媽媽是不會去無故打擾孩子讀書的，除非是孩子在讀書或者寫作業的過程中遇到了難題，主動請教爸爸媽媽，這時，爸爸或者媽媽才會予以幫忙、提示。

在爸爸媽媽的影響和幫助下，小田眾不僅讀書認真、專心，意志力還非常強。通常沒有實在想不出來的問題，他是不會主動請求幫助的。正因為如此，小田眾的學業成績在年級裡名列前茅，做其他事情也總是有始有終，讓老師和同學都非常佩服。

小田眾的例子告訴我們，只有家長盡力為孩子排除使孩子分心的因素，為孩子創造一個安靜、獨立的讀書環境，孩子才能夠集中精神，養成良好的讀書習慣。而要為孩子創造一個獨立、安靜的讀書環境，家長應做到以下幾個方面。

為孩子創造安靜的家庭讀書氛圍

孩子的注意力很容易受到外界嘈雜聲音的干擾。因此，想要孩子專心地讀書，家長自己要保持安靜，不要做分散孩子注意力的事，如看電視、大聲議論或哈哈大笑等。如果是在不同的房間裡，家長也應該把門關好，

把聲音調小。當然，這個時間段，家長也可像故事中小田眾的爸爸媽媽那樣，認真地看書，以模範行為讓孩子效仿。

　　生活中，經常會有這樣的現象，一些家長愛子心切，總擔心孩子凍著、餓著、冷著……因此很喜歡在孩子讀書、寫作業的時候「熱情」地照顧孩子。如，孩子剛讀沒一會兒，家長就進來詢問：「寶貝，口渴了嗎？要不要先喝點什麼？」於是，孩子的學習被迫中斷。沒過多久，家長又會進來說：「做得怎麼樣了？有沒有遇到難題？」「光線夠不夠呢？要不要我幫你調亮一點？」……就這樣，一而再、再而三地「關心」，一次又一次地打斷孩子學習的思路。試想，一個注意力總是被打斷的孩子，如何能以較高品質完成自己的功課並溫書呢？

為孩子提供一個固定、獨立的讀書場所

　　我們都知道，孩子的注意力很容易受到習慣的影響，因此，對於孩子來說，擁有屬於他們自己的讀書場所很重要。身為家長，最好替孩子布置一間屬於他們自己的房間，讓孩子在固定的讀書場所讀書。此外，孩子讀書時的桌椅位置應固定，不能隨意搬動。這樣，孩子在固定的場所，固定的位置讀書，他們很容易就能形成一種專心讀書的心理定勢，只要一進入這個環境，他們的整個身心都會不自覺地投入到課業之中。從而取得良好的學業成果。

為孩子創造適合他們專心讀書的心理氛圍

　　想要孩子做到心無旁鶩、專心致志地讀書，家庭成員之間還應該互相關心、親密融洽，這是孩子「入境」、「入靜」的重要條件。家庭人際關係如果不和諧，經常吵吵鬧鬧，對於孩子來說是一種心理干擾，會產生情緒壓力。在這種負面情緒的干擾下，孩子是不可能專心讀書的。

　　王皓是國小四年級的學生，他的家庭條件很好，從小就有一間屬於自己的屋子。在他的屋子裡該有的東西應有盡有，王皓可以一邊寫作業，一邊聽音樂，還能隨手就拿來他想吃的東西。大家都很羨慕王皓，認為他有個能幹的爸爸。可王皓並不開心。

　　和其他同學一樣，王皓也曾有過快樂的時光，那時候，他在爸爸媽媽溫柔的呵護下快樂地成長。聰明、活潑、可愛。

　　但是，好景不長，這樣的日子一去不復返了。

　　在王皓上小學後，父母常因家庭瑣事發生爭吵，甚至互相毆打。爸爸媽媽每次吵架，小王皓都躲在牆角，用手捂住臉不敢觀望，有時還會在睡夢中被驚醒。

　　從此，王皓變得膽小、寡言少語。王皓的腦海裡整天想著爸爸媽媽吵架的事，上課的時候，父母吵架的場面也常在他腦海裡縈繞浮現，以至於他根本沒把注意力放在老師講的課上面。這種情況下，王皓怎麼可能把書唸好呢？對於王皓來說，他更羨慕那些家庭經濟條件一般，但是父母感情和睦的同學。

　　王皓之所以長期處於嚴重的憂鬱狀態下，精神無法集中，主要是由於父母關係長期不和造成的。孩子的成長需要一個和睦、安寧的家庭環境，家庭的矛盾對孩子的心理和智力發育有著深遠的影響。身為家長，我們與其千方百計地為孩子提供豐富的物質生活，不如為孩子營造一個和諧的家庭氛圍，這是孩子專心讀書的心理保障。

　　此外，家長還應該有意識地提高自身修養，為建立一個良好的家庭環境盡職盡責。

▍整潔、有序的環境有利於孩子集中注意力

　　一個固定、安靜、獨立的讀書場所固然重要，但這並不能解決所有的問題。孩子讀書的場所除了應具備這些條件以外，還應該做到整潔、舒適、有序，使孩子心平氣和地待在那裡讀書。只有心境平靜，孩子讀的書才是有效果的，不然的話，讀書將是無效的。

　　驕勇今年上國小四年級，他的爸爸媽媽是生意人，成天忙著生意，沒有時間照顧他。為了彌補自己沒有時間照顧孩子的缺憾，他們盡量從物質上滿足孩子的各種願望。驕勇要什麼，他們買什麼。

　　以至於驕勇家中到處都是各式各樣的電動玩具。孩子成天追著這些電動玩具前前後後地跑個不停，等到累了，他順手把玩具一丟，往沙發上一躺，一邊喝飲料，一邊看電視。其日子過得甚是逍遙。直到他家的保姆再三催促，才戀戀不捨地回到自己的房間做作業。

　　當然，他是沒有辦法專心寫作業的。在他的書桌上，擺放著一臺偌大的電腦，占去了不小的空間。在剩餘的空間裡，堆放著各種各樣的書刊、畫冊以及爸爸從國外帶回來的文具……這些，無一不擾亂他的心緒。他總是做一會兒作業看一會兒畫冊，或者索性打開電腦玩一會兒遊戲再繼續做作業。這樣的做事效率，其結果可想而知了。為此，驕勇經常完成不了家庭作業，而他的爸爸媽媽也沒少受到老師的責備。

　　孩子的注意力總是受周圍的環境影響。周圍的環境不同，孩子的心境與態度也會有所不同。當周圍雜亂不堪時，孩子的心境也會隨之紛亂散漫，無法平心靜氣地做事。相反，在一個有條不紊的環境裡，孩子的精神則很容易集中。故事中，驕勇的父母千方百計地滿足孩子的各種物質需求，卻沒有意識到，對於孩子來說，一個整潔、舒適、有序的讀書環境更加重要。想要讓孩子專心讀書，做法其實非常簡單，驕勇的父母只要做到

簡化環境即可。即把孩子的玩具收起來，使其遠離孩子的視線；把孩子書桌上的電腦搬走；將書桌上與孩子此時學業內容無關的其他書籍、物品全部清走，確保在孩子的視野中，只有與他現在要讀的科目相關的用品；抽屜和櫃子一般上鎖，以免孩子隨時翻動；書桌前方除了張貼與課業相關的地圖、公式、注音表格外，不要貼其他吸引孩子注意力的東西……唯有保持房間的整潔、有序，孩子才能安心下來讀書。

　　與驍勇家的環境不同，驍勇的同學彭洋的家庭條件並不優越。彭洋的爸爸媽媽都是公務員，彭洋的奶奶是個老知識分子，他們平素非常關心孩子的教育。彭洋從一年級開始，就有了自己獨立的學習空間。彭洋的奶奶從小就教彭洋自己學會整理書包、文具、打掃房間。因此，小彭洋的房間總是收拾得井井有條，非常整潔。

　　在他的房間裡，淡藍色壁紙搭配直條紋的地板，書架上分門別類地擺放著各種圖書，生活計畫表和功課表也擺放在適當的地方，整體非常協調。

　　窗戶上裝了藍色的百葉窗代替窗簾，可以適當遮擋陽光；書桌上放一盞檯燈，要預習的課本整整齊齊放在桌上。

　　談到孩子的注意力問題，彭洋的媽媽深有體會地說：「彭洋之所以能夠有條不紊地安排自己的時間，讀書效率相當高，這跟他從小養成的有條不紊的生活習慣是分不開的。正因為他愛整潔，讀書之前總把書桌整理得乾乾淨淨的，所以，在讀書時，他總能集中注意力，很少受到外界的干擾，因此學業成績也很好！」

　　很多家長可能都有過這樣的經驗，自己的孩子有獨立的學習空間，但他（她）同樣沒有辦法專心致志地讀書，讀書時總顯得非常煩躁。這是為什麼呢？仔細觀察，我們不難發現，這與孩子是否養成整潔的生活習慣是

第二章　良好的環境有利於注意力發展

有很大關係的。生活中,這些讀書時注意力無法集中的孩子通常不善於整理自己的房間。因此,他們的房間總是亂糟糟的,書籍和玩具散落四處,書桌上堆滿了各種與課業無關的物品,以至於他們的注意力始終無法集中到課業上。因此,培養孩子良好的習慣很重要,它影響了著孩子的讀書成效。

為了能為孩子提供一個整潔、有序的環境,使孩子能夠專心致志地讀書,家長應做到哪幾個方面呢?

首先,孩子的讀書場所要盡量夠大。孩子用的書桌至少是80公分寬、120公分長。同樣重要的當然就是椅子了,椅子要盡可能使整個身子保持筆直的坐姿。

其次,學習空間必須足夠整潔。要盡可能地避免書桌的不整潔,不要在書桌上堆滿一些與課業無關的東西,否則會讓孩子分心。

再則,最好在讀書場所準備好所需的所有用具:紙、筆、直尺、草稿紙、削好的鉛筆、橡皮擦等。如果孩子剛想讀書,卻發現所需的用具都不見了,或者是橫七豎八地亂放著,這會影響到孩子的心情,使其注意力很難集中起來,從而妨礙讀書。

第四,為孩子提供舒適的讀書環境。為了打造舒適的讀書環境,家長可以在孩子房間的牆上貼一些裝飾畫或者繪畫作品,還可以在窗臺上放個盆栽。一個舒適的讀書環境能夠增進孩子的讀書興趣,從而提升他們的讀書效率。

如果孩子喜歡諸如芳香油或者香燭之類的東西,家長完全可以用這些東西來增加讀書環境的舒適感。但是,要注意香氣的用量,香味不要太濃。否則反而會引起身體上的不適感。

此外,為了能提供給孩子一個整潔、舒適、有序的讀書環境,家長還

可以試著引導孩子把自己的房間打掃乾淨，並培養孩子把自己的東西整理得井然有序的好習慣。如教孩子把清洗乾淨的衣物疊好後，分類、整齊地放進櫥櫃中，脫下的衣帽、鞋襪掛放在適當的位置，不亂丟，然後擦拭桌椅……

這樣一來，孩子不但會心情愉快，甚至讀書也能得心應手，做作業時候的煩躁也會因此一掃而空。這不但可以幫助孩子整理好自己的房間，避免刺激物分散孩子的注意力，而且可以培養孩子手眼協調能力、分類辨識能力及有條理的習慣。良好的生活習慣的養成，能讓孩子終身受益！

孩子的房間要避免過多的干擾和刺激

與大多數「望子成龍」、「望女成鳳」的家長一樣，小逸飛的爸爸媽媽從小就開始培養孩子的各種能力。為了讓孩子更加專注地讀書，小逸飛的媽媽把自己的大臥室騰出來給小逸飛住，自己住進了次臥。此外，小逸飛的爸爸還不惜花重金重新打造小逸飛的臥室，力求孩子的房間光照充足、通風良好、屋裡書桌和床鋪的擺放科學、合理。然而，令人遺憾的是，小逸飛似乎並沒有爸爸媽媽預期想像的那般自覺，通常關在自己的臥室裡兩三個小時，卻沒做多少事情出來。這到底是怎麼回事呢？

為了摸清底細，小逸飛的媽媽特地當起了「陪讀」。在「陪讀」的過程中，媽媽發現，小逸飛在做作業的過程中總是有意無意地望向窗戶，時不時瞄一眼窗外……

小逸飛的媽媽走近窗戶一看，什麼都明白了。原來逸飛家在 2 樓，而大臥室正好臨近社區的大門口，時不時有人走動，社區大門的「哐當」聲和門衛的問詢聲不時傳來……在這種充斥著刺激和干擾源的環境下，孩子怎麼可能專心致志地讀書呢？

第二章　良好的環境有利於注意力發展

第二天，小逸飛媽媽立刻為孩子調換了臥室。此後，孩子的注意力明顯有所好轉，做作業的效率也高多了。

我們都知道，孩子的注意力以不自主注意為主，他們常常會因為外物的刺激出現注意力分散的現象。如故事中的小逸飛因為房間臨近社區門口，屋外的聲音嘈雜，人來人往，所以很難集中精力讀書。換了臥室以後，因為再沒有那麼喧嘩吵鬧，孩子自然而然就能把注意力專注到自己的學業上，讀書效率也因此有了明顯的進步。因此，在培養孩子的注意力之初，家長首先要減少無關的刺激和干擾，為孩子提供一個安靜、舒適的讀書環境，發展其注意的穩定性與持久性。

那麼，兒童的房間應達到什麼樣的指標呢？教育專家認為，兒童房間的室內指標有以下幾種。

➤ **室內的噪音指標**：噪音對孩子腦力活動影響極大，一方面分散孩子在學習活動中的注意力；另一方面，長時間接觸噪音可造成孩子心理緊張，影響身心健康。據報導，人們如果較長時間在 70 分貝以上的噪音環境中工作，工作效率和身體健康便會受到影響。一般來說，噪音主要是對聽覺產生影響，持續性噪音能夠引起耳蝸基底部損害，造成噪音性耳聾。同時，在噪音的影響下，人的注意力甚至能降低到平時的 20%。在噪音的影響下，人們看紅橙色比看藍綠色模糊吃力。更為嚴重的是，強烈持久的噪音會使人過度煩悶，微弱而穩定的噪音又可使人昏昏欲睡。在 80 ～ 100 分貝的噪音中，人們會產生疲倦感卻又睡不好，而且還會感到頭疼，容易發怒，心情煩躁，注意力無法集中。突然出現的巨大聲響以及沒有規律的間斷噪音，更容易分散人的注意力。正常情況下，兒童房間的噪音幅度控制在 50 分貝以下。

如果家住在臨街面的地方，而又無法搬遷，家長不妨和孩子一起動手，減少噪音等不良刺激的干擾。

先來看看牆壁有沒有可改造的地方，牆壁不宜過於光滑。如果牆壁過於光滑，聲音就會在接觸光滑的牆壁時產生回聲，從而增加噪音的音量。因此，可在小床旁的牆上釘一塊布。這個小竅門源於電影院，如果你仔細觀察一下就會發現，電影院裡的牆壁是凹凸不平的，因為凸凹不平的牆壁可以吸收一部分聲音。

再來看看傢俱的擺放。盡量合理放置房間裡的傢俱。傢俱過少的房間會使聲音在室內共鳴回蕩，增加噪音。

女孩子喜歡的布藝裝飾品也有不錯的吸音效果。懸垂與平鋪，其吸音作用和效果是一樣的，如掛毯、布制的裝飾花甚至窗簾等。其中，以窗簾的隔音作用最為明顯，既能吸音，又有很好的裝飾效果，是不錯的選擇。

➤ **室內的一氧化碳指標：**一氧化碳濃度應小於 5 毫克 / 立方公尺。一氧化碳是室內空氣中最為常見的有毒氣體，容易損傷孩子的神經細胞，對兒童的成長極為有害。因此，家長要確保燃氣的正確使用、保持室內通風等。

➤ **室內的二氧化碳指標：**二氧化碳濃度應小於 2,000 毫克 / 立方公尺。二氧化碳濃度是判斷室內空氣品質的綜合性間接指標，如濃度過高，會使孩子產生噁心、頭疼不適的症狀。因此，家長要保持房間內的通風，促進空氣流通。

➤ **室內的氣溫指標：**兒童的體溫調節能力差，因此，兒童房的室內溫度在夏季時應控制在 28℃以下，冬季室內溫度控制在 18℃以上。此外，家長還應該注意空調對兒童身體的影響，合理使用空調。

第二章　良好的環境有利於注意力發展

- **室內的細菌指標**：細菌總數應小於 10 個皿。兒童正處於生長發育階段，免疫力較低，因此，家長應做好房間內的殺菌和消毒工作。

- **室內的相對溼度指標**：兒童房內的相對溼度應確保在 30％～ 70％之間。溼度過低，容易對兒童的呼吸道造成損害；溼度過高則不利於汗液蒸發，使兒童身體不適。

- **室內空氣流動指標**：在確保通風換氣的前提下，兒童房間的氣流不應該大於 0.3 公尺 / 秒，如果孩子的房間裡的氣流過大，會讓孩子產生冷感，可能致使孩子感冒。

- **室內採光照明指標**：現代研究顯示，過於集中的光線容易使人疲勞，尤其是視覺疲勞，從而導致閱讀效率低下，視力下降。

  正確的做法應該是：同時打開分散和集中的光源，就是房間的燈和檯燈同時使用。這樣，柔和的燈光會使孩子身心放鬆，而集中的光線使孩子的視野處於更明亮的環境中，又會使孩子適度地興奮，提高書寫效率，也保護了孩子的視力。

  兒童房間內燈的安置，是隨著孩子成長的不同時期而變化的。

  在嬰兒期間光線要有局限性，照到活動所需範圍即可，而且最好安裝調光器，在夜晚，可把光線調暗一些，以增加嬰兒在夜晚的安全感，同時又方便在夜間哺乳孩子。

  隨著孩子的成長，床頭須置一盞足夠亮的燈，來滿足孩子在入睡前翻閱讀物的需求。學齡前兒童的書桌前必須有一個足夠亮的光源，這樣有利於孩子遊戲、閱讀、畫畫。由於壁式燈具的導線不外露，可以避免孩子擺弄導線造成危險。

  一個減光開關，既便於孩子晚上開關電燈，又可為家長與孩子相處時營造親密氣氛，有助於孩子盡快入睡。

另外，當今社會是視覺時代，到處都是視覺刺激，如電視、網路、廣告等色彩鮮豔、極富動感的視覺資訊總是分散一個人的注意力。當年幼的孩子在應對這些刺激源時，往往會被動地去注意這些事物，從而失去靜心讀書與思考的意志。於是，慢慢地，孩子的注意力越來越渙散，自制力也越來越差。在這種情況下，家長就需要控制孩子的刺激源，盡量給孩子留一段安靜的時間去遊戲和讀書，或者專注地做一件自己喜歡的事情。

總之，一個有利於孩子專注力發展的環境應該是安靜、明亮、空氣清新的。唯有如此，孩子的注意力才能得到進一步的發展。

獨立學習有助於孩子集中注意力

小怡正在自己的房間裡寫作業，媽媽門也不敲就進來了。進來後，媽媽關心地問道：「小怡呀，口渴了沒有？想喝點什麼呢？媽媽拿給妳！」

小怡頭也不抬地說：「不了，媽媽，我在寫作業，妳不要總打擾我好不好？」

「好、好，妳這孩子怎麼這麼不懂事呢？媽媽這不是關心妳嗎？」說完，媽媽喃喃自語地退了出去。

不一會兒，媽媽又探進頭來：「作業做得怎麼樣了？有沒有什麼問題問媽媽呀？妳可不要貪玩哦，作業要認真做！」

小怡不耐煩地抬起頭來：「媽，妳煩不煩呢？不就是擔心我不寫作業看課外書嗎？妳這麼不放心我，那就坐在我房間裡呀！」

小怡的媽媽因為被女兒識破了心思，臉上有些掛不住了，訕訕地說：「媽媽關心孩子課業有錯嗎？」

「可是，妳這是打擾我寫作業的思路！」小怡一點也不領情。

這樣的情景在我們的生活中並不鮮見，有很多家長就像小怡的媽媽一

樣，在教育孩子的過程中，一方面要求孩子對待學業和生活中的問題要自己想辦法解決。另一方面卻對孩子沒有信心，總擔心孩子沒有辦法做到獨立學習，擔心孩子不會自覺讀書。因此，總在孩子讀書的時候，一而再、再而三地以「關心」為名打擾孩子獨立學習。殊不知，家長這種不信任孩子，「捨不得」讓孩子獨立學習、自己解決問題的做法，不僅會滋長孩子的依賴心理，讓孩子養成過分依賴的習慣，而且干擾了孩子的注意力，使其無法集中精神專注地讀書。

事實上，充分地信任孩子，讓孩子獨立學習，不但能培養孩子獨立分析和解決問題的能力，還能培養孩子的專注力，使其形成穩定的注意品質。因此，家長應該培養孩子獨立學習的習慣，讓孩子認真地對待作業，鼓勵他們遇到問題時獨立思考，幫助他們透過自己動手查資料來解決問題，而不是直接干涉孩子的學習過程。具體做法如下。

➤ **培養孩子初步獨立思考的能力**：著名兒童教育家陳鶴琴先生說過：「凡是兒童自己能夠想的，應當讓他們自己想。」遵循這樣的原則教育孩子，就能培養其獨立思考的能力。要培養孩子的獨立思考能力，就要提供一些機會給孩子自己去獨立思考、去判斷什麼是對，什麼是錯，什麼應該做，什麼不應該做。一個人的與眾不同有許多表現，其中最有意義的方面在於能夠展示並表達其獨具特色的思想。一個成功人士，也許有多方面的建樹，但最引人注目的應該是他那極具個性的思想，以及獨立思考與判斷的能力。能不能全面而深入地思考問題，決定了一個人的思維深度和廣度，也決定了結論的正確性。因此，培養孩子初步獨立思考的能力很重要。

➤ **不要打擾孩子**：孩子專心在做某一件事時，不要去打擾他。第一件事還沒完成之前，不要叫他做第二件，也不要讓他做太多或做一些超乎

他能力的事，否則，孩子在匆忙、心急的情況下，很容易就會養成放棄的習慣，怎會有始有終呢？

➤ **用正面的語言和親自示範的方式來教導孩子**：如果您希望孩子學習一種好的行為，那麼您最好使用正面的語言，明確地告訴他所要做的行為，例如告訴他「我們應該……做」，而不只是批評他、責備他做得不對。接著再親自示範正確的動作來教導他，如果孩子說會，那麼就讓他做給你看，再指導他正確的方式。

➤ **多鼓勵孩子**：只要孩子有好的行為，有一丁點的進步，哪怕他的表現不理想，我們也要鼓勵、讚賞他，使他保有讀書的原動力。

天下沒有不愛自己子女的父母，但是愛要適時、適量。「權威」只會造成孩子被動的學習行為，而非內心自動自發的自願行為。研究證明，家長對孩子的關懷，有利於孩子學習動機、態度的養成。真正的愛的教育，是關愛而不是放任自流，它能使兒童有良好的學習行為表現，養成良好的專注習慣。這些均有利於孩子今後的發展。

▌飲食均衡讓孩子更專注

馬上就要進校門了，三年級的明明還在校門口大口大口地啃麵包。他一般都是幾分鐘就把早飯搞定，匆匆忙忙衝進教室。

在生活中，這樣的情形很多，大多數孩子因為早上起得晚，或者家長比較忙，沒有時間為他們準備早餐，為了上學不遲到，他們的早餐都很「將就」。調查顯示，27.6%的國小生經常在進校門的幾分鐘時間內，解決一日早飯；5.39%的國小生在公車、捷運等交通工具上解決早飯；23.92%的國小生在路邊攤隨便吃點東西打發早飯，還有10.51%的國小生隨便到超商買點吃的東西；在5分鐘內匆忙解決占7.61%，10分鐘內匆忙

解決的占 47.10%。

專家表示，不吃早餐對孩子的不良影響遠高於成人。除了危害到健康外，還嚴重影響生長發育和讀書效果。我們都知道，一個人唯有在身體需求得到滿足之後，才能順利地展開腦力勞動。孩子不吃早餐或早餐營養不良，血糖水準相對就低，無法及時為神經系統正常工作運送充足的能源物質，從而影響到他們的學業能力和學業成績。根據對比實驗，不吃早餐的青少年圖形識別的錯誤率、反應能力和數學成績，都低於吃早餐的青少年。

為此，營養師提醒家長，如果想要孩子長得聰明，做事專注，不但要精心地幫孩子準備早餐，還應該注意孩子的飲食均衡。而要做到飲食均衡，食物中的 8 種營養物質不可缺少。

➤ **蛋白質**：充分的蛋白質是大腦功能的必需品。許多西洋棋冠軍在令人精疲力竭的比賽開始前，飲食都以蛋白質為主。蛋白質，尤其是魚，是重要的健腦食品。但是在正餐時，是先吃魚還是先吃碳水化合物呢？蛋白質中兩種互相競爭的胺基酸 —— 酪胺酸和色胺酸，最先進入大腦皮質的發揮整體影響作用。

如在飯後想保持專心警醒，要先吃蛋白質食品，後吃碳水化合物，即先吃魚，後吃馬鈴薯、主食；如飯後想鬆弛一下或小睡一會兒，那就先吃主食。先吃什麼是膳食即時影響腦力的關鍵。如果腦力工作者需整天保持頭腦敏銳，就要以高蛋白早餐開始，午餐就應是高蛋白質、低碳水化合物，而碳水化合物食物後吃。

在海鮮、豆類、禽類、肉類中含有大量酪胺酸，這是主要刺激大腦的物質；而在穀類、麵包、乳製品、馬鈴薯、麵條、香蕉、葵花子等食品中含有豐富的色胺酸，雖然也是人腦所需的食物，但在一定時間內往往有直接抑制腦力的作用，食用後容易引起困倦感。

➤ **脂肪**：脂質在大腦和神經組織的構造與功能方面具有重要意義。人腦所需要的脂質主要是腦磷脂和卵磷脂，它們有補腦作用，能使人精力充沛，使工作和讀書的持久力增強，對神經衰弱有較好的療效。卵磷脂更是被譽為維持聰明的「電池」。

充足的脂肪可使腦功能健全。富含脂質的健腦食物有很多，如核桃、芝麻、松子、葵花子、西瓜子、南瓜子、花生、杏仁、魚油等；富含腦磷脂的食物有豬腦、羊腦、雞腦等；富含卵磷脂的食物主要有雞蛋黃、鴨蛋黃、鵪鶉蛋黃、大豆及其製品。

➤ **維他命 A**：維他命 A 保護大腦神經細胞免受自由基侵害。含量豐富的食物有動物肝臟、魚油、胡蘿蔔、菠菜、散葉甘藍、甘薯、南瓜、杏、番木瓜等，以及所有的黃色或橘色蔬菜。

➤ **維他命 B 群**：維他命 B 包括維他命 B_1、維他命 B_2 維他命 B_3、菸鹼酸、泛酸、葉酸等。維他命 B 群物質可預防精神障礙。補充維他命 B 的物質來源主要有酵母、穀物、動物肝臟等。

➤ **維他命 C**：必要的維他命 C 可使大腦反應敏銳。主要食物來源為蔬菜與水果，如韭菜、菠菜、甜椒等綠色蔬菜以及柑橘、山楂、柚子等水果。野生的葉菜、刺梨、沙棘、奇異果、酸棗等維他命 C 含量尤其豐富，例如每 100 克鮮棗內含維他命 C380 ～ 600 毫克，酸棗則高達1380 毫克。

➤ **維他命 E**：維他命 E 是腦功能衛士，保護神經細胞膜和腦組織免受破壞腦力的自由基的侵襲，延長壽命，減緩衰老，保持腦的活力。維他命 E 主要存在於堅果類食品、植物油、麥芽、大豆油、果仁、穀物、新鮮綠葉蔬菜、動物臟器、豆類、蛋黃、瓜果、瘦肉、花生等之中。

➤ **鈣**：鈣質能使大腦持續工作。主要存在於酪和豆製品中。

第二章 良好的環境有利於注意力發展

➤ **葡萄糖**：大腦每天需要 100 ～ 150 克的糖。但神經系統中含糖量很少，必須靠血液隨時供給葡萄糖。當血糖濃度降低時，腦的耗氧量也下降，輕者感到頭昏、疲倦，重者則會發生昏迷。因此，一定的血糖濃度對確保人腦複雜機能的運作是十分重要的。同時，由於碳水化合物可以促使大腦產生 5- 羥色胺，而讓人們感到心情愉悅、心平氣和，避免產生狂躁情緒和憂鬱情緒。富含碳水化合物的食品有：稻米、麵粉、小米、玉米、紅棗、桂圓、蜂蜜等。一定的糖質是腦活動的能源，但不要過量，過量則會損害肺部的正常功能。

腦部所需要的這 8 種營養物質不可能靠吃化學合成的藥物而獲得，只能靠搭配合理的膳食向人體提供充足的熱量。也就是說，孩子只能靠合理的膳食搭配，才能攝取富含上述物質的食物，才會使腦部功能健全發育，變得聰明起來。

除此之外，家長還可以在孩子的食物中添加動物腦、蛋黃等。雞蛋營養很豐富，蛋中所含的組胺酸、卵磷脂和腦磷脂，對大腦和神經系統的發育非常重要。

動物肝臟、腎臟富含鐵質。鐵質是紅血球的重要組成成分，經常吃點動物肝臟、腎臟，體內鐵質充分，紅血球可為大腦運送充足氧氣，能有效地提高大腦的工作效率。

在孩子的食物中，魚肉不可缺少。魚肉不但鮮美可口，而且鈣、蛋白質和維他命 B_2、菸鹼酸含量高，魚肉中所含的脂肪是不飽和脂肪酸，它容易被人體所吸收，又能刺激大腦細胞的活躍性。

在孩子的膳食中，綠葉蔬菜不可少。蔬菜中的菠菜、芹菜和苦瓜不但含有豐富的維他命，也有健腦作用。胡蘿蔔含有大量以維他命 A 為主的多種維他命、無機鹽和鈣質等，營養豐富，被人們稱為「小人參」，是健腦

的佳品。黃花菜富含蛋白質、脂肪、鈣、鐵、維他命 B_1，這些都是大腦代謝所需要的物質，因此，它被人們稱為「健腦菜」。

水果類應多吃橘子和香蕉。橘子含有大量的維他命 A、維他命 B_1、維他命 C，屬於鹼性食物，可消除酸性食物對神經系統造成的危害，對健腦益智大有幫助。香蕉能預防神經疲勞，香蕉中含有大量的鉀，它對維持人體細胞功能和酸鹼平衡以及改進心肌功能大有好處。

除了解和掌握各種食物的營養價值之外，家長也要懂得合理搭配食物，讓孩子的營養全面，而且要注意不要讓孩子挑食、偏食。

有些孩子只愛吃某些食物，卻不愛吃另一些食物，這其實是偏食的表現，偏食對孩子的生長發育是不利的。因為自然界中，沒有一種或幾種食物能完全包括人體所需要的一切營養成分。因此，只吃一種或幾種食物，不可能滿足人體的需求。還有一些孩子對食物很挑剔，即使是在一碗菜中也要挑自己喜歡吃的部分，剔除不喜歡吃的部分，這就是孩子挑食的現象。偏食和挑食都是不好的飲食習慣，都不利於孩子的生長發育和身體健康，甚至對孩子的性格也是不利的，家長應及早糾正孩子的這些不良習慣。

家長在為孩子備辦飲食的時候，最好做到食品的色、香、味俱全，以此來刺激孩子的口味。在製作飯菜時，要盡量將菜做得均勻一些，做到色澤和諧、味道一樣，這樣孩子也就沒有挑食的餘地了。

▌睡眠是注意力集中的保證

除了日常飲食之外，睡眠品質同樣影響孩子注意力的集中。

法國科學家在研究中發現：孩子的學業成績與睡眠時間長短關係密切。凡睡眠少於 8 小時者，61％的人功課較差，勉強達到平均分數者僅占

39％，無一人名列前茅；而晚上睡眠 10 小時者，76％中等，11％成績優良，只有 13％功課較差。這是為什麼呢？原來，人的腦下垂體所分泌的生長激素主要分泌在夜間睡眠中，人體需要的各種營養素的合成，也只有在睡眠和休息的時候才能很好地完成。所以，孩子只有睡眠充足，才能長高長壯、精神集中、精力充沛。而如果睡眠不足，大腦細胞的活動能力大大降低，記憶力也隨著下降，讀書效率會受到嚴重影響。

　　一般來說，7 ～ 12 歲的孩子，睡眠應該在 10 ～ 11 小時，12 ～ 17 歲的孩子，睡眠應該在 9 ～ 10 小時。家長想讓孩子在課堂上集中注意力讀書，就要確保孩子擁有充足的睡眠。

　　睡眠，從生理上講，是人的大腦皮質細胞積極的抑制過程。大腦的某些神經中樞預告大腦皮質發生衰竭時，人體開始感覺困倦，隨著衰竭程度的加重，人的困倦感愈來愈強，待大腦皮質細胞的這種擴散達到一定程度時，人就會「安然入夢」。這時，大腦皮質下層另一部分細胞，仍然發揮作用，以確保心臟跳動、呼吸、代謝等生理活動。從某種意義上說，睡眠不僅是人體生理節律的需求，也是消除一天疲勞的必要休息。人腦在工作時，需要某種氮化合物，而這種物質只限於特定的時間內才能製造。腦生理學家發現，只有在黑夜睡眠的時候，人腦才能大量製造含氮化合物為醒來作準備。從這個意義上說，睡眠對於人腦不僅僅是一種休息，也是人體的生理需求。人體在疲勞時，大腦細胞的活動能力大大降低，記憶力也隨著下降，讀書效率會受到嚴重影響。因此，如果想讓孩子精神煥發，頭腦靈活地讀書，家長就應該從小讓孩子養成良好的睡眠習慣。想幫孩子養成良好的睡眠習慣，讓孩子擁有良好的睡眠品質，家長應做到以下幾點。

➤ **規定孩子的睡覺時間**：如果讓孩子養成定時進行睡覺的習慣性行為，他們就會在睡覺準備活動時想到上床睡覺的時間要到了。例如，家長

可以幫孩子制定一個時間計畫表，規定每天入睡的具體時間。當這個時間到了的時候，家長與孩子聊聊第二天的打算，告訴他把第二天要穿的衣服取出來，也可以在睡覺前講故事給孩子聽等。等到故事講完之後，家長可以溫和地提醒孩子：「好了，睡覺了。」

如果在孩子很小的時候，家長就堅持每天這麼做。那麼，等一段時間過後，孩子就知道自己該什麼時候上床睡覺了。這一習慣的養成，是確保孩子擁有良好睡眠品質的基礎。

➤ **睡前替孩子營造祥和、溫馨的氛圍**：在孩子睡覺之前，說笑打鬧或者做一些劇烈的活動都會影響孩子按時入睡，更會影響他們的睡眠品質。因此，家長不要讓孩子睡覺前用枕頭打仗或打球等遊戲，應該提前半個小時讓孩子平靜下來。這時候，家長可以替孩子營造一種溫馨而舒適的臨睡氛圍。如播放輕柔、舒緩的音樂以幫助孩子入睡，或者講一個小故事，然後暗示孩子可以睡覺了。如此一來，孩子就能睡得寧靜而安穩，從而確保了睡眠品質。

➤ **讓孩子在陌生環境下獲得安全感**：如果是在親戚、朋友家等陌生的環境中睡覺，在睡覺之前家長要盡量讓孩子感到安心，否則他們往往會由於害怕陌生環境而無法很快入睡。在陌生的環境下，很多孩子到了睡覺的時間而不睡覺，是因為他們感到害怕。如果是這樣，家長要想辦法搞清孩子害怕和擔心的原因，讓孩子把這些原因都講出來。家長要一一幫助孩子解決，這樣就可以減輕他們的焦慮了。這種現象最容易發生在一兩歲的孩子身上。

心理學研究顯示：孩子常常喜歡從某種固定的模式或從某種物品中獲得安全感。這些東西家長必須經過細心地觀察和體會才會發現。例如，有些孩子睡覺前一定要把某種玩具放在床上等。家長不要取笑孩

子的這些行為，也不要無端地加以限制。可能有些家長認為這是不健康的「戀物」行為，其實沒有必要這樣擔心。因為擺上某些熟悉的玩具這種習慣使陌生環境變得相對「熟悉」一些，可以幫助孩子安安心心地離開爸爸媽媽進入夢鄉。

➤ **注意孩子的睡眠環境**：除了做到以上三點外，家長還應該注意孩子的睡眠環境是否有利於休息。如室內光線、溫度、空氣流動情況、室內衛生情況以及床鋪情況（床是否舒適、被褥是否乾淨、枕頭的高矮是否合適）等進行改進或調整。

▍用音樂培養孩子的注意力

六年級的程剛有個毛病，一拿起課本，自學一會兒，就想打瞌睡。可是，他只要一聽到音樂就很精神。老師知道情況以後，建議他在自學之前先靜靜聽一會兒音樂，等到注意力集中時再開始讀書。程剛採取老師的建議後，讀書時竟不再感到困倦了。持續一段時間以後，程剛逐漸養成了愛讀書的好習慣。即使堅持幾個小時，也不會像原來那樣感到倦怠和乏力。

音樂是聽覺的藝術，是用耳朵來傾聽、感受樂曲的美。它除了能讓人心情愉快以外，還有一種作用，就是促進睡眠和防止瞌睡。孩子在聽音樂時，必定要使注意力集中起來，「聚精會神」地傾聽，「思考」音樂的語言，才能感受到音樂的美。因此，從小對孩子進行音樂教育有利於培養孩子的注意力。

「聚精會神」、「思考」，就是孩子在接受音樂教育時所進行的聽、看、想等心理活動表現的狀態。這些心理活動都可以表現為注意的狀態。

離開各種心理活動的單純注意是不存在的。因為，當孩子在注意地傾聽音樂，擺弄樂器的時候，他們總是在感知著什麼，記憶著什麼，或思考

著什麼。既不看、不叫，又不記、不想，當然也談不上注意。當音樂刺激著孩子的聽覺時，就會吸引起孩子去傾聽、思考等，促使孩子去探究這音樂在表現什麼？甚至深入探究這些內容與自己有什麼關係。從探究「表現什麼」開始，注意便參加到認知過程中，隨著探究活動的進行，注意一直伴隨著，確保孩子清楚而完全地去理解、感受、認識客觀事物。因此，音樂教育對孩子的注意力培養是有利的。

那麼，家長應如何透過音樂來培養孩子的注意力呢？具體做法如下。

➤ **透過形象、生動的教具培養孩子的注意力**：幼兒時期，孩子的不自主「注意」占優勢地位。鮮明、直觀、具體、形象、生動的刺激物以及刺激物突然的顯著變化，仍然是孩子不自主「注意」的對象。因此，家長在對孩子進行音樂教育時，應運用顏色鮮豔的、有生動形象的教具來幫助孩子集中注意力。

➤ **透過律動、唱歌、舞蹈等穩定孩子的注意力**：動是孩子的天性，幼兒年齡小，尤其好動，但是注意力不集中。要穩定幼兒注意力，家長應為孩子創造動腦、動口、動手的環境和機會，讓孩子用律動、唱歌、舞蹈等形式來表現音樂，使整個過程處於愉快、輕鬆、和諧的氣氛中，增強幼兒學習的新鮮感和主動性。

➤ **透過打擊樂器培養孩子的注意力**：教孩子打擊樂器能幫助孩子產生興趣，掌握節奏，增強孩子的表現欲，從而使孩子集中注意力。當孩子的注意力服從於活動的目的時，他們的自主「注意」就能得到很好的發展。

當然，幫孩子選擇音樂時，還應該適合孩子的年齡層。如國小低年級學生可選擇活潑、歡快、輕鬆的音樂作品，旋律、音響、編排都不要太複

雜。像〈捉泥鰍〉、〈Jingle Bells〉等歌曲、樂曲，孩子們都很喜歡。而惟妙惟肖地類比自然界聲音的音樂，如小鳥鳴叫、泉水叮咚、火車轟隆等聲音的樂曲，也是啟迪孩子心靈的佳品。

國小中年級學生，要培養他們的音樂抽象能力，以開發他們的邏輯思維。這就要學習一些音樂語言要素的知識，如旋律、調式、調性、和聲等，要讓孩子體會音樂作品的「內容美」，不能僅局限於「好聽」之類的教育。

國小高年級的學生，可以有選擇地聽下列樂曲：

東方和西方的古典音樂，如〈喜洋洋〉、〈英雄交響曲〉（貝多芬）、〈佛羅倫斯之夜〉（海涅）等。

學生用音樂益智，可以選聽古典樂曲、宮廷音樂、民族音樂或交響樂曲。要根據青少年的身心特點，以輕音樂、抒情樂曲以及流行歌曲等音樂為主，這樣才有助於增益智慧。下面是一些適合孩子欣賞的音樂曲目：花之歌（孟德爾頌）、小提琴協奏曲（孟德爾頌）、巴洛克音樂集錦、皮爾金組曲 —— 清晨（葛利格）、月光曲（德布西）、夢幻曲（舒曼）、G弦上的詠嘆調（巴哈）、藍色多瑙河（約翰‧史特勞斯）。

▌家長要以身作則

在生活中，我們經常聽到一些家長抱怨說自己的孩子如何不聽話，如何與老師鬧彆扭，上課如何不專心聽講，做作業如何拖延等。實際上，孩子之所以養成不良的注意習慣，與家長的教育和個人行為是分不開的。

每個孩子在成長的過程中，都會從周圍的環境中獲得經驗與方法。因此，家長身為孩子最直接的學習對象，他們的一言一行深深影響著孩子今後的行為。如果家長沒有意識到這一點。只是一味地譴責孩子的行為，而不從自己身上找原因，其教育效果往往不佳。

　　舉一個例子來說，一家人在客廳裡吃飯的時候，客廳的電視節目正播放著，這時候，爸爸媽媽和孩子一起一邊吃飯一邊看電視，孩子的眼睛盯著電視，一頓飯吃了快一個小時都沒有吃完。這是為什麼呢？這是因為孩子知道，如果自己吃完了飯，爸爸媽媽就要叫自己做作業了，如果自己一邊吃飯一邊看電視，他們就不會有什麼意見，因為他們自己也在看電視。正因為如此，孩子養成了拖拖拉拉的壞習慣。並在他們吃完飯讀書的時候，總是無法集中精神，心裡總想著一些其他的事情。

　　因此，想要孩子養成良好的注意習慣，家長應該從小做孩子的榜樣。具體來說，家長應做到以下幾點。

　　首先，家長愛學習、求上進、尊重文化、有教養、舉止有禮，就能提供孩子積極的榜樣作用。

　　特別是家長的學習興趣，在一定程度上直接影響孩子的讀書興趣、讀書態度，以及讀書時的專心程度，從而間接地影響學業成績。孩子如果生長在一個充滿學習氣氛的環境中，就很容易自發地學習，形成一種自覺學習的行動。而在這種自覺的學習行為中，孩子很容易養成專心讀書的好習慣。因此，家長應以身作則尊重文化、好學上進，以自己的言行薰陶子女。

　　其次，家長為孩子樹立好的榜樣，還要注意對學校、對教師保持肯定的態度。

　　家長應多向孩子講述自己小時候在學校的趣事，多向孩子傳達自己小時候對學校的美好嚮往及美好記憶，努力培養孩子對學校的情感。如果家長傳遞給孩子的是學校生活枯燥無味、自己不願上學等消極資訊，可以想像孩子對學校的概念是什麼樣的。

　　日常生活中，我們總能聽到有些家長說「你就玩吧，上了學你就知道

了」，「現在沒人管你，等上了學就會有老師來管你了」之類的話。其實家長的本意是想讓孩子珍惜時間，沒想到這些話的潛臺詞卻是：「學校生活是很痛苦的。」而這種負面的資訊會在孩子心中留下陰影，影響孩子對上學的渴望，也會影響到孩子的讀書興趣。

再次，家長自己也要注意保持家中整潔，如每天清理、打掃房屋，東西用完就馬上放回原處，吃完飯及時收拾碗筷等。孩子經過耳濡目染，自然而然就養成了注意整潔的習慣。

此外，家長除了告訴孩子做什麼事情都不要三心二意之外，還應該以身作則，做事情的時候專心投入，玩的時候也盡情盡興。家長的這些做法會給孩子留下很深的印象，並以此為做事的準則。

總之，家長的言行對孩子的影響至關重要，家長的言行舉止、行為方式對孩子的成長產生舉足輕重的示範作用。由此，家長要培養孩子良好的注意習慣，首先要從自身做起。

第三章
培養孩子良好的注意習慣

　　對於孩子來說，他們的注意力不集中絕大多數是年幼時未能得到正確的培養所致。因此，從小培養孩子的注意習慣很重要。一個從小就養成良好的注意習慣的孩子，即使身處非常嘈雜的環境，也同樣能夠集中注意，專心讀書。

　　要培養孩子的注意力，家長應根據孩子身心發展的規律與特點，從孩子出生起就有意識地培養孩子的注意力，幫助孩子養成良好的注意品質與能力。

▎對孩子提出切實可行的要求

很多孩子因為身心發展的規律與特點，無法做到專心致志地做好一件事情。因此，如果想要讓孩子注意力集中地做某件事，家長應對孩子提出切實可行的要求。有位家長是這麼做的：

劉煒的爸爸聽劉煒的老師說，劉煒在上課的時候經常神遊方外。很多時候老師問他問題他都答非所問。因此，劉爸爸給劉煒下了死令，要求他上課的時候必須全神貫注，具體地講就是：

➤ **眼睛盯著老師**：老師的動作、老師的板書、老師的推導和演算過程，一樣都不許落下。

➤ **耳朵跟著老師**：老師突出的重點、講解的難點、強調的細節都必須聽清楚，弄明白。

➤ **筆尖要跟上**：聽課時的一些要點、聯想、感受，甚至迸出的火花都要隨手記下來，在書上也要有標注。

➤ **注意力罩著知識**：要邊看邊聽邊琢磨，注意相關知識的連繫，想得廣一點、深一點，總結出規律和方法。

爸爸意味深長地對劉煒說：「眼在、耳在、神在，那才叫上課。」

劉煒按照爸爸說的那樣做，上課注意力集中以後，再認真做點作業，到期末考試，好像不用怎麼複習，拿出課本和筆記本一翻，老師講的都在眼前了。正因為如此，劉煒的學業成績非常出色。

為此，劉煒深有感觸地說：「如果我的爸爸與其他人一樣只會要求我說『上課要集中精神，要聽老師的話，考試要考 100 分』，卻不告訴我具體該怎麼做，我想我必定也是一頭霧水。爸爸的高明就在於他告訴我，怎麼做才是全神貫注的表現。而我按照爸爸說的做了，自然也就做到把注意

力集中到課業上了！」

　　劉煒的例子告訴我們，身為家長，與其因為孩子的注意力渙散批評、指責孩子，不如對孩子提出切實可行的要求。

　　那麼，什麼樣的要求才算是切實可行的呢？一般來說，只要在孩子力所能及的範圍之內或者透過一定的努力能夠做到的要求，都是切實可行的。當然，對孩子提的要求，不僅要做到切實可行，還應該做到以下幾點。

提出的要求要一致

　　也就是說，家長應該堅持執行始終如一的規章和紀律。如要求孩子每天放學以後，應該先做什麼，再做什麼。這樣孩子就知道在某一個時間該做什麼事情。當這些事情做完以後，就可以讓孩子自由安排自己的時間。如果家長對於孩子的要求總是一再變更的話，孩子必然會感到無所適從，從而逐漸漠視家長提出的要求。

提出的要求要明確、具體、簡潔

　　孩子的思維具有形象、具體的特點，因此，家長對孩子提要求時要做到具體、明確、簡潔，切忌籠統、模糊或要求太高。否則孩子對父母的要求無法正確理解，無法達到要求，或者乾脆置之不理。有兩位不同的媽媽是這麼對孩子提要求的。

　　小麗的媽媽：

　　小麗的媽媽外出前對小麗說：「今天妳把自己的房間整理整理！」說完，媽媽就出門了。可是，小麗的媽媽回來後發現，小麗沒按要求做，房間依舊亂七八糟。媽媽很生氣，把小麗教訓了一頓。小麗很委屈：「房間這麼多東西，妳讓我怎麼收拾啊？」

第三章 培養孩子良好的注意習慣

言言的媽媽：

言言的媽媽也要外出了，在出門前，言言的媽媽對言言說：「言言，做完作業以後，你把書放到抽屜裡，把玩具放進紙箱，把衣服放到櫃子裡。」媽媽回來以後，言言果然已經按照媽媽的要求把這些事情做好了。

言言和小麗的例子告訴我們，要讓想孩子按照自己的要求把事情做好，最好的辦法就是告訴孩子該怎麼做，如果沒有給孩子明確的指令，孩子無論如何也無法把事情做得合乎大人的要求。

此外，對孩子的要求要有順序，不要五六個要求一下子全提出來並讓孩子完全做到。有效果的辦法是讓孩子一個一個來，從最容易表現的開始做起，其他方面提醒他一下就可以了。

一次只集中精力做好一件事

有一個《猴子掰玉米》的寓言，說的是：

有一隻猴子在地裡掰玉米，剛掰下一個，覺得前面的更好，就扔下手裡的去掰另一個。另一個到手，覺得還有更好的，到手的又扔掉，去掰那個「更好的」。不知不覺走到了地的盡頭。這時，天色已晚，這隻猴子只得慌慌張張隨便掰了一個回去。回家一看，發現自己摘到的竟是一個爛玉米，可是，後悔又有什麼用呢？

看了這個故事，我們也許會笑那個猴子太傻。其實，猴子犯傻，不是智力問題，而是做事的態度太浮躁了。生活中，有很多孩子就像這猴子一樣，做什麼事情都毛毛躁躁，根本無法專心做一件事情。比如，做作業時，他們會一下做做數學，一下做做國文，一下又看看課外書。因為老是邊做邊玩，或者做著這件事情又想著那件事情，以至於他們做作業的效率低，本來一個小時就能完成的作業，往往要拖到兩三個小時才能完成。

那麼，如何才能改變這種現狀呢？其實，要改變這種狀況並不難，家長只要教給孩子正確的做事態度即可。一般來說，想要孩子把一件事情做好，家長應要求孩子一次只集中精力做好一件事情，當這一目標完成以後，再做另一件事情，這樣才能達到事半功倍的效果。如果總是做著這個，想著那個，其效果自然不佳。當孩子意識到這一道理，並將之付諸行動時，自然就能提高他們的讀書效率，從而取得優秀的成績。

想要孩子改變浮躁的做事態度，一次只集中精力做好一件事情，家長應做到以下幾個方面。

根據作業的難易程度為孩子安排作業順序

研究顯示，孩子開始讀書的前幾分鐘，一般效率都較低，隨後上升，15 分鐘後達到頂點。根據這一規律，家長可建議孩子先做一些較為容易的作業，在孩子注意力最集中時做較複雜的作業。如此一來，孩子的注意力也就跟了上去，讀書的效率也就因此提升。

培養孩子的耐心

想要讓孩子一次只做一件事情，家長還要培養孩子的耐心。對於孩子來說，他們的自覺性和堅持性是與他們的耐心相聯結的。一個越有耐心的孩子，他的自覺性和堅持性就越高，辦事能力也就越強。

在日常生活中，當孩子出現缺乏耐力的表現時，往往是培養耐性的最佳時機。家長可以抓住機會與孩子做幾個能夠吸引孩子注意力的遊戲，引導孩子加強耐性。

遊戲 1：玩拼圖

拼圖是一種趣味性較強的智力遊戲，不僅可以吸引孩子的注意力，也

第三章　培養孩子良好的注意習慣

可以提升孩子的思考力。對於年幼的孩子，可以先玩一些小的、簡單的拼圖，讓孩子在玩的過程中能夠獲得成就感，隨著孩子年齡的增大，逐漸玩一些大的、複雜的拼圖。

遊戲 2：找不同
比較兩張圖或者兩件相似的事物，找出不一樣的地方。

遊戲 3：扮鬼臉
與孩子一起扮鬼臉，看誰扮同一個鬼臉的時間長。

在玩遊戲的過程中，家長應該陪同孩子一起進行。當孩子的耐性增強的時候，家長要及時鼓勵孩子，可以為孩子設立獎勵卡片或獎勵表格，讓孩子對於自己的進步獲得成就感。

從小培養及督促

從孩子能理解大人的話開始，家長就要注意幫助孩子逐步學會正確評價和判別自己行為的適宜度。讓孩子慢慢明白什麼事應該做，什麼事不應該做。家長可從小就教育孩子，不管做任何事情，都應該一心一意，不能三心二意。只有集中注意力做一件事情，才能把事情做好。此外，家長還可以用《小貓釣魚》等故事教育孩子，啟發孩子。

讓孩子明白一次只做一件事情，且認真做的好處

家長應該告訴孩子，一次只做一件事情，而且認真做的話，就可以省去做錯了再重新做的麻煩，提升自己的辦事效率。此外，這種只關注自己完成情況的工作態度，會幫助孩子建立一種輕鬆愉快的心情，在自己的成就中快樂地完成任務。

家長做出表率

有人做過實驗：給幼兒看關於媽媽耐心做一件事情的影片。結果，這部分的幼兒比沒有看過影片的幼兒更能專心致志地畫畫或者寫作業。可見，想要讓孩子一次只集中做好一件事情，家長是孩子的榜樣。如果家長自己能以身作則，一次只專心做好一件事情，那麼，孩子的做事態度將隨之變得不再浮躁。

增強孩子的自制力

自制力是人的一種自覺的能動力量，主要是指在改造客觀世界中控制主體自身的一種特殊的能動性。自制力不能理解為消極的自我約束，它是一種內在的心理功能，使人自覺地進行自我調整，積極地支配自身，排除干擾，使主觀恰當地協調於客觀，並採取合理的行為方式去追求良好的行為效果。

孩子因為年紀小，自制力差，當有新刺激出現時，成人可以約束自己不去關注它，但孩子卻很難做到。可以說，自制力差是導致孩子注意力分散的一個重要原因。

劉明今年上國中一年級，最近也不知怎麼了，上課總是一副精神恍惚的模樣，學業成績也下降了不少。從劉明的媽媽那裡，老師了解到，原來劉明最近迷上了網路遊戲，回到家裡，他作業不做，書也不看，連晚飯都不吃就開始昏天暗地地打遊戲。有幾次，劉明的媽媽一大早就發現劉明呆在電腦前玩遊戲，還差點因為打遊戲上學遲到。為此，劉明的媽媽沒少責備他。但劉明表面上答應媽媽不再玩遊戲了，可一轉身就把對媽媽的承諾忘得一乾二淨。最近劉明的媽媽工作比較忙，也沒有時間管劉明，所以，這種情況越發嚴重。

第三章　培養孩子良好的注意習慣

　　為此，老師找來劉明談話，劉明也向老師承認自己迷上打網路遊戲不好，但總是無法控制自己。

　　孩子能不能控制自己的行為是非常重要的。一個孩子如果沒有自我控制能力，就會盲目從事，很難做好與自己的發展密切相關的事情。比如，一名大二的學生當年以優異的成績考進國立大學以後，開始迷上了網路遊戲，從此一發不可收拾，整天耽誤功課，學業成績也是每況愈下，最後各科都不及格，導致被學校開除。

　　在生活中，這樣的例子並不鮮見，孩子因為無法自我控制做出傻事的也不在少數。而因為缺乏自制力導致注意力分散的例子更是屢見不鮮。一般來說，孩子因為自制力差導致注意力分散具體表現為：思想不集中、做事虎頭蛇尾，無法始終如一、想到了，但做不到、「只有五分鐘熱度」等等，嚴重影響到孩子的做事效率和學業成績。因此，要培養孩子的注意力，家長應有意識地提高孩子的自我約束能力。

　　眾所周知，人的情感、欲望和興趣這些非智力因素是人的行為動機和毅力的重要因素，但這些因素又帶有自發性。情感如不經過自制機制的加工處理，任性而動，任情而為，就會出現一種非理性的行為，必將偏離正確的軌道，很難達到預期的效果。這說明自制力具有一種特殊的功能，它能調動其他非智力因素的積極方面，消解它們的消極方面，使一個人按著理性的要求去行動，從而克服各種放任、散漫、無恒心、無決心的情況。因此，我們也可以說自制力在這個非智力因素的動力系統中，形成一種樞紐的作用。從一定意義上，可以說它是這個動力系統的調節器和保險閥。自制力，能夠確保人的活動經常處於良性運行的軌道上，從而可以積極、持久、穩定、有序地實現一個又一個目標。

　　對此，每位家長都要有足夠的認知，但也不必為此過分著急。只要從

實際出發，不放過每一個時機，嚴加訓練，持之以恆，自制力就一定能逐步增強起來。例如早起、鍛鍊、按時做作業、有節制地花錢等，都要明之以理，使孩子們能立下志願，加強自制，注意訓練，養成習慣，從而在習慣中形成優良的品格。具體地說，家長可以從以下幾個方面入手增強孩子的自制力。

家長要當一個活生生的自制榜樣

有個心理學實驗，給幼兒看關於「自制力」的影片，比如等媽媽來了再吃餅乾、公共場所不亂跑、參觀畫展時不亂摸等，結果這部分幼兒比沒看影片的幼兒自制力強。可見，自制需要榜樣。

生活中孩子最容易模仿的對象是父母，父母自制力的表現會影響孩子自制力的發展。比如有位媽媽跟朋友打牌，孩子就坐在電視機旁做作業；週末你沒按時起床，孩子也趁機躺在床上看小說，放棄英語早讀；父母忙起來顧不上整理房間，孩子書桌上講義、卷子、本子也越堆越亂……所以，一個衝動的、情緒不穩定的、行動缺少自制的父母，必須先增強自己的自制力，才能幫助孩子建立自制力。

明確孩子在電視、音樂、電影和電子遊戲的時間

要注意電視、音樂、電影和電子遊戲上暴力的等級，然後明確無誤地對孩子定下要求，而且以後要堅持實踐這些要求。

許多孩子知道沉迷遊戲不好，但屢戒屢犯。有些孩子痴迷言情小說，不僅成績下坡，還精神不振。但有一些孩子意識到問題的嚴重性後，說不看就不看，克制力非常強。孩子強大的自制力並非天生，而是得益於我們從小對他們進行的意志力培養。一般來說，家長會在孩子成功之後給予讚

美和鼓勵，對孩子活動過程中的自制和努力也不會視而不見。

有位父親是這樣對孩子的：

孩子自制力很差，做事丟三落四，學習用品亂扔亂放，看電視沒完沒了，作業馬馬虎虎，弄得學業和生活都一團糟。父親決定透過規則和紀律，來幫助兒子擁有自制力。他先找兒子談心：「有人作息沒規律，損害身體，進而影響學業，甚至弄得心情很差。可見，不按時睡覺、起床的小毛病也會造成嚴重的後果。」

孩子說：「我也想改正缺點，可就是控制不住自己。」

父親說：「那就讓規則來幫助你。」

透過討論，父親和孩子簽下暑期規則：每天只喝一次冷飲；每天看半小時卡通；做完一門功課，收拾好課本再做另一門功課；晚上 9 點 30 分上床，背兩個單字後熄燈；平時打籃球 1 小時，自己洗運動服。

規則不多，只有 5 條，但訂了就堅決執行，不馬虎不遷就，更不允許任性驕橫，為所欲為。兩個月時間，孩子進步神速。

因此，替孩子訂立規則，要求他持之以恆地執行規則，對於自制力的培養十分有益。

透過專門訓練來培養孩子的自制力

為了更好地培養孩子的自我控制能力，家長可以對孩子進行某項專門訓練，如透過練琴、書法、繪畫等活動來培養孩子的自制力。訓練時，最好固定時間、固定地點進行，因為這樣可以形成心理活動定向，即每當孩子在習慣了的時間和地點坐下時，精神便條件反射地集中起來。

透過獎勵的辦法鼓勵孩子提高自制力

例如，一個平時寫字總拖拖拉拉、漫不經心的孩子，如果你許諾他認真寫字，按時完成任務之後，會給他一些他喜歡的禮物，他一定會安下心來，集中注意力認真地讀書。

值得注意的是，家長盡量不要對孩子的努力給予可觀的報酬。幫助孩子建立一種內在的獎勵制度，這樣他就能對自己做好的工作感到滿意。比如，帶孩子去商店以前，要預估到孩子要求買玩具而哭鬧，父母事先要和孩子講好條件，只許看，不許買，不聽話就不去。如果孩子表現好，答應他回家後給予糖果以示獎勵。

透過遊戲或者活動強化孩子的自制力

家裡是孩子透過不斷摸索學會控制衝動和應付壓抑情況最好的場所。在遊戲或活動中，不斷強化孩子自我控制的能力。

有這樣一個例子：有個剛上學的孩子，還不適應國小生活，加上性格外向、急躁，更加難以控制自己。有的時候她上課插嘴、坐不住，甚至搶同桌的文具。對 7 歲左右的孩子來說，說教很難產生作用。後來，孩子的媽媽發現在遊戲或活動中培養孩子的自制力效果極佳。比如讓她當「老師」，她就很有耐心和禮貌。學校舉辦安全教育活動，讓孩子當「交警」，她竟能站 15 分鐘「指揮交通」而不亂動；和同伴玩扮家家酒，女兒當「媽媽」，她立刻變得柔聲細語起來。活動和遊戲能讓孩子的自制行為日益積累，內化成習慣。因此，家長應鼓勵孩子參與活動和遊戲，孩子便能在自然生動的條件下發展自制力。

第三章　培養孩子良好的注意習慣

透過道德操練增強孩子的自我控制能力

孩子們需要操練做出道德上的決定，因此要幫助孩子思考可能產生的結果，然後引導他去做出安全正確的決定；這樣，他最終將學會在沒有幫助的情況下正確行事。

家長也要讓孩子知道「為什麼要這樣做，不要那樣做」，讓孩子逐漸形成評價自己行為和情緒的能力，掌握相應的規則。有些家長總覺得和孩子講道理是白費力氣，不如直接命令，其實真正的自制恰恰來自於孩子的理解。家長既不能無原則地遷就孩子，又不能放棄耐心說服的權力。

當孩子因自己的需求得不到滿足而煩惱時，家長可以有意識地引導孩子產生積極的思維：這一切都是暫時的，自己的需求過一會兒也會獲得滿足。例如，孩子和別的小朋友爭搶玩具，在放棄時，你可以教他這樣安慰自己：「現在讓給他玩，過會兒就可以輪到自己了。」

總之，在管教孩子的過程當中，家長要注重把對孩子外在的約束力轉化為他們內心的自我控制的能力。這樣，孩子才能逐漸提升自我的控制能力，使注意力變得集中起來。

▌替孩子規定任務和期限

葉航的媽媽是頂大畢業的高材生，爸爸也是個出色的工程師，可是，這一對名校出來的高材生對自己孩子的教育卻毫無辦法。因為，葉航實在太不爭氣了。他的學業成績在班上倒數第一，每次去開家長會，葉航的媽媽都覺得自己的臉全被孩子丟盡了，而葉航的爸爸則索性以工作忙為理由，從不去參加家長會。

最後，葉航的媽媽只好求助於輔導老師。輔導老師分別與葉航的媽媽和葉航進行交流。在交談的過程中，輔導老師發現，問題不全在葉航一個人。

　　由於「望子成龍」心切，葉媽媽從小葉航上一年級開始，就放棄了自己的夜生活，扮演起了「警察」的角色。她每天晚上都呆在葉航身邊「站崗」，督促葉航讀書。不管孩子讀到幾點，媽媽都不叫苦，不叫累。媽媽以為，葉航只要懂事一點，就能體諒自己的苦心。可惜的是，事實並非如此。

　　葉航很煩媽媽監督自己寫作業。他覺得媽媽不信任自己，更重要的是，每次葉航提前完成了作業後，媽媽就會額外再增強他的作業量，為此葉航覺得自己的課業沒有盡頭。每天晚上，不管作業是多還是少，他都會拖拖拉拉到 10 點以後才把作業做完。

　　看完這個故事，相信不少家長會恍然大悟：哦，原來是這樣的！因為，像葉航家的這種現象，在我們現實生活當中太常見了。很多家長因為擔心孩子「吃不好」、「吃不飽」，總是有意或者無意地扮演起了「警察」的角色，輕則窺探孩子，看他是否專心讀書；重則索性就待在孩子身邊「站崗」，一心一意監督孩子。為了自己的孩子不落後其他人，很多家長經常會在孩子完成自己的作業之後，再給孩子「加量」。

　　其實，家長的這種做法是非常不明智的。一方面，它會使孩子產生依賴心理，家長一不在身邊，孩子就不做作業；另一方面，它增加了孩子的負擔，使孩子不堪學業重負，從而對課業產生了厭煩、逃避的心理。

　　相信不少家長都有過這樣的經驗，如果上司要求你在 3 天內完成某項工作，這時你就會集中精力，全力以赴，提高工作效率。相反，如果上司說這項工作什麼時候做出來都行，你可能很難集中精力來做這件事，工作效率也不會高。同樣，孩子讀書時間或內容也應該有個明確的規定，這樣他就會把全部注意力集中起來，傾注在規定的期限之內，從而提高讀書效率。有些家長不知道這個道理，只是一味地要求孩子坐到他自己的小桌子

第三章 培養孩子良好的注意習慣

旁，只要孩子坐在那裡，他們就以為孩子在讀書，就感到心滿意足了。有些家長則只是一味地督促孩子看書，至於看什麼，看到什麼時候則沒有明確要求，可憐的孩子不知道何時才能結束，他會感到特別累，易生疲倦，自然不容易集中注意。

因此，想要孩子有效讀書，且能做到注意力集中，家長在督促孩子讀書的時候，一定要明確告訴孩子這次的作業是什麼，應該在什麼時間內完成。當孩子明白了自己的作業與期限以後，就會產生一定的壓迫感，從而做到集中注意力，提高讀書效率。

當然，如果孩子完成了規定的作業，家長就應該讓他休息，或者讓他做些別的事，千萬不要再重新安排作業給孩子。因為那樣，孩子會覺得爸爸媽媽說話不算話，就不會再信任家長了。以後再交代他其他工作，他就不聽了，有的甚至會故意拖延時間，或者心不在焉地讀書。到那時，想再讓孩子集中注意力讀書就很難了。

此外，家長還應該控制孩子每天需要完成的作業量，如果家長替孩子安排的作業過多，超過了孩子注意力穩定的時間，應該讓孩子一部分一部分地來完成，使孩子的學習有張有弛，這樣有利於孩子集中注意力，提高讀書效率。如果家長不允許孩子中途休息，長時間地讓孩子做作業，甚至坐在孩子的旁邊監督，還嘮叨不停，就容易使孩子產生牴觸心理，從而失去讀書的興趣，注意力也就無法集中。

除此以外，家長還應該給孩子玩的時間。許多家長認為孩子作業做得太慢而沒有了玩的時間，因此不斷地催促孩子、埋怨孩子，甚至懲罰孩子讀更長的時間。其實，孩子是因為父母把自己的時間安排得滿滿的，完全沒有自己支配的時間，才會不珍惜時間，才會拖拖拉拉的。在這種沒有希望、沒完沒了的讀書過程中，孩子的心態是消極的，沒有目標，沒有興

趣，往往心煩意亂、錯誤百出，時間又拖得很長，結果造成了惡性循環。

給孩子一定的自由支配時間，讓孩子去做自己想做的事，注重培養孩子的讀書興趣和主動性。比如，有些家長要求孩子每天放鬆一小時。在這一小時內，孩子可以玩、聽音樂、休息等，不管做什麼，家長都不去干涉，等孩子情緒比較穩定和愉快，有了讀書的興趣和主動性時，就會比較願意開始較長時間的艱苦學習，學習成效也會更加理想。

讓孩子學會合理安排時間

法國思想家伏爾泰曾出過一個意味深長的謎語：「世界上哪樣東西最長又是最短的，最快又是最慢的，最能分割又是最廣大的，最容易被忽視又是最值得惋惜的？沒有它，什麼事情都做不成，它使一切東西歸於消滅，使一切偉大的東西生命不絕。」它是什麼呢？它就是時間，就是最平凡而又最寶貴的時間。

在我們每個人出生時，世界送給我們最好的禮物就是時間。不論對窮人還是富人，這份禮物是如此公平：一天 24 小時，我們每一個人都投資它來經營自己的生命。人與人之間的最大區別就在於怎樣利用時間。善於管理時間的人，能把一分鐘變成兩分鐘，一小時變成兩小時，一天變成兩天，能用有限的時間做很多的事，最終換來成功。而不懂得管理時間的人，就只能任光陰虛度，坐擁失敗和平庸。

身為家長，我們應該從小幫助孩子學會合理安排時間。只要孩子學會了合理、有效地利用時間，就等於贏得了時間，爭取了學業和生活的主動。有效的教育方法，才能產生有效的教育結果。讓孩子意識到時間的重要性，學會合理利用時間，才是生活中更重要的事情。

我們看看下面這些家長是怎樣幫助孩子的。

觀點一：從扶到放，循序漸進地引導

我的孩子剛上學的時候，沒有時間觀念，在家裡做作業總是一邊做一邊玩，速度很慢，效率也不高，總需要我們督促。後來，我們覺得應該教孩子學會合理、有效地利用時間。於是，我們耐心地告訴她，應先完成書面的作業，再完成口頭作業，要抓緊時間認真做，不能拖延。在我們的督促下，基本上孩子在吃晚餐前就能完成作業。晚飯後，整理好書包還有一些時間，我們允許她玩一會兒遊戲或到樓下去玩。現在，孩子做作業時效率高多了，那種拖拖拉拉的習慣改了很多，不用我們天天督促也能自覺完成作業了。

觀點二：採用獎勵制，促進有序安排

孩子在上三年級以前，我們很少指導他該如何合理安排自己的時間。他經常放學回家後，先看課外書或玩，喜歡的電視劇播放了，就看電視劇。電視劇看完後吃晚餐，晚餐後再做作業。這樣有兩大弊端，一是當作業較多，同時身體疲勞的時候，做作業無法集中精力；二是無法促進他提升讀書效率，使得他做事鬆懈、品質不高。從三年級開始，我們要求他放學後，抓緊時間完成應獨立完成的作業。晚飯後再完成需要家長配合的作業，比如聽寫、背誦等。晚上9點睡覺前，可以自己安排多餘的時間，比如看電視，上網等。而且，每星期都根據他的表現給予獎勵。比如，一週內，每天都表現得很棒，週休二日帶他去吃一次肯德基。這樣一來，他的積極性一下提升了許多。漸漸地，他做事情、做作業的效率提高了，基本上每天都能有一小時左右的時間能自由支配。

觀點三：要耐心地根據年齡特點，分三步驟

孩子剛上學的時候，沒有時間觀念，我們耐心地告訴她，學生的首要任務是讀書，放學後的第一件事就是要完成作業和老師安排的其他任務。這些都完成後，才能去玩。應該說，一年級主要是培養在時間安排上的主次關係意識。

從二年級開始，我們主要幫助她抓緊時間的重要性（拖拖拉拉寫作業，損失的只是她最希望的娛樂時間），提高學讀書的效率。一年下來，雖然還有不足，但整體來說，讀書效率得到了明顯提升。這一年主要培養了孩子如何利用時間提高效率。

孩子現在上三年級了，我們著重強調讀書是自己的事，每天學什麼、做什麼應該自己安排，我們只能提建議，目的是培養她自主學習的意識。經過短時間的鍛鍊，加上以前的訓練和引導，她已經能合理地安排從放學到就寢這段時間，我們家長也放心許多。

觀點四：榜樣的力量是無窮的

我的孩子剛上國小的時候，沒有時間觀念，在時間的分配上，沒有太多的輕重緩急之分，經常是玩累了，才想起還有遺留的作業。我們經常督促他，但效果也不大。後來發現在社區裡，有一個比他大 1 歲的小朋友，每當他沒有完成作業，哪怕我的孩子打電話約他出來玩，他也果斷拒絕。我們趁機因勢利導，用讚賞的話語誇獎那個小朋友懂事，有時間觀念，輕重緩急分得清。從此以後，孩子慢慢有了時間觀念，不再像以前那樣玩起來什麼都不顧了。我們還規定，沒在一定的時間內完成作業就不許玩耍。兩相結合，孩子做事的效率大大提升，有時提前完成規定的作業，還很有成就感呢！

觀點五：制定時間表，系統安排時間

孩子上二年級的時候，我們送給她一臺袖珍式收音機，並且跟她說，在看書和做作業的空檔，可以聽聽自己喜歡的廣播節目。我們還允許她看幾個她喜歡的電視節目。我們這樣做的很大一個原因，是為了引導她能有效合理地安排時間，提高讀書效率。除此之外，我們還會檢查孩子的執行情況，以免她無限制地聽廣播和看電視。孩子很高興，她拿到收音機，每天早上起床後會在盥洗時打開收音機，定時收聽諸如「新聞 600 秒」之類的節目；下午放學後，她為了收聽、收看自己感興趣的節目，往往會把一天要做的事情分出主次，動作迅速地先做完主要的事情，然後去聽、去看她喜歡的節目。小小的一臺收音機，使她慢慢地有了時間觀念，並且學會合理分配利用時間了。

很顯然，這些家長的做法是值得我們效仿的。如果每位家長都能從小培養孩子的時間意識，讓孩子學會合理地安排自己的時間。孩子必能改變拖拖拉拉、注意力不集中等毛病，變得高效而積極起來。

▍為孩子制定合理的作息時間表

我們經常聽到許多家長抱怨，自己的孩子整天坐在書桌旁讀書卻沒有好的成績，真不知道這孩子讀書的時候在做什麼？其實，家長們可能忽視了一個問題，孩子雖然整天坐在書桌旁，但不見得他們都在專心地讀書，讀書就有效率。這是因為，孩子心理過程的隨意性很強，自我控制能力較差。因此，他們可能只是坐在那裡發呆，捧著書本卻心繫別處，或者望著天空想入非非。這樣的狀態，怎麼能夠學好知識呢？

對於孩子來說，合理作息尤其重要。休息好，孩子才能有足夠的精力去讀書，提高讀書效率。因此，合理安排好孩子的作息時間，會讓孩子覺

得讀書是一件快樂的事。如果家長整天讓孩子讀書，不給孩子放鬆、休息、娛樂的時間，孩子自然就會對課業產生厭倦的情緒，從而學而無效。

任何一個孩子，他們的各種習慣都是從小養成的。科學合理的作息制度可以使孩子養成好習慣，對孩子的生活和學業都是有利的。因此，家長應與孩子坐下來，共同為他們制定一個合理的讀書時間表，讓孩子自己遵照執行，家長要做的，無非是給予孩子提醒。一般來說，孩子是根據自己的喜好訂立的時間表，而且在時間安排上又比較靈活、寬鬆，他自然會比較主動地照時間表做。管不住自己的時候，家長提醒也不會叛逆，做起功課來效果也就好很多。

制定孩子的作息時間表一定要考慮孩子的個性特點和實際情況，最好是讓孩子自己參與制定。下面一個例子應該給我們的父母一些有益的啟示：

喬治的媽媽原本替喬治訂下了一個她認為是十全十美的作息時間表：早上 6 點起床；中午放學回家，吃完午飯後，做 1 小時功課，然後上學；下午回家，先補 1 小時歷史，再看媽媽替他預錄的卡通節目，然後有半小時的自由活動時間；晚飯後可以休息一會兒或到附近公園散步；回家之後再溫習功課，然後才上床睡覺。

喬治媽媽原本以為有了這樣的作息時間表，對喬治的幫助肯定很大，誰知實行了沒有幾天，她便很快發現喬治的功課越做越慢，有時候還打瞌睡；有時在喬治的功課還未完成時，他的好同學布迪便打電話來問他看了某個電視節目沒有；每天晚上的散步也似乎令喬治疲累過度，根本無法在晚上集中精神讀書。

明智的喬治媽媽及時發現時間表確實有問題，於是果斷做出改動，午飯後讓喬治有點午睡時間，下午看了兒童節目才開始做功課，晚上的散步

第三章　培養孩子良好的注意習慣

時間也視孩子的需求而增多或減少。時間表變得更具彈性，喬治的讀書興趣也比從前增加了。

家長在為孩子制定時間表時，要注意長、短計畫相結合。長期計畫是在一個較長的時間內應達到的目標，長期計畫的第一步，是要注重孩子內在的思想和感情，而不只是關心他們表露在外的不滿和反抗。短期計畫雖然也是每天的具體作息表，卻也應當注重「模糊概念」，比如不要具體規定幾點幾分起床、睡覺，幾點幾分吃飯、看電視、做作業，而應當是在幾點之前休息，幾點至幾點起床，作業必須在看電視之前完成，看電視的時間在多少時間之內等。

總之，制定一個有彈性的、適合孩子性格特點的時間表，才會有助於孩子養成有規律的讀書和生活習慣。

值得注意的是，在孩子高品質高效率地提前完成作業時，家長千萬不可以再追加作業，這樣會造成孩子的反感，從而對讀書感到厭煩。正確的做法是表揚孩子，並獎勵孩子一定的時間來休息和娛樂。

當然，家長在培養孩子作息有規律的良好習慣時，也應對自己提出遵守時間的要求：說好6點起床，絕不賴床到7點；說好9點睡覺，不要因為有好看的電視節目而拖延時間。同時，家長在工作、生活、行為等方面都要盡量做到遵守時間的榜樣，辦事不拖拖拉拉，還可以幫助孩子把重要的事情用圖畫、做標記的形式記在日曆上。

在引導孩子養成遵時守時的好習慣時，家長和孩子不妨做個約定，相互監督。不管是誰，如果沒有做到遵守作息制度，就應該有一點小懲罰。如果孩子遵守了作息制度，就應該給予小獎勵。當然，不管是獎勵還是懲罰，都應該及時兌現。只有孩子掌握一定的作息規律，一定能夠變得勤快而有效率起來。

培養孩子的思考習慣

德國物理學家普朗克曾經說過：「思考可以構成一座橋，讓我們通向新知識。」喜歡動腦筋思考的孩子內心充滿了好奇與求知的欲望。在求知欲的驅使下，這些孩子更加熱衷於學習與求解。讀書的主動性更強，而注意力也更集中。可以說，培養孩子思考的習慣，等於替孩子的能力裝上了「驅動器」，在「未知」的驅動下，孩子必然能成為一個注意力集中，優秀而傑出的人才。

然而，在現實生活中，很多孩子普遍存在依賴性較強的弱點，這不僅表現在生活方面，也表現在學業方面。他們僅僅滿足於別人怎麼講，給他什麼答案，而不是自己思考，然後得到答案。教育專家認為，造成這些現象的原因有以下幾個方面。

➤ **跟孩子的生活作風有關，懶惰是他們不愛動腦的誘因。**有些孩子從小養成飯來張口，衣來伸手的習慣。上學以後，因為習慣家長陪讀，讀書時懶得思考，遇到問題總希望父母給自己解出答案。如此懶散的態度，怎麼可能激發動腦思考的欲望呢？

➤ **知識缺乏。**因為缺乏相關的知識，孩子並不懂得該如何下手思考問題，於是腦中就有很多的「未知」但沒有「求解」的習慣和願望。久而久之就養成了一種思維慣性

➤ **家長的「幫扶」過度，造成孩子不愛思考。**孩子在學校遇到一點點小問題，就想求助於別人。這時，很多家長往往怕孩子思考太費事，就索性替代孩子思考了。更有甚者，一些家長在孩子遇到不會的問題時，索性就幫孩子把答案寫上了。

➤ **孩子自身貪玩，怕思考。**思考是需要時間和精力的，有一些貪玩的孩

子，心裡老想著精彩的卡通、激動人心的遊戲，所以他是沒有心情花時間思考的。遇到問題，不是丟在那裡不管，就是草草了事，又或者叫家長代勞。

因此，想要改變孩子不愛動腦，注意力渙散的不良習慣，家長應從自身出發，培養孩子獨立思考的習慣。專家認為，家長可以從以下幾個方面培養孩子的思考習慣。

➤ **不要直接回答孩子的問題**。低年級的孩子總有問不完的問題，而且喜歡打破沙鍋問到底。有些家長為了省事，會直接把答案告訴孩子，這樣的確能馬上「打發」他們，但從長遠來說，對孩子的智力發展沒有好處。因為家長經常這樣做，孩子必然會依賴家長的答案，而不會自己去尋找答案，無法養成獨立思考的習慣。因此，當孩子提出問題時，應該啟發孩子，提醒他們運用學過的知識、看過的書、查找到的資料等去尋找答案。當孩子自己得出答案時，他們會充滿成就感，也會更加願意自己動腦。

➤ **讓孩子經常處在問題情境之中**。如果孩子不愛提問時，家長應該主動「創造」一些問題去考他，或者放下架子向孩子「請教」一些問題，還可以在家庭遇到一些疑難問題時去和孩子商量。這些做法可以促使孩子主動思考。

➤ **跟孩子一起收集動腦筋的故事和資料**。動腦筋的故事和資料很多，家長和孩子共同收集，整理好放在家裡。閒暇時間，大家可以翻閱這些資料，互相討論感興趣的問題。

➤ **辦家庭智力競賽**。利用節假日進行，家長和孩子輪流做主持人，設立小獎品或其他獎勵措施。為了增強氣氛，可以邀請親友或其他朋友參

加，這樣既可以使家庭充滿溫馨，也可以讓孩子在遊戲中體會到勤於動腦的樂趣。總之，為了培養孩子勤於動腦、思考的習慣，家長要經常創造需要動腦筋的氛圍，鼓勵孩子多想、多問、多實踐。

莫讓孩子沉迷於電視

對孩子而言，看電視是一種最輕鬆、不必花費腦筋和力氣的娛樂。他們只需要握著遙控器，輕輕地移動手指頭，數十個電視臺，琳琅滿目的內容，任他們挑選和切換。對家長來說，電視不僅是一個好保姆，還是一個家庭衝突的「調解者」。因為有了電視，家長可以暫時擺脫照顧孩子的壓力；因為有了電視，家裡的爭吵似乎也因此平息了不少。

電視帶來的方便性，讓越來越多人的生活依賴於電視。「打開電視」變成每個人日常生活中一個自動化的動作。早上起床，下班回家，第一個動作就是打開電視。電視的聲音變成日常生活的背景音效，在很多家庭裡，如果沒有電視的聲音反倒讓人感覺很不習慣。

然而，家長們是否想到：當你的孩子把大量的時間用於看電視時，他（她）與外界交往的機會就大大減少。長時間獨處，會使孩子的心理發育產生障礙。當孩子不看電視時，他就會變得焦躁不安。甚至有些孩子離了電視便茶飯不思。在這種嚴重的「電視癮」影響下，孩子要怎麼安心讀書，專心上課呢？於是就出現了這樣的現象：老師提問時，孩子總是支支吾吾，不知所云。或者是回答了，也是答非所問，讓人匪夷所思。

有一項問卷調查是針對 3～6 歲幼兒的家長進行的，有 1180 人做了回答。調查結果顯示，一天看電視不超過 4 小時的幼兒中，96.3%可注意到爸爸媽媽下班回來時的動靜，進而有迎接爸爸媽媽的舉動。如，給爸爸媽媽拿拖鞋，幫爸爸媽媽拿水果等。而看電視超過 4 小時的幼兒只有 80.2%。

第三章　培養孩子良好的注意習慣

一天看電視不超過 2 小時的幼兒當中，有 95.1％可以耐心排隊等候盪鞦韆，看電視 2 ～ 4 小時的幼兒也有 96.3％會耐心等待，但看電視超過 4 小時的幼兒只有 76.5％有耐心等。

看電視不超過 2 小時的幼兒當中，84％會主動幫助、照顧其他幼兒；看電視 2 ～ 4 小時有 86.4％，4 小時以上只占 60.5％。

數字是最有力的說服。看了以上的調查資料，身為家長的你，還會讓孩子沉迷於電視中嗎？

其實，長時間看電視並不是孩子內心真正需要的。很多媽媽可能會說：「不對呀，我家孩子最喜歡看電視了。」其實，孩子對電視如飢似渴的「需求」是因為內心「空虛」引起的。

孩子也會內心空虛嗎？答案是肯定的。奧地利裔英國兒童心理學家普林格爾（Mia Lilly Kellmer Pringle）認為，兒童生來有愛的需求，有了解新事物的需求。從成人那裡獲得充足安全感的愛對孩子來說是第一位的。有了安全感，他才會充分利用自己的各種感官去感知周圍的事物，積極發展自己的才幹。對於周圍的環境來說，孩子是一個真正的「參與者」。如果這些基本的、深層次的需求得不到滿足，孩子會退而求其次，透過別的方式來滿足自己內心的需求。

如同大禹治水，要疏堵結合才能見效。孩子幾乎是不可能不看電視的，而且看電視對他的成長也並非百害而無一利。家長要注意不放任孩子，不要讓他亂看，想看什麼就看什麼，以免他會盲目、隨意地找一些並不適合他的節目來看。不要讓孩子看太多複雜的成人節目，比如言情片、武打片、警匪片，因為孩子很難理解。有兩類節目較適合兒童去觀看，一類就是兒童文學類的節目，像一些兒童文學的名著、童話改編的故事片、卡通都是很好的；另一類就是知識類的節目，比如說大自然探險、動物世

界、科學奧秘等節目對孩子也有好處。讓孩子看這樣的電視節目，對他們的身心發展是很有益處的，因為兒童的觀察是一種直觀性的，年齡越小越不喜歡文字而喜歡畫面。

此外，可以引導學齡兒童多看一些新聞時事節目。在調查中發現，有些孩子由於學業壓力過大，沒有時間看電視，也沒有時間看課外書，結果孩子生活貧乏，連一些最基本的常識都不知道。

甚至，家長還可以引導孩子看廣告。一個開放的世界，也是一個廣告的世界，廣告都會用藝術的、誇張的手法去展示自己產品美好的一面。要提醒孩子不要盲從廣告消費，在看廣告時要引導孩子判斷哪些資訊是正確的、有用的，用其利而防其弊，這樣才可謂是成熟的廣告教育。

跟孩子商量看電視的時間，並嚴格遵守。當然時間的規定應和孩子認真地協商，然後定一個規則，定了規則之後就不能夠違反，一定要說話算話。如果孩子違反了，要有懲罰措施。例如只要超過了時間，那就以兩天不能看電視，或者一個星期不能看電視為懲罰。一定要讓孩子遵守規定，做到說話算話，讓孩子對自己負責。

許多年輕的家長會說，孩子由於年齡小，對於不讓他看電視的要求往往以哭鬧來對付，聽著孩子的哭聲，許多家長只能「束手就擒」。其實，家長應該先申明規矩，如果孩子不遵守，就可以採取暫時冷落孩子的方法。孩子因為看不上電視吵鬧，首先應不理他，如果孩子任性地摔東西，就要嚴肅地警告他：損壞東西要賠，並且更長時間不許看電視。

當然，家長也要約束自己。要求孩子有節制地看電視，家長當然要以身作則。現實生活中確實有部分家長缺乏其他消遣愛好，將所有的閒置時間都花在看電視上，如果自己不分時間看電視，卻要求孩子少看、不看電視，這是很困難的。

最後，家長應該將孩子的活動盡量安排好，使孩子不必用電視來填補時間的空白。如起床、三餐、點心、就寢、午休、戶外活動、室內活動、講故事、搭積木時間以及和小朋友玩耍的時間等，要有規律，要讓孩子的生活充實起來。

第四章
用「興趣」抓住孩子的「注意力」

愛因斯坦曾經說過：「興趣是最好的老師。」不管是誰，在做自己感興趣的事情時，都會很投入、很專心，孩子也不例外。對於孩子來說，他們的注意力在一定程度上是直接受興趣和情緒控制的。孩子一旦有了興趣，不管做什麼事情都能夠自覺地克服困難、集中注意、活躍思維、促進活動有效地開展。

因此，要培養孩子的注意力，家長就應該培養孩子廣泛的興趣，只有把興趣與注意力的培養有效地結合起來，才能達到較好的效果！

好奇是興趣產生的基礎

好奇心是人們在面臨新奇刺激的情況下，產生驚奇而要探明現狀和原因的一種傾向。它是人類認識世界、探索自然和社會奧秘的重要心理特質。

好奇是孩子的天性，是孩子對某一事物產生興趣的基礎。對於孩子來說，生活當中，那些他們未曾見過和未曾聽過的新鮮事物，無一不以其獨特的魅力吸引著他們，激起他們的興趣，引起他們的極大關注。因此，家長可以充分利用孩子的好奇心來培養孩子的專注力。

那麼，家長應如何利用孩子的好奇心培養他們的專注力呢？專家建議，想要利用孩子的好奇心培養他們的專注力，家長應做到以下幾個方面。

透過新奇的物體吸引孩子的注意力

孩子的注意力總被一些新奇的事物吸引。因此，如果孩子發現老師講授的都是自己屢見不鮮、耳熟能詳的東西，那麼大多數孩子都會不由自主地恍神，東張西望，做小動作。因此，想讓孩子的注意力集中起來，家長可以試著用一些新奇的物體來喚起孩子的注意。

許多實例證明，強烈、新奇、富有運動變化的物體最能吸引孩子的注意。會唱歌的生日蛋糕，會跳的小青蛙，會自己走路的小娃娃等玩具，都能調動孩子們的好奇心，讓孩子集中注意力去觀察、擺弄。家長可以買一些類似的玩具給孩子，用來訓練他們集中注意力。特別是 0 ～ 3 歲的孩子，採取這種方法是最理想、最有效的。

多抽時間向孩子介紹周圍的世界

家長不管多忙，都應該盡量多抽時間向孩子介紹周圍的世界。與大人不同的是，孩子對周圍了解得越多，對世界的好奇感就越強烈。因為孩子

的求知欲很強，在掌握一定的知識技能後，能注意到、接觸到的新事物更多，反而會大大地激發孩子的好奇心。孩子喜歡做沒做過的事，嘗試沒玩過的遊戲，並能從中表現出他們的創造力。因此，家長在各種可能的場合，盡量多向孩子介紹周圍的世界。家長在對孩子介紹一些新事物時，要相對簡潔，跳躍性強，注意力要跟隨孩子的視線做一些調整，這是由於年幼的孩子注意力難以長時間集中於同一事物的原因。

充分利用家庭環境激發孩子的好奇心

在家庭生活中，有許多事情可以激發孩子的好奇心，例如，當水燒開的時候，可以問問孩子為什麼水壺裡會發出「嘟嘟」聲；可以讓孩子摸摸不同質地衣服的手感，讓他們比較出不同。家中有許多事是孩子感興趣的，關鍵是抓住機會，讓孩子從看似平淡的生活中找到興趣點。

把孩子帶到新的環境中去玩

家長可以經常有意識地把孩子帶到一個新的環境中去玩，如帶孩子逛公園，讓他看一些以前未曾見過的花草、造型各異的建築及其他引人入勝的景觀。此外，還可引導孩子到大自然中觀察日月星辰、山川河流。大自然千變萬化，是孩子看不完、看不夠的寶庫。春天可帶孩子去觀察小樹以及其他植物的生長情況；夏天帶孩子去爬山、游泳；秋天帶他們去觀察樹葉的變化；冬天又可引導他們去觀察人們衣著的變化，看雪花紛飛的景象。家長可以和孩子一起猜雲彩的形狀會如何變化；聽鳥啼婉轉，猜唱歌的小鳥長什麼樣；為什麼螞蟻在搬家；為什麼向日葵總是朝著太陽等。總之，家長可以利用孩子對新環境、新事物的好奇去培養他們的注意力。

第四章　用「興趣」抓住孩子的「注意力」

耐心回答孩子的問題保護他們的好奇心

　　兒童期是問題最多的時期，特別是幼兒期，我們稱之為「提問期」。這一時期的孩子什麼都要問，而且還有打破砂鍋問到底的趨勢，經常使成人難以招架。他們的小腦袋裡不停地冒出「怎麼」、「什麼」、「為什麼」，聽完故事他們總是問講故事時用到的詞語是什麼意思。如：什麼叫羨慕？什麼叫打草驚蛇？有時候，他們甚至會問出一些令成人臉紅或不好意思回答的「為什麼」。這個時候，大人如果說，「小孩子不會懂。」或者因為不想回答孩子的問題，用「去，去，沒看見我正在忙嗎？」等語言搪塞孩子的問題的話，對孩子的自尊心、好奇心而言都是一種傷害。可能導致孩子自卑、不敢問問題、不敢發表自己的看法等問題，甚至會因此失去了求知的原動力。從此對什麼都麻木不仁，不再有興趣。這樣的話，孩子是不可能專心做好一件事的。

　　因此，家長要盡可能耐心地回答孩子的問題，不厭其煩地解答孩子的各種提問，並創造條件促使其更好地理解。

從孩子的「破壞」中發現孩子的探索能力

　　對於大一點的孩子，可以用書上的知識來誘發他們的好奇心。其實，孩子愛搞「破壞」屬天性使然，是其創造萌芽的一種展現。他們對各類陌生事物充滿新鮮感、好奇心，並身體力行，欲用自己的雙手探求這未知世界。合理利用孩子這種天性，多方引導、鼓勵，孩子的創造萌芽就會得到進一步深化。反之，老實文靜聽話的乖孩子，家庭雖少了「破壞」氣氛，大人安心，但孩子天性抹殺了，培養出的孩子多半循規蹈矩，缺乏頭腦，依賴性強，泯滅了孩子愛動、好奇和勇敢，甚至是冒險的天性。

以興趣點培養孩子的注意力

　　法布林出生在法國南部山區的一個小村莊裡。村前小溪流水，村外山野樹林，環境十分優美。自然萬物的美深深地吸引了他，他從小就喜歡觀察動物，熱衷於將山楂樹當床，將鰓角金龜放在山楂小床上餵養，他想知道為什麼鰓角金龜穿著栗底白點的衣裳；夏日的夜晚他匍匐在荊棘叢旁，伺機逮住田野裡的「歌手」，他想知道是誰在荊棘叢裡微微鳴唱。昆蟲世界是那麼奇妙莫測，童年的法布林總是睜著一雙明亮的眼睛，警覺地注視著蟲兒和花草，好奇心喚起了他探求昆蟲世界真相的欲望。

　　在他 5 歲的時候，一天晚上他和家人在庭院乘涼，突然聽見房屋背後、荒草灘裡響起一陣「唧 —— 唧唧唧」的蟲鳴聲，聲音清脆好聽。是蟋蟀嗎？不，比蟋蟀的聲音小多了；是山雀？山雀不會連續叫個不停，更何況在漆黑的夜晚呢。於是他決定去看看。大人們嚇唬他說，有狼，會專門吃小孩子的。小法布林卻毫不膽怯，勇敢地跑到屋後去觀察個究竟。結果他發現：發出鳴叫的不是小鳥，而是一種蚱蜢。從此，他對昆蟲產生了濃厚的興趣。

　　八九歲的時候，父親叫他去放鴨子。每天早上，他把鴨子趕進池塘以後，不是在水邊東奔西跑地抓蝌蚪、逮青蛙、捉甲蟲，就是蹲下來靜靜觀察奇妙的水底世界：漂亮的螺殼、來回穿梭的游魚和身上好像披了五彩羽衣的蠕蟲……

　　有一次，在池塘的草叢裡，法布林發現一隻全身碧藍、比櫻桃核還要小的甲蟲。他小心翼翼地把牠拾起來，放在一個空蝸牛殼裡，打算回家再好好欣賞這珍珠一般的寶貝。這一天，他還撿了好多貝殼和彩色的石子，把兩個衣袋塞得鼓鼓囊囊的。

第四章　用「興趣」抓住孩子的「注意力」

夕陽西下的時候，法布林歡歡喜喜趕著鴨子，滿載而歸。一路上，他默默地歌唱，心裡甜滋滋的。儘管這歌聲裡沒有歌詞，可它比有歌詞的還悅耳，比美夢還縹緲，因為它道出了池塘水底的奧秘，讚美那天仙般美麗的甲蟲。

法布林一回家，父親見到他衣服很髒，還撿一些奇怪的東西回家，便怒氣衝衝地吼道：「我叫你去放鴨子，你倒好，撿這些沒用的玩意兒，快給我扔了！」

「你呀，整天不做正經事，將來不會有出息的，你嫌我還不夠辛苦嗎？」母親在一旁也厲聲地責備說，「撿石子幹嘛？撐破你的衣袋！老是捉昆蟲，你小手不中毒才怪呢！你呀，准是叫鬼迷了魂！」

聽到父母突如其來的責罵，法布林難過極了。迫於父母的壓力，小法布林只好戀戀不捨地把心愛的寶貝扔進了垃圾堆。

然而，父母的責罵並沒有驅散法布林對昆蟲的沉迷之情，強烈的興趣已經深深種在他的心田。之後每次放鴨子，他仍然樂趣無窮地做那些「沒有出息的事」，背著大人把衣袋裝得滿滿的，躲起來偷偷地玩。

正是這種被「鬼迷了魂」的興趣，把法布林引進了科學的殿堂，使其能夠在昆蟲的世界裡盡情地遨遊。也正因為足夠了解昆蟲的世界，法布林寫的《昆蟲記》吸引了無數人的眼球，為世人打開了昆蟲世界的大門。可以說，興趣是孩子主動學習和探索的最初動力，是孩子注意力集中的有效保證。讓孩子做感興趣的事情，孩子就會全神貫注於他所做的事情，從而取得事半功倍的效果。

孩子的注意力以不自主注意為主，在一定時期內會表現出注意力不集中，活動頻繁，目的性不專一，不易控制自己的情緒，注意的穩定性較差，一切從興趣出發。心理學研究顯示，當孩子對某一事物的興趣越濃

時，其穩定、集中的注意力也就越容易形成。比如，孩子在看感興趣的電視或打遊戲機時，不用提醒也能聚精會神、專心致志。反之，如果孩子對某一事物缺乏興趣，其注意效果就差。因此，要培養孩子的注意力，家長要有目的、經常性地發現孩子的興趣點，發展孩子的自主注意。

每個孩子都有自己不同的興趣，因此，他們擅長的事物也各不相同。美國教育家杜威認為，對於教育者來說，最重要的是細心觀察兒童的興趣。他說：「成人只有通透過對兒童不斷地進行同情觀察，才能知道他要做什麼，用什麼教材才能使他工作得最起勁、最有成效。」因此，家長在日常生活中應多加留意，發現孩子對什麼感興趣，並以此入手培養孩子的注意力。

當日本著名的教育家伏見猛彌發現自己兩歲的孩子十分喜歡汽車和火車時，他不僅買這些玩具當做禮物送給孩子，還有意識地幫助孩子發展這一興趣。結果，這個孩子的注意力變得非常集中，觀察力也相當好。

當時，日本國小五年級的學生才開始學習「近大遠小」法，而伏見猛彌的孩子在 3 歲時就自然掌握了，畫出來的各種汽車簡直就像要從畫裡跑出來一樣。不僅如此，他還剪下厚紙板，把它們組合成火車頭等東西。

正是伏見猛彌對兒子興趣的培養，使得他的兒子從小還養成了對喜歡的事情持之以恆的勁頭，他甚至獲得了一個驚人的成果：在國小二年級時，對蝴蝶標本產生了興趣，並首次發現了在日本從未被記載的一種生活在荷蘭加瓦島的蝴蝶。

可以說，伏見猛彌的兒子是幸運的，他遇到了一位尊重自己、了解兒童心理的好爸爸。與伏見猛彌的爸爸一樣，葉小欣的媽媽也是一個懂得利用孩子的興趣點培養孩子注意力的媽媽。

與很多注意力不集中的孩子一樣，葉小欣的注意力也很容易受到外界

第四章　用「興趣」抓住孩子的「注意力」

的干擾，興趣也總在不停地轉換中。

有一天，媽媽帶葉小欣到野外郊遊。不一會兒，小欣就興高采烈地跑來告訴媽媽，她摘了一點雛菊。說完得意洋洋地向媽媽舉起了手中的花。聰明的媽媽沒有放過這個快樂的時刻，她引導葉小欣觀察雛菊，並對孩子講解了起來：「妳看，雛菊有淡黃色的眼睛，白色的睫毛圍繞著它，它整天躺在草叢裡，張著大大的眼睛，仰望著紅紅的太陽，可是，它卻無法像我們的小欣一樣眨眼睛。這就是為什麼人們把雛菊叫做『白天的眼睛』的原因。」

聽了媽媽的話，小欣感興趣了起來，她眨著眼睛問媽媽：「那小雛菊晚上做什麼呢？」媽媽笑盈盈地反問道：「妳覺得它在做什麼呢？」於是，小欣兀自想像開了：晚上，小雛菊也像小男孩、小女孩一樣，閉上了眼睛，睫毛上沾上了晶瑩的露珠，它一直睡呀睡，睡到第二天早上太陽再出來時才睜開眼睛。

媽媽高興地表揚了小欣，而小欣則開心地把小雛菊放在自己的胸口，溫柔地親吻著它。

這樣，小欣的媽媽不但發現了讓孩子對世界上的任何事物都變得有興趣、有樂趣的方法，還因此培養了孩子的觀察力、想像力與注意力。這對孩子今後的發展來說，是大有裨益的。

身為家長，我們不要因為孩子沉迷一些冷僻的知識而感到失望或擔憂，可能這種獨一無二的愛好恰恰能維持得更持久。美國芝加哥大學針對天才運動員和天才藝術家所做的一項調查顯示，這些人的共同之處在於，他們的父母很早就認可他們的特殊愛好，並且盡最大可能地提供協助。因此，我們要盡量保護孩子的興趣，讚賞孩子專注的精神，並有意識地引導孩子，激發孩子的其他興趣。這樣，孩子不僅可以做他自己喜歡的事

情，從而獲得樂趣，同時也能夠發展他的注意力、思考力等能力，幫助孩子未來能夠更好地面對學業和工作。

南北朝時期著名的科學家祖沖之在小的時候，由於不喜歡讀經書，總被父親斥責為「笨蛋」。

祖沖之的父親祖朔之是一位小官員，他望子成龍心切，總是希望祖沖之出人頭地。祖沖之不到 9 歲，父親就逼迫祖沖之去背誦深奧難懂的《論語》。兩個月過去了，祖沖之只能背誦十多行，父親氣得把書摔在地上，怒氣衝衝地罵道：「你真是一個大笨蛋啊！」

幾天後，父親又把祖沖之叫來，對他說：「你要用心讀經書，將來就可以做大官；不然，就沒有出息。現在，我再教你，你再不努力，就決不饒你。」

但是，祖沖之卻非常不喜歡讀經書。他對父親說：「這經書我是說什麼也不讀了。」

父親聽了祖沖之的話，氣得伸手打了他兩巴掌。祖沖之就大哭起來。

這時，祖沖之的祖父來了，當他得知事情的真相後，對祖沖之的父親說：「如果祖家真是出了笨蛋，你狠狠打他一頓，就會變聰明嗎？孩子是打不聰明的，只會越打越笨。」接著，祖父責罵祖沖之的父親：「經常打孩子，不僅無法形成任何好的作用，而且還會使孩子變得粗野無禮。」

祖朔之無奈地說：「我也是為他好啊！他不讀經書，這樣下去，有什麼出息？」

「經書讀得多就有出息，讀得少就沒有出息？我看不一定吧。有人滿肚子經書，只會之乎者也，卻什麼事也不會做！」祖沖之的祖父罵道。

「他不讀經書怎麼辦？」

「不能硬趕鴨子上架。他讀經書笨，說不定做別的事靈巧呢。做大人

的，要細心觀察孩子的興趣，加以誘導。」

聽了祖沖之祖父的話，祖朔之同意不再把祖沖之關在書房裡唸書，還讓祖沖之跟著祖父到建築工地上去開開眼界，長長見識。

祖沖之不用再讀經書了，他感到非常高興。

有一次，祖沖之問祖父：「為什麼每月十五的月亮一定會圓呢？」祖父說：「月亮運行有它自己的規律，所以有缺有圓！」

看到孫子對天文感興趣，祖父對祖沖之說：「孩子，看來你對經書不感興趣，對天文卻是用心鑽研，正好，咱們家裡的天文曆法書多得很，我找幾本你先看一看，不懂的地方就問我。」

就這樣，祖沖之的天文興趣被祖父發現了，父親祖朔之也改變了對兒子的看法。從此，父親不教祖沖之閱讀經書，祖沖之對天文曆法越來越有興趣。後來，成為一名科學家，他推算出圓周率的時間比歐洲早 1,000 多年。

爺爺對祖沖之因材施教，發現其興趣點，並選擇了這個興趣點為突破口，啟發引導祖沖之，終於使祖沖之把自己的全部精力用在天文曆法上，並取得了驚人的成功。

強迫往往導致叛逆，讓人失去興趣。因此，家長對於孩子，要少點強迫，多點引導和啟發，讓孩子在自己的興趣引導下做事，培養孩子專心致志的習慣，才能讓孩子專注於讀書，不斷提升自己的內在。

想要以興趣點培養孩子的注意力，家長自己首先要有一雙敏銳、善於觀察的眼睛，這樣，才能更好地了解孩子，做到因材施教。

如果你發現自己的孩子對顏色感覺敏銳，愛繪畫，對事物有想像力，喜歡搭積木，對圖畫有良好的記憶力等，那就代表孩子具有空間智慧。這時候，家長就可以多讓孩子做些模型、搭配衣飾等活動。

如果你發現自己的孩子對數學問題很感興趣，具有良好的邏輯思維，喜歡點算、速算，對事物要求明確，喜歡抽象事物，就代表孩子具有數學邏輯智慧。這時候，家長可以多讓孩子計算，帶領孩子親自觀察事物或多讓他歸納事理等。

總之，發現孩子的興趣點，並能透過興趣點培養孩子的注意力是每位家長義不容辭的責任，如果每位家長都能做到這一點，那麼孩子的注意力與學習能力將會有很大程度的提升。

培養孩子廣泛的興趣

從上一節中我們了解到，孩子的注意力在一定程度上直接受興趣和情緒的控制。因此，要培養孩子的注意力，身為家長，不僅要善於發現孩子的興趣點，利用孩子的興趣點培養孩子的注意力，還應該培養孩子廣泛的興趣，並以此為媒介來促進孩子注意力的進一步發展。

兒童時期，尤其是在孩子 6～7 歲和此年齡以前，如果他們的興趣表現為對某一事物很專一，而且持續的時間很長，那麼這個孩子的智力發展一般是不理想的。在這種情況下，專一的興趣可能會影響到他們其他方面智力的發展。相反，興趣廣泛的孩子常常是智力發展較好的。這個時期儘管他們興趣廣泛，卻還無法做到對事物「絲毫不差」的認識。但是他們累積了廣泛的感性認知，為他們的智力發展打下基礎，同時廣泛的興趣引導他們認真地從事各種各樣的活動，使他們的能力得到各方面的鍛鍊，有較好的發展趨勢。

要培養孩子廣泛的興趣，家長應注意以下各方面。

第四章 用「興趣」抓住孩子的「注意力」

從尊重孩子的興趣開始培養孩子的廣泛興趣

有一個小男孩，他從小就對汽車非常著迷，卻很少對其他事物特別感興趣。小男孩的爸爸媽媽覺得他的興趣似乎太單一了，想盡各種辦法試圖讓他轉移興趣，但收效甚微。

後來，爸爸改變了策略，不但不阻止孩子去喜歡汽車，還充分地滿足孩子的興趣。散步時看社區停著的車，也陪他站在陽臺上「研究」路上的車；週末還帶他乘坐公車；通常溝通的內容也是多與汽車相關的知識。

不久，孩子就對汽車的種類、顏色、形狀、大小、快慢，甚至公車沿途站名都非常熟悉，連坐哪路車到什麼地方都能講得頭頭是道，眼界開闊了許多，興趣也不知不覺地變得廣泛了。

現在，這位小男孩還迷上了手工製作，還開始研究地圖，對兵器及其他交通工具也有興趣，連性格也很變得開朗了。

小男孩的例子告訴我們，身為家長，我們不但要尊重孩子的獨特興趣，還可以利用孩子的這一興趣發展孩子的其他興趣，這對孩子的健康成長是有益的。

不對孩子設限

小亮亮 1 歲多就握筆塗鴉。亮亮的媽媽將筆和紙交給他，充分滿足他「作畫」需求。從來不去干預他畫什麼。媽媽的不設限讓小亮亮愛上了畫畫，現在，他畫的畫在各類兒童畫競賽中頻頻獲獎。試想，如果亮亮的媽媽不斷地干涉孩子的活動，常常因為孩子畫得不夠好而責備他的話，孩子也許早就厭煩了畫畫。更不要說能夠獲獎了。

創設環境，培養興趣

　　家長要尊重兒童的自然發展規律，為兒童的充分發展提供條件，兒童的潛能如同種子，只要有適宜的外部條件，它就會生根、發芽、長大。環境是孩子萌發興趣的基地，因而家長要多製造機會，創設環境讓孩子接觸，培養他們的興趣。說不定在給孩子一枝蠟筆、一架琴的瞬間就造就了一位藝術家呢！

用誘導的方式激發孩子的興趣

　　培養孩子的興趣，要採取誘導的方式去激發。比如培養小兒識字的興趣，你可以利用小孩子喜歡故事的特點，給小孩子買一些有文字提示的圖畫故事書。讓小孩子一邊聽故事一邊看書，並且告訴孩子這些好聽的故事都是用書中的文字編寫的，引發孩子識字的興趣。然後認一些簡單的象形字，從而使孩子的注意力在有趣的識字活動中得到培養。

　　皮奈特是一個缺乏耐性的孩子，他只愛看電視和玩遊戲，對書本不感興趣。

　　一天，父親拿了一個沙漏，對他說，這是古時候的鐘錶，裡面的沙子全部漏下去時，正好過了三分鐘。

　　皮奈特想玩玩這個沙漏。這時，父親說：「想玩沙漏可以，不過你要答應爸爸一個條件，那就是以沙漏為計時器聽爸爸講一個故事，以三分鐘為限。三分鐘後，如果你能認真聽完故事，那麼，這個沙漏就讓你玩 12 分鐘。」皮奈特很高興地答應了。

　　第一次，皮奈特果然靜靜地坐下來聽爸爸講故事。但事實上，他根本沒有留意故事內容，而是一直看著那個沙漏，三分鐘一到，他便立刻拿著沙漏跑出去玩了。

第四章　用「興趣」抓住孩子的「注意力」

但是，皮奈特的父親沒有生氣，他決定多試幾次。數次之後，皮奈特的視線漸漸由沙漏轉移到故事書上了。雖說約定三分鐘，但三分鐘過後，因為故事情節吸引人，皮奈特聽得十分入神，他要求延長時間，但父親堅持「三分鐘」約定，不肯繼續講下去。皮奈特為了早點知道故事情節，就自己主動閱讀了。

在這裡，皮奈特的父親實際上是透過引導孩子的興趣，讓孩子的注意力在一定時間內專注於某一事物，久而久之，孩子的閱讀興趣便被激發出來，從而能夠主動而有意識地讀書了。

讓孩子感受到進步的快樂

興趣培養，家長需保護孩子的積極性，這樣可以讓孩子感到爸爸媽媽永遠在關心他，承認他付出的努力。

曾有一位家長讓自己的孩子學繪畫，本意是培養孩子的興趣，可當家長看到孩子在繪畫上缺乏天分時，就忍不住說孩子「太笨了！你能學什麼呀？」還有一位家長看到孩子在作文中有不恰當比喻時，就對孩子大加諷刺。家長這樣的態度對孩子讀書的積極性肯定有很大打擊。

對於孩子來說，家長是他們心目中第一個有權威地位的評價者，他們非常渴望得到家長的肯定，可是家長往往沒有意識到這一點，經常毫不負責、輕而易舉地摧毀了孩子的求知欲望。因此，想要孩子對某一事物保持濃厚的興趣，家長應多支持和鼓勵孩子，在孩子做得好時，表揚孩子；在孩子做得不好或者失敗時，要先發現孩子有創造性的一面，然後鼓勵孩子。這樣，才能保護孩子的積極性。

循序漸進，適度發展

　　育人如同種莊稼，不能急功近利，追求速度。培養孩子的興趣應循序漸進，不能違背兒童成長的自然規律。在這個過程中，要看到孩子一點一滴的進步，並時刻表揚他鼓勵他；同時還要讓孩子感受到自己的進步，多採取一些方法。例如把作品保存下來，讓他自己看看或聽聽，自己比較，體驗進步；讓孩子當家長或別的小朋友的小老師，促進其興趣的發展；在適當的場合給孩子一個展示自我的機會等。讀書的過程中，要注意保護孩子的自尊，增強孩子的信心，讓孩子樹立自信心。

▌給孩子自己選擇的權利

　　蕭衍對自己的同事嚷著這幾天心煩極了，說是在與兒子生氣。

　　原來，這幾天臺北來了幾個頗有名望的國畫家，蕭衍費盡周折靠關係想讓一直學國畫的兒子和國畫家見個面，也好得到當面指導。可是，兒子說什麼也不買他的帳，竟然當著他的面把自己過去的作品撕了個粉碎，還嚷著說爸爸耽誤了他的大好時光……

　　蕭衍說著說著，氣得嘴唇都哆嗦起來。

　　待蕭衍平靜下來，同事問他：「為什麼你兒子會這樣做呢？我覺得不應該是單方面的原因。」

　　蕭衍撓了撓頭，若有所思地說：「想想也不能全怨他，兒子小時候想學跆拳道，我沒同意。因為學跆拳道有什麼用呢？難道以後去打架？學畫畫怎麼說也是一門技能。可這孩子就是不懂事，學畫的時候老是跟我較勁兒。」

　　生活中，像蕭衍這樣的家長很多，他們總喜歡把孩子的「選擇權」和「決定權」攬在自己手裡，以為這是對孩子負責，其實這是在害孩子。先不說孩子是否有自己所期望的「特長」所需要的水準，就從不顧孩子的意

第四章　用「興趣」抓住孩子的「注意力」

願來安排他們未來這一點上說，對孩子就有失公平。如果家長從不給孩子選擇的權利，總是命令孩子做家長自己認為有用、有意義的事情的話，很容易引起孩子的叛逆心理，導致孩子什麼事都和家長唱反調。即使孩子不會和家長唱反調，也可能會養成唯唯諾諾的心理，遇事只會依賴家長。這兩種情況都是家長不願意看到的。所以，身為家長，我們應該尊重孩子的意願，從孩子的興趣出發，讓他們自由選擇學業方向，勇於對自己的選擇負責。否則，非但無法為孩子創造健康的成長空間，反倒會讓孩子遭到親情的「摧殘」。

事實上，每個孩子都有成功的可能，關鍵在於尊重孩子的選擇，及早培養孩子對事物的權衡能力，並幫助孩子找到自己的最佳才能區。孩子只有選擇自己的興趣，找到了自己的最佳才能區，才能發揮最大的潛能。

而要做到尊重孩子的選擇，放手讓孩子自己作決定。家長不妨參照以下幾個方面。

➤ **多與孩子溝通、交流，了解孩子的想法**：了解孩子的內心世界，知道孩子真正的想法，坐下來和孩子一起商量、討論，看看孩子的興趣在哪裡？也許你會發現自己其實並不十分了解孩子。孩子會有自己的想法和主意，應該尊重孩子。

➤ **開發潛能，培養所長**：每一個正常人都具備多種潛能，只是發展的程度和組合的情況不相同，如果在早期能發現其潛能的長處與不足，並適度地發展或彌補其能力，就能幫助他發展個人潛能，激發興趣，培養能力。因此早期教育非常重要，開發潛能、培養興趣多是在幼兒時代。家長應注重引導，孩子是自己塑造自己的，要讓兒童自己開發自己的潛能，展現兒童的主體地位和家長的主導作用，側重培養孩子真正的興趣愛好。

➤ **鼓勵孩子學習一樣新的技能**：比如你的孩子特別擅長體育運動，那麼不妨勸他學學音樂或者繪畫。告訴孩子，一個人應該有多方面的發展，不同領域會帶給你不同的知識和技能，應該盡量讓自己成為一個多面手。

➤ **對於孩子，期望值不要太高**：很多家長對孩子的期望很高，認為培養孩子的目的就是為了成名成家，家長應該走出迷思，從培養孩子的底蘊出發去培養興趣，比如音樂應是以音樂為其培養心靈的美感，對音樂的興趣，欣賞的能力，陶冶其情操，激發智力和創造性的方法，以發揮音樂活動對兒童身心兩方面發展的特殊功能，學美術及其他也是如此。

➤ **培養孩子的自主意識**：1歲的孩子就有了獨立意識的萌芽，他們什麼都要來一個「我自己」，自己拿湯匙吃飯，自己跌跌撞撞地搬小椅子。隨著年齡的增長，他們不僅要獨立穿脫衣服、洗臉洗手，而且還要自己洗手帕，洗襪子，自己修理或者製作一些玩具，甚至還想自己上街買東西，自己洗碗。對於孩子正在成長的獨立意識，家長一定要予以重視，並支持、鼓勵他們：「你只要好好學，一定能做好！」千萬不能潑冷水：「你還小，做不了！」

此外，孩子的事應該由孩子自己去思考，自己去決斷。玩具放在什麼地方？遊戲角怎樣布置？和誰玩？玩什麼？這些孩子的事，家長不要作決定，要讓孩子自己去動腦筋，想辦法，作出決策。家長可以幫助孩子分析，引導孩子決斷，但不要干涉，更不要包辦，替孩子決策。

當孩子面臨一些難以選擇的問題時，家長可以對孩子說：「這是你自己的事情，你應該自己想辦法！」從家長的角度來說，應該把選擇的權利盡量讓給孩子，在做出關於孩子的決定時，也應該徵求孩子的意見。

第四章　用「興趣」抓住孩子的「注意力」

在西方國家，學校的辦學宗旨並不是「應付考試」，而是注重培養學生的自主意識和獨創精神。學生們可以根據自己的興趣愛好自由地選擇上課的內容，學生完全憑自己的意願來學習。這也是學校尊重孩子的一種展現。儘管孩子年齡小，但也有自己獨立的人格，孩子的事情應該由自己決定，用這種方法教育、培養孩子是十分可取的。

身為家長，不應該對孩子事先作出假設或者限制，因為孩子的成長過程也是一個不斷發展變化的過程，家長能做的就是讓孩子學會自己作決定。這樣孩子做事情才是發自內心的，而且在做事的過程中，形成自己了解自己、自己認識自己、自己發展自己的能力。

▍適當休息才能更專注

「望子成龍」這恐怕是普天下父母親的共同心願。尤其是當今社會競爭異常激烈，就業壓力大，家長對孩子的期望一般就更高更嚴了。為了把自己的子女打造成「龍」、「鳳」，家長們盡自己最大的努力，千方百計地為孩子創造教育的環境和發展智力的條件。孩子從上幼稚園開始，家長就急著替孩子報各類的培訓班、資優班，把孩子的課內、課外時間都安排得滿滿當當的。以為只要照著自己的安排，就有光輝燦爛的前程等著孩子。于曉明的媽媽就是千萬個「望子成龍」的家長中的一個。

于曉明今年是國小 6 年級的學生，自從他上 6 年級以後，媽媽對他的管教就變得愈加嚴格了。曉明每天回家除了要複習學校的功課以外，還要上一個半小時的課外輔導班，彈一個小時的鋼琴。無休無止的學習擠占了曉明所有的課餘時間，有時曉明讀完書了，想看一會兒電視，媽媽就會語重心長地絮叨：「不行，你這樣的成績上公立高中還是有一定的難度的，應該再做一些題……」為此，曉明叫苦不迭，讀書對他來說就是一種莫大

的煎熬。在這種沉重的課業負擔下，曉明想集中精神讀書都難。他逃避課業，逃避回家，每天放學回家的路上，他都會這裡走走，那裡逛逛，以逃避爸爸媽媽的絮叨和學業的負擔。

這種情形在生活中經常發生。很多家長總是希望孩子能夠「固定」在書桌前認真讀書，以為孩子在書桌前讀書的時間越長，學業成績就會越好。而事實恰恰相反，研究證明，那些整天忙著讀書，沒有時間玩的孩子，他們的注意力通常不集中，讀書成效也比較差。

這是因為，玩是每個孩子的天性，當孩子的天性沒有得到滿足時，他是不可能專注地做其他事情的。如果一個家長成天只盯著孩子讀書，忽略了孩子愛玩的天性，不讓孩子玩。那麼，這些被家長剝奪了玩的時間的孩子就會失去讀書的樂趣和興趣，把讀書當成一件苦差事，應付了事。與此同時，他們又會把「玩」當做一種追求。為了彌補失去的玩耍時間，他們會在讀書的時候恍神、做小動作，以此來獲得精神上的樂趣。此外，他們還可能用有意拖延時間等方法來達到精神上的快感。故事中的曉明就是這樣一個例子。

因此，家長要重新認識一下玩對於孩子的意義。對於孩子來說，玩耍並不一定是荒廢時間、不務正業。相反，玩耍不僅能夠幫助孩子調節大腦，使孩子獲得放鬆，還有利於孩子下一輪的學習。

身為家長，想要孩子能夠專注地讀書，就應該把玩當做孩子一天當中不可缺少的活動。

比爾蓋茲的外婆就非常重視孩子玩的時間。

每天，她都會抽出一定的時間陪比爾蓋茲玩遊戲，尤其是做一些智力遊戲。如下跳棋、打橋牌等。玩遊戲時，外婆總是對比爾蓋茲說：「努力想！努力想！」她還常常因為比爾下了一步好棋而拍手叫好，這些遊戲都

極大地強化了比爾蓋茲的專注力。

比爾蓋茲在創辦「微軟」的時候，曾連續幾十個小時致力於程式開發，這不得不說是年幼時養成的好習慣。

可見，明智的家長一定會給孩子玩耍的時間，讓孩子在玩的時候痛痛快快地玩，在讀書的時候專心地讀。只有做到張弛有度，孩子才能學而有效。具體的做法如下。

➤ **讓孩子學會科學用腦**：孩子在讀書的過程中，家長可以建議孩子變換學習的內容使內容豐富化。應避免單科讀書時間過長，要使各科交叉安排複習。這樣可以使大腦皮層各區域輪流休息。只有大腦充分休息，才能夠更加集中精神地讀書。

➤ **教育孩子專心地學**：家長應該告訴孩子，只有專心地學，課業才有成效。如果讀書的時候，只想著玩的事情，無論如何都不可能把書讀好。

➤ **讓孩子學會休息**：休息可分為安靜休息、活動休息和交替休息。安靜休息是指睡眠和閉目養神。活動休息也稱積極休息，如散步、打球和輕微的體力勞動等，也可以與他人聊天。交替式休息是指將各種不同性質的學科交叉在一起讀，如文、理穿插複習。這樣，大腦皮層的神經細胞不僅不會疲勞，還會有互相促進的作用。

➤ **透過音樂讓孩子消除疲勞**：在消除疲勞的過程中，情緒因素很重要。積極向上、樂觀、愉快的情緒都能加速消除疲勞。優美的音樂能振奮孩子情緒，引起輕鬆愉快的感覺。

因此，在孩子讀書空檔或讀書之後，家長也可以透過讓孩子聽音樂來幫助孩子消除疲勞。但是，所聽音樂必須沒有歌詞。如果音樂中有文字的話，文字資訊將進入大腦，影響大腦的休息。另外，家長還應該

告訴孩子，在聽音樂時，不要邊聽邊想其他的事，必須陶醉於音樂中，才能得到完全放鬆。

➤ **讓孩子看他們喜歡的卡通節目**：每個孩子都喜歡看卡通，對於孩子來說，卡通節目是他們快樂童年的寫照。因此，家長不能剝奪孩子看「卡通」的權利。應允許孩子在讀書之餘，適當看一些內容合適的節目，這對放鬆孩子的精神大有幫助。

➤ **讓孩子多進行戶外運動**：戶外運動不僅為孩子的健康提供了保障，對孩子的注意力發展與心理健康同樣也有所幫助。經常進行戶外運動，能幫助孩子更好地集中注意力。

多鼓勵、讚美孩子

沒有種不好的莊稼，只有不會種莊稼的農民；沒有教不好的孩子，只有不會教的父母。農民怎樣對待莊稼，決定了莊稼的命運；家長怎樣對待孩子，決定了孩子的一生。農民希望莊稼快快成長的心情和家長希望孩子早日成才的心情完全一樣，但做法卻截然不同：莊稼長勢不好時，農民從未埋怨莊稼，總是從自己身上找原因；而孩子課業不行時，家長更多的卻是抱怨和指責，很少反思自己的過錯。為什麼會這樣呢？那是因為許多家長錯誤地認為，孩子需要的是教育，而教育更多的是訓導、指教和糾正。為了達到他們所謂的「教育目的」，這些家長在與孩子交流時，總愛指出孩子的種種缺點：讀書不認真，沒有耐心，太粗心，做題馬虎，成績總上不去，不肯聽父母的話……在他們看來，唯有「糾正」孩子才能變得更好，而事實上是，過多的「糾正」與「指責」只會讓孩子變得越來越「壞」。

小甜甜今年剛滿 5 歲，前段時間，媽媽發現小甜甜的樂感非常好，所以就幫小甜甜報名了鋼琴補習班，學鋼琴。可是，才練了一段時間，小甜

第四章　用「興趣」抓住孩子的「注意力」

甜就開始鬧彆扭了，說不想學。這讓小甜甜的媽媽很苦惱。

為什麼原本對音樂感興趣的小甜甜突然就對學鋼琴失去了興趣呢？

原來呀，媽媽認為，在剛開始練琴的時候，孩子的姿勢和手形特別重要，一定要從小就培養好。但小甜甜每次都會出錯，不太注意姿勢和手形。於是，在小甜甜練習鋼琴的時候，媽媽就會在旁邊監督，一發現小甜甜的手形不對，就馬上用一根小棍挑起她的手腕，大聲訓斥她：「跟妳說過多少次了，手形不對，妳怎麼總是出錯啊？」

這樣，一而再，再而三，小甜甜變得煩躁而膽怯了，有一天，她哭著對媽媽說：「媽媽，我討厭學鋼琴，我不學了！」說完就跑進奶奶的房間躲進奶奶的懷裡。

以後，媽媽只要一說起鋼琴，小甜甜就會大哭大鬧，說什麼也不肯接近。倒是有那麼幾次，媽媽不在家的時候，小甜甜會偷偷地摸一摸鋼琴。

生活中，有很多家長像小甜甜的媽媽一樣，總希望自己的孩子什麼都好，什麼都比別人的孩子強，對孩子表現出來的一些優點視若無睹，對孩子的缺點卻是不依不饒。比如，當孩子回答問題時，對孩子答對的部分不在意，反而對答錯的部分非常敏感，甚至對孩子進行責罵。有些父母經常對孩子這樣說話：「你怎麼這麼笨？」「連這個都不會？」「你看某某的孩子多好！」「我小的時候比你強多了！」

在這些家長的觀念裡，孩子出現錯誤是不被允許的。為了孩子能表現得「十全十美」，他們經常會在孩子學習一項新事物時，密切注視孩子的一舉一動，一旦發現有錯，馬上加以糾正，甚至訓斥、打罵孩子，非要讓孩子做到分毫不差才行。這種做法，嚴重地傷害到孩子稚嫩的自尊，挫傷了孩子學習的積極性，強化了孩子錯誤的行為，久而久之，孩子就產生了嚴重的自卑心理。認為自己沒有這方面的天賦與能力。嚴重的話，還可能

影響到孩子其他能力的發展，對孩子的成長有害無益。

正確的做法應該是：對孩子多一點寬容，多一點鼓勵，多一點讚美，讓孩子發揮出他們自身的潛能，為其日後的成才打下堅實的基礎，這才是每一位家長應當著力去做的事。在孩子注意力不集中的時候，另一位家長是這麼做的。

樂樂的作業寫得特別潦草，作業上的字不是多了一撇，就是少了一橫。爸爸看了，心裡非常生氣。但樂樂的爸爸知道，與其責罵樂樂一頓，不如激勵他。

於是，他努力克制住了自己的感情衝動，態度和藹而認真地對樂樂說：「你的作業太潦草，字寫得不夠認真。我知道你很想看《喜羊羊與灰太狼》，但不認真寫作業很不好，我想你只能再重寫一遍了。因為我相信重寫一遍的話，你一定能寫得更好。你是想看完電視再重寫還是現在就重寫呢？」

樂樂一看時間差不多了，就跟爸爸商量：「我先看吧，看完以後，我一定會認真重寫的。」

爸爸想了想，答應了樂樂的要求，並且與樂樂重新定了一下讀書計畫。每天傍晚看完卡通以後再寫作業，但作業一定要認真，讀書時注意力要集中，不然就取消第二天的卡通節目。

從那以後，樂樂的讀書態度端正多了。注意力也相對集中，不會一邊寫作業，一邊豎起耳朵聽客廳裡的電視聲。

如果樂樂的爸爸也像甜甜的媽媽一樣，只把目光聚焦在孩子存在的不足上，揪住樂樂的「缺點」大肆批評，並且不給樂樂選擇的餘地，讓樂樂馬上就重新寫作業，樂樂即便重寫了作業，也一樣會因為精神無法集中亂寫一通，這樣，重寫出來的效果必定不好。樂樂的爸爸就聰明在，他了解

孩子的心理，意識到孩子自尊的重要性。因此他在批評孩子的時候，更多的是激勵，讓孩子意識到自己的不足與潛在的優勢，並給孩子選擇的權利。這樣孩子不僅能夠心情愉快地接受批評，還會努力把事情做到最好。

值得注意的是，多鼓勵、多讚美孩子，不等於漠視孩子的缺點，明知道孩子有不足，還縱容孩子；也不等於不糾正孩子的錯誤，當孩子犯了錯誤時，家長為了不傷孩子的「自尊」索性什麼都不說；更不等於放任自流，讓孩子隨性而行。

要做到既能維護孩子的自尊，又能讓孩子糾正自己的不足，家長可以從以下幾個方面入手。

➤ **要批評，也要肯定**：當孩子做錯了事，經父母的批評糾正，他們改正了錯誤。父母要給予足夠的肯定，使他們對自己的正確行為有信心。讓孩子在愉悅中學會好的行為，總比在責備中讀書要容易得多。因為每個人對別人的斥責和約束都有內在的排斥性。過多的責備和管束會使孩子產生反感，會削弱效果，不如正面鼓勵效果好。

➤ **用讚美代替批評**：孩子由於受心理發展水準的限制，學習、判斷是非、記憶等能力較差，在犯了錯誤之後，雖經家長指出和教育，還有可能重犯。這種現象並不代表孩子不知道自己行為的錯誤，而是由於他的自制力不強，或已經形成了習慣，或者這種行為的結果多數能帶給孩子好處或滿足等，因此一犯再犯。這時候，家長可以用讚美他的自制力方面的話鼓勵孩子，孩子為了得到更多的讚美，往往會朝著好的方向發展，使你的教育取得事半功倍的效果。

➤ **啟發孩子**：孩子犯了錯誤，如果父母能心平氣和地啟發孩子，不直接評判他的過失，孩子會很快明白父母的用意，願意接受父母的批評和教育，而且這樣做也保護了孩子的自尊心。

- ➤ **換個立場**：當孩子惹了麻煩，怕被父母責罵的時候，往往會把責任推到他人身上，以此來逃避責罵。此時最有效的方法是在孩子強辯「都是別人的錯，跟我一點關係也沒有」時，回他一句：「如果你是那個人，你要怎麼解釋！」孩子會思考，如果自己是對方時該說些什麼。這樣一來，大部分孩子都會發現自己也有責任，而且會反省自己把所有責任推到對方身上的錯誤。

- ➤ **適時適度**：幼兒的時間觀念比較差，加上貪玩，剛犯的錯誤轉眼就忘了，因此父母責備孩子要趁熱打鐵，立刻糾正，不能拖拉，超過時間就無法形成應有的教育作用。

當孩子完成了一件事情以後，家長要及時進行鼓勵評價。如，告訴孩子「你真棒，剛才你注意力非常集中哦，以後也能做到吧？」「你上課的時候坐得多直呀，學得可認真了！」「媽媽發現你讀書的時候從來不東張西望，真是好樣的！」……只要家長經常性地對孩子進行正面的鼓勵和評價，孩子一定會在接下來的日子裡，表現得更加出色，也學得更加認真。

▎讓孩子體驗「成功」的快感

心理學家曾做過這樣的一個實驗。

把一條梭子魚放養在有很多小魚的魚缸中，讓牠隨時可以吞吃小魚。一段時間後，心理學家用一片玻璃把它與小魚隔開。這樣，梭子魚想再去吞吃小魚時自然就遭到了一次又一次的失敗，隨著失敗次數的增加，牠吞食小魚的希望和信心也隨之下降，最後完全喪失信心。在實驗的最後，心理學家把玻璃拿開了，可那只梭子魚依然無動於衷，最終餓死在魚缸裡。

接著，心理學家又做了同樣的一個實驗。

把一條梭子魚放養在有很多小魚的魚缸中，在中間隔了一個玻璃板，

第四章　用「興趣」抓住孩子的「注意力」

當梭魚第一次、第二次要吃小魚時，心理學家並沒有採取任何行動，而是認真觀察，等到梭魚第三次游向小魚的時候，心理學家悄悄地拿走了那塊玻璃，於是梭子魚吃到了小魚。這樣的實驗在繼續進行著，之後，失敗的次數越來越多，但因為知道總有「吃到小魚」的可能，那條梭子魚始終敗而不餒，充滿了旺盛的鬥志。

對許多孩子來說，讀書本身就是一個苦差事，如果只是一味地苦讀，卻嘗不到一點成功的回報，時間長了，勢必會像那條備受挫折的梭子魚一樣，對讀書產生厭倦。從教育學的原理來說，讓孩子喜歡讀書一點也不難：所有的孩子都追求成就感，只要孩子能夠在學業中體驗到成就感，他就會很有興趣也會很努力地學下去，其努力程度會讓大人都吃驚。因此，想要讓孩子在讀書的過程中有不竭的動力，家長必須讓孩子體驗到「成功」的快感。唯有體驗到成功的快樂，才能激發孩子讀書的信心與上進的勇氣，從而全身心地投入到課業中。

那麼，怎樣讓孩子從成功中獲得快樂的體驗呢？家長們不妨從以下幾個方面入手。

為孩子創造成功的預感

心理學研究和生活經驗都告訴我們這樣一個道理：如果一件事情有很大的價值，透過我們的努力後又可以實現，那麼我們肯定會對它產生興趣，並願意做出努力。培養孩子的讀書興趣時也應注意運用這一規律，那就是為孩子創造成功的預感。

小璐今年上國小五年級，她在五年級上學期末的考試中英文成績不及格，以前她的英文成績在班上一般也處於最後幾名。小璐為此十分煩惱，她討厭英文課。

　　媽媽為了改變這種狀況安排了一項作業給小璐：每天把《格林童話選》抄寫一頁，並完成相關的字詞任務。家長告訴她只要耐心細緻地完成這項作業，就可能取得有益的結果。孩子對這項作業很感興趣，因為它不同於平時完成的那些練習。她感到父母對這項新型的作業寄予很大的期望，相信她的讀寫水準一定能夠進步。這就讓孩子增添了力量，只過了一個半月的時間，就看出了初步的成績。她在童話原文裡發現了自己的前幾年一直寫錯的詞並學會了許多新的語言表達方法，她現在也開始仔細地閱讀其他文藝作品，在裡面尋找好的詞、片語及句式。這樣，小璐終於在英文默寫方面取得了滿意的分數。這一點更加鼓舞了她，增強了她把英文學好的信心。

讓孩子發揮自己擅長的學科

　　有一位教育專家認為：「大腦猶如一條包巾，只要提起一端，便可帶動全體。為何擁有一技之長的人，通常其他方面也會有優異的表現嗎？正因頭腦猶如包巾般的特性，只要有一端被開啟，其他部位也會相對地活躍起來。因此，若對某一課題產生好奇心，集中精力去做，必能促進全腦的活化。」

　　例如，有個學生數學方面的表現不理想，但是他國文成績獨佔鰲頭，是老師和同學們一致公認的。因此，他因擁有一門擅長的科目而充滿自信與快樂。

鼓勵孩子獲得成功

　　對孩子不提過高的要求，讓孩子獲得成功，體驗到成功的快樂，孩子才會對學業有興趣。比如，低年級的孩子學會注音和常用國字後，可讓他們寫封短信給外地的親戚，並請求遠方的親人抽空回信給孩子，讓他們嘗到讀書的實際效用，這樣能培養孩子的讀書興趣，從而集中精神讀書。

第四章 用「興趣」抓住孩子的「注意力」

讓孩子當老師

家長可以讓孩子做自己的老師，試著交換一下教和被教的地位，孩子站在教方的立場，會提高讀書的欲望，同時，為了扮演好老師的角色，孩子會變得更加專注。

試著讓孩子創造問題

孩子是讀書的當事人，被迫寫作業，被迫考試，處於被動狀態，時間久了，孩子討厭讀書是可以理解的。家長指導孩子課業時，可以換一種方法，不是經常讓孩子去解答問題，而是採取讓孩子創造問題的讀書方法。這不僅會改變孩子的讀書態度，而且會激發討厭讀書的孩子的學習興趣。

試著讓孩子創造問題，孩子會考慮什麼地方是要點，家長也可以在指導孩子讀書時以此為中心。另外，孩子一般會對自己理解的非常充分或自覺得意的地方提出問題，這對家長來說，就很容易掌握孩子在哪些方面較為擅長，在哪些方面還有所欠缺。如果堅持這種讀書方法，孩子就會在平常的學習中準確地抓住課業的要求和問題所在。此外，這還有助於提升孩子的表達能力，滿足孩子的自尊心，使其讀書更加自覺、專心。

▌與孩子一起玩注意力遊戲

前蘇聯心理學家曾做過這樣一個實驗：將各種不同顏色的紙分別裝進與之顏色相同的盒子裡，讓孩子在遊戲和單純動作的兩種不同活動方式下完成任務，同時觀察孩子的專注時間。

結果，在單純放紙條的情況下，4 歲大的孩子只能堅持 17 分鐘、6 歲大的孩子能堅持 62 分鐘；而在遊戲放紙條活動中，4 歲大的孩子可以持續進行 22 分鐘，6 歲大的孩子可以堅持 71 分鐘，而且分放紙條的數量比單

純完成任務時多了 50%。實驗結果顯示，遊戲能夠激起孩子極大的興趣，孩子在遊戲活動中，其注意力集中程度和穩定性都很強。因此，家長可以利用遊戲來培養孩子的注意力。安徒生的父親就是這麼一位善於利用遊戲培養孩子的注意力的家長。

童話大師安徒生在學齡期，雖然沒有接受過正規的學校教育，但是他的父親經常和他一起玩遊戲，在遊戲中，安徒生的父親有意識地訓練安徒生的注意力、想像力和思維能力的發展。

有一次，安徒生的父親在工作時，剩下了一塊木頭，為了讓安徒生高興，他就動手給小安徒生做了幾個木偶。木偶做好了，父親就對安徒生說：「我們給木偶穿上衣服吧。」

給木偶穿上衣服後，父親又說：「我們現在有演員、有舞臺、有布幕，就可以演戲了。不過在演戲之前，要先把角色對白練熟。」

於是，父親拿出一本名為《荷爾堡》的戲劇故事書，讓安徒生把這本書讀了一遍又一遍。

安徒生非常認真地把故事中的對白背得滾瓜爛熟。在演出時，安徒生表演得異常投入，街坊鄰居都說他們爺倆真是一對「瘋子」。

從那以後，安徒生迷上了演戲，為了演好戲，安徒生有時甚至看書看得忘了吃飯。

正是這種對演戲的痴迷，無形中培養了安徒生做事的專注力和豐富的想像力。為其之後的成功奠定了一定的基礎。可以說，是童年時期的遊戲成就了安徒生輝煌的一生。

與安徒生的父親一樣，比爾蓋茲的父親威廉·蓋茲同樣非常重視遊戲對於孩子注意力開發的重要性。他平時沒有多少閒暇時間，但是，只要他有空，他就陪比爾蓋茲玩遊戲，尤其是做一些智力遊戲，如下跳棋、打橋

第四章　用「興趣」抓住孩子的「注意力」

牌。玩遊戲時，父親總是鼓勵比爾多思、多想，有時，當比爾下了一步好棋時，父親就拍手叫好。這更加激發了比爾的思考潛能和注意力。

美國著名學者 —— 斯特娜夫人與女兒維尼夫雷特就經常玩一種叫「注意看」的遊戲。遊戲是這樣的：斯特娜夫人一手抓住五六根彩色的髮帶，在女兒面前一晃而過，然後問女兒，自己手中的髮帶有幾根。

開始的時候，斯特娜夫人的速度比較慢，讓孩子有足夠的時間去注意看她手中的髮帶，後來，斯特娜夫人的速度越來越快，到最後只是眨眼間的功夫。

剛開始，女兒維尼夫雷特輸的次數比較多。後來女兒猜對了，就反過來考媽媽，媽媽反而輸得更多。

這種注意看的遊戲就是用來培養孩子的注意力的。因為孩子要在遊戲中取勝，他必須在一定的時間內努力把自己的注意力集中在遊戲上，克制著不讓自己的注意力分散。

身為家長，在日常生活中，應盡量為孩子提供遊戲條件，鼓勵孩子玩各種各樣的遊戲。比如，可以透過安排一些簡單而明確的任務來讓他完成，也可以根據一定的目的，有計畫地向孩子提供遊戲材料，讓孩子玩耍。

那麼，家長如何激發兒童遊戲的興趣呢？

➤ **多為孩子提供豐富、有趣的遊戲材料**：興趣是孩子保持專心的首要條件，因此，家長要為孩子提供豐富的、有趣的遊戲材料，這樣才能激發孩子對遊戲的興趣。

➤ **材料的提供要有計畫性**：根據一定的目的，有計畫地向孩子提供遊戲材料，切忌把材料一股腦地堆在孩子的面前，讓他們東抓抓西摸摸，缺乏遊戲的目的性。

➤ **遊戲的難度要循序漸進**：遊戲內容要有梯度，由簡單到複雜，滿足孩子不同階段的不同需求。

➤ **遊戲的時間要適度**：遊戲時間不宜太長。適度地調換遊戲內容，有孩子養成專心的優點，一次活動不要提供過多的玩具。

➤ **不要干擾孩子玩遊戲**：孩子遊戲時不要有意干擾，不要在孩子玩得高興時給他們吃東西，或要他們做些不相干的事，這樣既掃了他們的興，又中斷了他們的活動，容易造成孩子的不專心。

➤ **讓孩子多與同齡人做注意力遊戲**：家長一有時間就應該帶孩子去接觸同齡的孩子，讓孩子與其他的同齡人一起參加一些互動遊戲。讓孩子從中獲得更多的樂趣。此外，讓孩子與同齡人一起玩遊戲，還可以培養孩子的競爭意識，孩子為了表現得更出色，在遊戲的過程中往往會更投入、更專注。

在遊戲時間裡，父母可以以一個參加者的身份參與到孩子的遊戲中，千萬不要以一個局外人的姿態去觀察孩子的遊戲情節，隨意提醒並打斷孩子正在進行的遊戲。父母不要以為玩遊戲既無聊又浪費時間。其實，孩子的注意力培養最初就是從遊戲開始的。

培養孩子注意力的方法有很多，其具體實施方法也不盡相同。家長可根據孩子注意力發展的特點，採取適當的方法，有計畫、有目的地訓練和培養孩子的注意力。只要採取科學的方法和態度，並努力去做，一定會達到目的。

第四章　用「興趣」抓住孩子的「注意力」

第五章

「注意」需要動力的支援

　　所謂「動力」指的是推動學業、工作、事業等前進和發展的力量。對於注意力和讀書效果來說，動力非常重要，甚至可以說是最基本的要素。許多孩子之所以覺得學業很困難，都是因為缺乏動力造成的。那些有動力並且真心想讀書的孩子，比那些被逼迫坐到書桌旁埋頭苦學的孩子，讀書時的注意力更集中，也讀得更輕鬆。因此，想要孩子集中注意力讀書，家長應給孩子足夠的學習動力。

用目標引導孩子的專注力

一個人的意志作用往往與他對預定目標的明確性、牢記目標的持久性和實現目標的迫切性相連結。目標對人生有巨大的導向性作用，能使人的注意力產生「聚焦作用」。

相傳第二次世界大戰時期，美軍要派遣一支偵察兵隊伍到德軍後方進行偵察和破壞，因為任務緊急，只有一個星期的時間學習德語。如果學不會道地的德語，就很容易被抓住。結果，一週之內，派出的偵察兵全都學會了日常用的德語。

這個故事說明，由於學習目標明確，人們有了極大的危機感和緊迫感，就能集中注意力，產生驚人的效果。

對於孩子來說，有明確的目標同樣重要。有目標的孩子通常知道自己要達到什麼樣的目的，要執行什麼事情。這樣，他就能集中注意力，調整和制約自己的行為，不會在「學習」或者「活動」的過程中半途而廢。相反，孩子如果沒有計畫，缺乏目標，就會把精力放在瑣碎的事情上，從而導致注意力不集中，情緒不穩定，意志力薄弱。輕則影響到孩子的學業成績，重則影響到孩子一生的發展。正因為如此，家長可以讓孩子訂定活動或讀書的目標，當孩子瞄準目標以後，他內在的動力系統便開始啟動，而內在的動力是調動孩子自主注意和持續注意的關鍵，能夠激發起孩子無限的潛能，使孩子逐步走向成功。

年輕的媽媽小李發現孩子在彈鋼琴的時候總是沒有計畫，剛開始彈琴，沒一會兒又去看卡通了。

有一天，小李對孩子說：「你每天得彈半小時的鋼琴，剛回家的時候彈也行，吃完晚飯彈也行，但是，彈的時候你不能半途而廢，一定要彈滿

半小時。」孩子考慮到晚飯前有一個他喜歡看的卡通要播放，於是他選擇了吃完晚飯再彈。在他確定自己的計畫後，居然一直執行得非常好。

過了一些時候，小李告訴他：「你計劃每天練習半個小時的鋼琴這點做得很好，但是我不知道你打算用幾天的時間把一首曲子彈得熟練？」

孩子想了想，很有把握地說：「照我目前練習的情況來說，我覺得一週練習一首曲子，而且把曲子彈好是沒有問題的。」

小李聽了孩子的話，滿意地點頭。

事實上，孩子有了這樣的目標以後，讀書與彈琴這兩件事情都做得非常好。因為他懂得了制定計畫、確定目標的好處。

那麼，在日常生活中，我們應如何幫助孩子確定目標，用目標引導孩子的專注力呢？專家認為，家長可以從以下幾個方面入手。

透過遊戲，用遊戲目標來訓練孩子的注意力

有一個深受孩子們喜愛的傳統遊戲叫「偷象棋」。把棋子嘩啦一下倒在棋盤上堆成一個堆，然後用食指輕輕地將棋子一顆一顆地拿走，發出聲音就算失敗了。這種遊戲很容易集中精神，因為孩子都有征服和獲勝的欲望，他可以透過達到不讓棋子發出聲音這個目標而得到成功後的快樂。

讓孩子意識到目標的重要性，激勵孩子實現目標

孩子通常都不願意關注自己不喜歡的東西，但是發展的需求要求他們必須去學習他們不喜歡的課程。家長和老師必須使孩子充分地意識到這些課程的重要性。低年級的孩子以自己做的事情能否讓別人高興、能否獲得別人的認同作為評價自己行為對錯的標準，家長可以告訴他，學好某一門課，爸爸、媽媽、老師、親戚、朋友都會更喜歡他。對於高年級的孩子，

第五章 「注意」需要動力的支援

家長可以對他說，只要學好這門課，才能升上理想的中學，將來才能成為他理想中的人物。此外，家長孩子可以經常對孩子講述他（她）所崇拜的人小時候為了成就事業刻苦讀書的故事，這會對孩子產生很好的激勵作用。

讓孩子按計畫辦事，實現自己預定的目標

在日常生活中，家長要向孩子強調計畫的重要性，並為孩子的各項行為制定一些計畫。當然，這些計畫的制定應該讓孩子參與進來，與家長一起來制定計畫。

當計畫制定了以後，孩子必須按計畫辦事，不能半途而廢。對年幼的孩子來講，家長應該要求他們在玩的時候自己把玩具拿出來，玩完以後自己收好；看書做作業的時候要認真，寫完以後才能去玩；做事還應該有責任心，自己掌控做事的進度。

一位國小生做事非常拖拖拉拉，本來沒有多少作業，卻非要拖到很晚，熬得媽媽又氣又急。

有一次，媽媽想了一個辦法。她跟兒子約定，做作業的時間只有半小時。然後，媽媽把鬧鐘調好，同時，兒子開始做作業。半小時一到，鬧鐘就響起來，兒子還差兩道題目沒做完。兒子向媽媽投來求助的眼神，但是，媽媽毫不猶豫地說：「時間到了，你不要做了，睡覺吧。」

第二天，媽媽把兒子沒做完作業的原因告訴了老師，老師也支持媽媽的方法。這天晚上，媽媽又調好了鬧鐘，兒子一開始做作業就很抓緊時間，效率明顯提高，居然順利地在半小時內做完了作業。

從此以後，兒子做作業的速度和品質都提升了。而且，做其他事情的時候，他都會有意識地給自己設定一個時限，有計畫地去做了。

用獎勵機制鼓勵孩子達到目標

比如：一個平時寫字總是拖拖拉拉、漫不經心的孩子，如果你許諾他認真寫字，按時完成任務之後就送一件他一直想得到的禮物，他一定會放下心來，集中注意力認真地寫字。

要把計畫和目標寫在紙上

美國著名的哈佛大學，在 1979 年對應屆畢業生做了一個調查報告。在調查中，他們詢問在應屆畢業生中有多少人有明確的人生目標，結果只有 3% 的人有明確的人生目標並且寫在了日記本上。他們把這些人列為第一組；另外有 13% 的人在腦子裡有人生目標但沒有寫在紙上，他們把這些人列為第二組；其餘 84% 的人都沒有明確的人生目標，他們的想法是完成畢業典禮後先去度假放鬆一下，這些人被列為第三組。

10 年後，哈佛大學又把當初的畢業生全部召回來做一次新的調查，結果發現第二組的人，即那些有人生目標但沒有寫在紙上的畢業生，他們每個人的年收入平均是那些 84% 沒有人生目標畢業生的兩倍。而第一組的人，即那些 3% 的把明確人生目標寫在日記本上的人，他們的年收入是第二組和第三組人的收入相加後的十倍。也就是說如果那 97% 的人加起來一年掙一千萬美元，那麼這 3% 的人加起來的年收入是一個億。

這個調查很清楚的顯示，確定明確人生目標並寫在紙上的重要性。白紙黑字，具有巨大的開發潛能的力量。如果你不把目標寫下來，並且每天溫習的話，它們很容易被你遺忘，它們就不是真的目標，它們只是願望而已。實踐證明，寫下自己目標的人比沒有寫下目標的人更容易成功。要制定一個詳細達到目標的計畫。如果沒有一個切實可行的計畫，你的目標只會是空中樓閣、海市蜃樓。

在日常生活中，家長還可以訓練孩子帶著目的去自覺地集中和轉移注意力。如問孩子：「媽媽的衣服去哪了？」、「桌上的玩具有沒有少？」，或是叫孩子畫張畫送給媽媽做生日禮物等，這樣有目的地引導嬰幼兒學會自主注意，可讓他逐步養成圍繞目標、自覺集中注意力的習慣。

當然，培養兒童專注力的方法有很多，其具體實施方法也不盡相同。家長可根據孩子專注力發展的特點，採取適當的方法，有計畫、有目的地訓練和培養孩子的專注力。只要你採取科學的方法和態度，努力去做，一定會取得成功。

為孩子訂定一個讀書計畫表

古人說：「凡事預則立，不預則廢。」做事有計畫對於 —— 個人來說，不僅是一種做事的習慣，更重要的是反映了他的做事態度，是能否取得成就的重要因素。對於孩子來說，做事有計畫同樣是非常重要的。因為它可以幫助孩子有條不紊地處理課業和生活中的事情，而不至於手忙腳亂、無從下手。做事沒有條理的人，小到無法很好地料理自己的生活，也無法很好地讀書。因此，家長要幫助孩子制定一個切實可行的讀書計畫，以計畫指導孩子的課業。對於孩子來說，為他們制定切實可行的計畫有以下好處。

> ➤ **使學習目標明確，實現目標也有保證**：讀書計畫就是規定在什麼時候採取什麼方法步驟達到什麼學習目標。短時間內達到一個小目標，長時間達到一個大目標。在長短計畫指導下，使讀書一步步地由小目標走向大目標。

> ➤ **對培養良好的讀書習慣大有幫助**：良好習慣養成以後，就能自然而然地按照一定的秩序去讀書。有了計畫，也有利於鍛鍊克服困難、不怕

失敗的精神，無論碰到什麼困難挫折也要堅持完成計畫，達到規定的學習目標。

➤ **能幫助孩子把課業管理好**：制定讀書計畫，能幫助孩子恰當安排各項作業，使讀書有秩序地進行，有了計畫，孩子就可以把自己的課業管理好。

➤ **能幫助孩子提升計畫觀念和計畫能力**：制定切實可行的計畫，可幫助孩子成為能夠有條理地安排課業、生活、工作的人。這種計畫觀念和計畫能力，每個孩子都應該學習和具備，這對他們的一生都大有裨益。

那麼，家長應如何督促孩子制定讀書計畫呢？

一般來說，讀書計畫都是以一個學期為階段的，內容包括本學期的目標、任務、措施、時間上的安排和精力上的分配。在制定計畫的時候，不能指望把每一個細節和不可控因素都考慮在內。在計畫的執行過程中，如果發現存在問題，要及時調整，在必要的時候還要進行大幅度的修改。要讓孩子時刻記住這樣一點：讀書計畫不是教條，它應該以適合具體的學習情況和自身實際為前提。一份好的讀書計畫大致包括三方面的內容。

引導孩子進行自我分析

➤ **讓孩子分析自己的學習特點**：每個人的學習特點不一樣，有的記憶力強，學過知識不易忘記；有的理解力好，老師說一遍就能聽懂；有的動作快但經常錯；有的動作慢卻很仔細。如在數學中有的理解力強、擅長應用題；有的善於進行口算，算得比較快，有的記憶力好，公式定義記得比較牢；有的想像力豐富，善於在圖形變換中找出規律，所以幾何學得比較好……只有全面地分析，孩子才能更好地分析自己。

➤ **引導孩子分析自己的學習現狀**：可以讓孩子進行自我比較，包括：和

全班同學比，看自己數學成績在班級中的位置，通常用「好、較好、中、較差、差」來評價。和自己的過去情況比，看它的發展趨勢，通常用「進步大、有進步、照常、有退步、退步大」來評價。

確定學習目標

學習目標是學生讀書的努力方向，正確的學習目標能催人奮進，從而產生為實現這一目標去奮鬥的力量。沒有學習目標，就像漫步在街頭不知走向何處的流浪漢一樣，是對學習時光的極大浪費。

確定學習目標首先應展現學生德智體全面發展的教育方針，其次要按照學校的教育要求，此外還要根據自己的學習特點和現狀，當然還可考慮一些社會因素家庭情況。學習目標要具有適當、明確、具體的特點。

➤ **適當**：適當就是指目標不能定得過高或過低，過高了，最終無法實現，容易喪失信心，使計畫成為一紙空文；過低了，無需努力就能達到，不利於進步。要根據自己的實際情況提出經過努力能夠達到的目標。

➤ **明確**：明確就是指學習目標要便於對照和檢查。如：「今後要努力讀書，爭取更大進步」這一目標就不明確，怎樣努力呢？哪些方面要有進步？如果變為：「數學課國文課都要認真預習。數學成績要在班級達到中上水準。」這樣就明確了，以後是否達到就可以檢查了。

➤ **具體**：具體就是目標要便於實現，如怎樣才能達到「數學中上水準」這一目標呢？可以具體化為：每天做 10 道計算題，5 道應用題，每個數學公式都要準確無疑地背出來等。

科學安排時間

確定了學習目標之後，就要透過科學地安排使用時間來達到這些目標。要符合「全面、合理、高效」的要求。

➤ **全面**：在安排時間時，既要考慮讀書，也要考慮休息和娛樂，既要考慮課內學習，還要考慮課外學習，還要考慮不同學科的時間搭配。

➤ **合理**：要找出每天讀書的最佳時間，如有些人早上頭腦清醒，最適合於記憶和思考；有些人則晚上讀書效果更好，要在最佳時間裡完成較重要的作業，此外注意文理交叉安排，如複習一會兒國文，就做幾道算術題，然後再複習自然、外語等。

➤ **高效**：要根據事情的輕重緩急來安排時間，一般來說，把重要的或困難的作業放在前面來完成，因為這時候精力充沛、思維活躍，而把比較容易的稍放後去做。此外，較小的作業可以放在零星時間去完成，以充分做到見縫插針。

➤ **注意效果，及時調整**：每個讀書計畫執行到一個階段，就應該檢查一下效果。如果效果不好，就需要查找原因，進行必要的調整。

另外，家長在幫孩子制定讀書計畫時，要避免一下三點。

➤ **不要強行加入自己的想法和希望。**家長對計畫提出建議是必要的，但卻往往以成人的標準來要求孩子，而忽略了孩子本身的意願，在無形中對孩子造成壓力，使其產生叛逆心理，結果得不償失。

➤ **讀書計畫的內容不要安排得太緊。**文武之道，一張一弛，沒有好的休息就不可能有好的讀書效率。如果家長把孩子讀書計畫的內容安排得太緊，會讓孩子喘不過氣來，甚至產生厭煩感。

➤ **剛開始時，孩子如果無法依照計畫行事，不要責難他。**孩子剛開始就

失敗而無法獲得家長的理解，通常就再也提不起讀書的興趣。如此一來，孩子更難做到注意力集中。

培養孩子的責任心

責任心，是指個人對自己和他人，對家庭和集體，對國家和社會所負責任的認知、情感和信念，以及與之相應的遵守規範、承擔責任和履行義務的自覺態度。責任心是孩子健全人格的基礎，是能力發展的催化劑。

專家認為：人都有一種積極向上的心理。孩子幼兒階段所表現出各種主動嘗試的願望，這正是一種責任心的萌芽。如幼兒自己要求獨立吃飯，試著自己穿衣服，手髒了自己洗……家長的責任是密切地關心他，扶植他，鼓勵他，在嘗試過程中，培養其意識，增強其自信，逐步成為獨立自主、對個人和社會負責的個體。

責任心培養應遵循這樣一個規律：從自己到他人，從家庭到學校；從小事到大事，從具體到抽象。不能想像無法對自己負責的人，何談對他人負責？無法承擔家庭責任心，如何承擔社會責任心？因此，家長對孩子責任心的培養應從家庭起步，從日常生活小事抓起，循序漸進，由近及遠，從具體到抽象。

孩子，身為家庭的一名成員，既應該享受其權利，當然也應承擔一定的家庭責任，包括建立家庭中的職位，承擔一定數量的家事，父母可透過鼓勵、期望、獎懲等方式，督促孩子履行職責，培養責任心。根據相關統計，華人孩子每天做一兩個小時家事，而美國孩子每天做三四個小時家事，如果一個孩子在家庭中的責任心難以確立，將來一旦走上社會，就難以建立起社會責任心。

對孩子責任心的培養應該從大處著眼，從小處著手。讓孩子在家庭的

職位上感受責任的分量，哪怕只是倒一次垃圾，洗一塊手帕，忠於職守時應給予表揚鼓勵；失責時應給予責備和懲罰。只有這樣，才能讓孩子超越「以自我為中心」，了解自己周圍的世界，從而強化自己對他人負責，對周圍環境負責的責任心。具體來說，家長應從以下幾個方面培養孩子的責任心。

教導孩子關心別人

身為家長，可以隨時建議孩子去幫助身邊的親人，做一些力所能及的事情，比如為爺爺倒一杯水，幫奶奶買治胃病的藥等。當孩子做到這些的時候，家長應及時給予表揚，讓孩子找到價值感，從而樹立孩子的責任心。

尊重孩子的獨立人格，與孩子平等地交流和談心

絕大部分家長跟孩子談話的口氣，總是居高臨下，內容也總是訓導孩子該如何如何。而很少有家長跟孩子談自己，談自己的苦惱，談自己的難處，談自己的失敗，談自己的人生。因為家長害怕跟孩子談這些，會影響自己在孩子心目中的形象，降低在孩子眼中的威信。

事實上，即便孩子還小，但他對人世間的事情已經有了一些了解，對是非、好壞、善惡、美醜等也已經有了一定程度的判斷能力。如果家長能夠向孩子敞開交流的大門，向他們講一講成年人的苦惱，家事的繁瑣勞神，工作的難處和困惑等，讓孩子從小就懂得父母之不易，生活之艱辛，產生為父母擔憂的想法。當孩子有類似的想法時，家長應敏感地捕捉住孩子的心願，對他們的理解與分憂的願望表示欣賞，並且為有這樣懂事的孩子感到欣慰。

第五章 「注意」需要動力的支援

在對待家事上，家長也應該聽一聽孩子的意見。採納他們有價值的建議，欣賞他們任何幫助家長和改善家境的舉動，這些都能有效地激發孩子的責任心。如果你和孩子是完全獨立的，尊重孩子的獨立人格，他才可能建立責任心。

讓孩子參與家庭事務的決策

當孩子能夠參與討論家裡的通常是成年人的問題時，他們才能夠更好地理解家長。而家長一方面可以調動孩子的責任心，使自己清楚地了解孩子的特質，另一方面可以得到關於自己教育的回饋資訊。

一個人責任心的建立就是在看到自己的行為與他人幸福安危有直接因果連繫時才建立起來的。我們很多家長不讓孩子參與家庭事務的決策，是大錯特錯的事。當孩子從小被當作平等的人來對待的時候，家裡任何事都和孩子商量，儘管孩子太多問題幾乎不懂，但是他會感覺被尊重。他是家庭的一員，他的行為對家庭有影響。而這種感覺對孩子來說就太重要了。

讓孩子參與並適當分擔一部分家務勞動

我們很多父母因為愛孩子，不讓孩子參與家務勞動。讓孩子參與家務勞動的目的不在於減輕家務負擔，而是從小讓孩子知道，他屬於這個家庭，自己對其他人負有責任，他不能無償地接受別人的勞動，孩子要做力所能及的家務勞動，像打掃房間、洗衣服、洗碗及澆花等。否則他沒有參與感，沒有屬於這個集體的意願。好好讀書、不用做事是絕對錯誤的。

很多家長怕孩子做家事，耽誤時間影響學業，儘管下班做完飯後已經非常疲倦了，還寧可自己咬牙將全部家事都承擔下來。家長必須讓孩子意識到，他是家庭一員，他對別人也負有責任。他應該在力所能及的範圍

內，分擔大人的負擔。而這樣做，絕對不會影響孩子的學業。當孩子找到價值感、尊嚴感，他就會主動學習，效率更高。

教育孩子對自己負責任

在孩子成長時期，家長必須灌輸孩子對自己負責的觀念。家長應該讓孩子懂得，每個人必須對自己的一生負責。一個人成績好還是成績不好，將來當科學家還是當職員，過富裕的生活還是過貧窮的日子，成功輝煌地度一生還是失敗黯淡地混一輩子，都取決於他自己。這樣從小就引導孩子自己的事由自己做主，自己負責。當一個人對自己的生命負起責任時，他就不再去找藉口來掩蓋自己不努力讀書的行為，他會由被動學習，變成主動學習。

讓孩子負責照顧老人、小孩及小動物

在孩子課餘時間，可以教他如何照顧小動物。還應該培養他照顧老人和小孩子的意識，比如有客人來就讓孩子做主人，去照顧人家。這樣孩子就能看到他的行為對別人的影響，找到他自己的重要感。

鼓勵和表揚孩子

鼓勵和表揚你的孩子，聽起來很簡單，做起來並不容易。鼓勵和表揚孩子的意義很深刻，它不僅使孩子對自己產生肯定的態度，而且在肯定自我價值的同時，成為塑造他一生幸福的要素。因此，身為父母，一定要掌握鼓勵表揚孩子的藝術。

總之，孩子的責任心來自於家長有意識的培養。明智的家長一定要分清楚誰應該來承擔責任，是孩子承擔的就應該讓孩子來承擔，如果孩子年幼還無法承擔，家長也需要讓孩子明白這是他的責任。孩子的責任心就是

第五章 「注意」需要動力的支援

從小養成的，只有養成強烈的責任心，孩子才能夠把讀書當做自己的責任，集中精神，認真以赴。

培養孩子獨立自主的能力

從理論上講，孩子要對課業維持良好的注意力，就必須能夠獨立地控制好自己的心理狀態，能夠自我處理、排斥對課業有干擾的刺激。假如家長從小不注意培養孩子獨立自主的能力，孩子怎麼能夠控制自己不受外界種種誘惑的干擾？

在一次低年級學生生活能力調查中顯示：一年級學生，不會洗臉的有49%，不會穿衣服的占37%，而不會整理書包的占90%以上……這些都是孩子動手能力嚴重不足的真實寫照。

導致孩子動手能力不足的原因可以歸結為以下幾點。

➤ 家長擔心孩子小不會做事，怕孩子出事或損壞東西，許多事不讓他們動手去做，這種做法讓孩子失去了一次又一次動手的機會。

➤ 家庭裝飾擺設成人化，沒有孩子動手的小天地。孩子進了家門，這不許動，那不許碰，玩具不能自由拿放，孩子可以活動的空間太小。

➤ 家長過於嬌慣孩子，認為小孩子把書唸好了就可以，家裡的事情大人能做的決不讓孩子碰一下。這種額外的「關照」，讓孩子失去了許多實踐的機會。

➤ 家長們花錢買的玩具，外表雖美觀，但大多數是機械或電動的，無法拆拼，讓孩子動手的材料太少。

因為缺乏動手實踐的機會，沒有獨立思考和做事的習慣。許多孩子在遇到事情的時候往往會茫然無措，不知道該從何下手。因此，要培養孩子

動手的習慣，家長應努力轉變自己的觀念，放開手讓孩子自己去做他們力所能及的事情。

家長如果能從小就培養孩子自己的事情自己做，自己的東西自己管，自己的生活自己安排的自我管理習慣，就能夠很好地增強孩子行動的獨立性、目的性和計畫性，這對於孩子今後生活的幸福和成功無疑是具有很大的好處的。

要培養孩子自己動手做事的習慣，家長可以從以下幾個方面入手。

➤ **讓孩子自己穿衣服**：很多觀察資料顯示，要讓孩子自己在三四歲之前完全學會穿衣服和脫衣服是不太可能的，但是孩子自己穿衣服，自己疊被子，學會自我管理，這種意識必須從小就開始培養。

研究證明，兩歲左右的孩子就已經有了自己穿衣服和脫衣服的獨立意識。這時，他們穿衣服、脫衣服雖然花費的時間比較長，也可能做得不合家長的意。但是，身為家長，我們非但不能覺得不耐煩，怕麻煩，還應該不厭其煩地鼓勵孩子慢慢地實踐。當然，這個時候，家長也可以在旁邊及時教孩子正確的穿衣服和脫衣服的方法。

如果家長為了省事，不讓孩子動手，一旦孩子形成依賴，他就不會自己動手去做自己應該做的事情了。

除了鼓勵孩子自己穿衣服、脫衣服之外，家長還應該透過言傳身教教會孩子慢慢養成冷了會加衣服，熱了會脫衣服的習慣。同時，還應該教會孩子自己疊自己的小棉被，洗自己的小手套、小襪子等。讓孩子懂得，自己的事情自己做，才是一個好孩子。

➤ **讓孩子自己整理玩具、物品**：培養孩子自我管理的能力，自己整理自己的玩具是非常重要的一種方法。家長可以提供以下條件。

第五章　「注意」需要動力的支援

- ・家長應該為孩子準備一個地方，讓孩子專門用來放置自己的玩具和物品，讓孩子知道這些玩具和物品各有各的「家」，每次用完之後，都應該將這些東西送回它們自己的「家」去。
- ・要讓孩子明白，收拾自己的玩具和物品是自己的事，自己的事情要自己做，爸爸媽媽偶爾幫幫忙，也只是幫忙，應該獲得感謝。
- ・家長要盡可能地用遊戲等方式去吸引孩子參與收拾整理自己的玩具、文具用品等事情，並且堅持不懈地不斷強化，最後使孩子形成習慣。

➤ **要求孩子參加一些力所能及的勞動**：學點簡單的勞動技能，會開、關門窗，掃地，抹桌椅，在活動、遊戲或開飯前後，拿或放餐具、玩具、用具、其他用具和圖書等。

➤ **替孩子準備「動手材料」**：為孩子購買一些操作性強的玩具，如橡皮泥、拼圖、積木等，讓孩子動手拼裝。這樣，能鍛鍊孩子的動手操作能力。

➤ **教孩子手工**：根據孩子的興趣教孩子繪畫、泥工、剪貼等，在動手的同時也培養了孩子的創造能力。

➤ **安排家務給孩子**：讓孩子從事一些力所能及的體力勞動，可以避免養成孩子身體和心理上的惰性。因此，在日常生活中，家長可以經常讓孩子幫忙。比如對孩子說：「幫媽媽拿東西」、「幫媽媽把床單拉平」、「幫媽媽把果皮扔了」、「和媽媽一起打掃」等。在孩子每次幫大人做完事情以後，家長應對他（她）的好表現給予肯定、表揚。讓孩子享受到「勞動」帶來的喜悅與快感。

　　總之，孩子只有從小養成獨立自主的能力，才能夠主次分明，控制自己不受外界誘惑的干擾，從而維持良好的注意力。正因為如此，我們說，要培養孩子的注意力，家長應從小培養孩子獨立自主的能力。

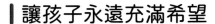

讓孩子永遠充滿希望

下面是一個耳熟能詳的故事：

第一次參加家長會，幼稚園的老師說：「妳兒子有過動症，在板凳上連三分鐘都坐不了，妳最好帶他去醫院看一看。」回家的路上，兒子問他老師都說了些什麼，她鼻子一酸差點流下淚來。然而她還是告訴兒子：「老師表揚你了，說寶寶原來在板凳上坐不了一分鐘，現在能坐三分鐘。其他媽媽都非常羨慕媽媽，因為全班只有寶寶進步了。」那天晚上，她兒子破天荒地吃了兩碗米飯，並且沒讓她餵。

兒子上小學了。家長會上，老師說：「這次數學考試，全班五十名同學，妳兒子排第四十七名，我們懷疑他智力上有些障礙，妳最好能帶他去醫院檢查一下。」回去的路上，她流下了淚。然而，當她回到家裡，卻對坐在桌前的兒子說：「老師對你充滿信心。他說了你並不是個笨孩子，只要能細心些，就能超過你的同桌，這次你的同桌排在第二十一名。」

說這話時，她發現兒子黯淡的眼神一下子充滿了光，沮喪的臉也一下子舒展開來。她甚至發現，兒子好像長大了許多，第二天上學，去得比平時都要早。

孩子上了國中，又一次家長會。她坐在兒子的座位上等著老師點她兒子的名字，因為每次家長會，她兒子的名字在差生的行列中總是被點到。然而，這次卻出乎她的預料，直到結束，都沒有聽到。

她有些不習慣，臨別時去問老師，老師告訴她：「按妳兒子現在的成績，考公立高中有點危險。」

她懷著驚喜的心情走出校門，發現兒子在等她。路上，她扶著兒子的肩膀，心理有一種說不出的甜蜜，她告訴兒子：「班導對你非常滿意，他說了，只要你努力，很有希望考上公立高中。」

第五章 「注意」需要動力的支援

高中畢業了。第一批大學錄取通知書下來時，學校打電話讓兒子到學校去一趟。

她有一種預感，兒子被清大錄取了，因為在報考時，她對兒子說過，她相信他能考取這所大學。她兒子從學校回來，把一封印有清華大學的信件交到她的手裡，突然轉身跑到自己的房間裡大哭起來，邊哭邊說：「媽媽，我知道我不是個聰明的孩子，可是，這個世界上只有妳能欣賞我……」

這時，她悲喜交加，再也按捺不住十幾年來凝聚在心中的淚水，任它打在手中的信封上……

有人說：「哪怕天下所有的人都看不起你的孩子，做父母的都應眼含熱淚地欣賞他，擁抱他，讚美他，為他自豪！」這個男孩是幸運的，他有幸遇到了一位懂得欣賞自己，不斷給自己希望的好母親。無獨有偶，與這個男孩一樣幸運的，還有一位名叫周婷婷的女孩。

周婷婷1歲半的時候，因藥物中毒，聽覺能力全部喪失。身為父親的周弘也曾絕望過，可一想到孩子未來的命運，父親心底的偉大父愛就升騰了起來，他要讓女兒學會與命運抗爭。

周弘帶著女兒進行了一次又一次的針灸治療，終於讓周婷婷恢復了一點點聽力，這一點聽力可能是正常兒童的幾百分之一，可是周弘就是利用這一點聽力，運用適合孩子的家教方法，帶領孩子走上了成才之路。

周弘與其他家長不同的是，他不去管孩子的缺點，而是發現孩子的優點，並加以鼓勵表揚。

有一次，婷婷做應用題，10題只對了一題，在婷婷做錯的地方，父親不打叉，而是在對的地方打了一個大大的紅勾，然後真誠地、發自內心地說：「婷婷真了不起，第一次做應用題就做對了1題。爸爸像你這麼大

時，碰都不敢碰！」

婷婷聽了父親的誇獎，非常自豪，後來越做越愛做應用題，越做越認真，一次比一次對的多，升國中時，婷婷的數學考了 99 分。

正因為婷婷的父親從來不拿孩子的缺點與別的孩子的優點比，婷婷愛上了讀書，而且越來越專心。可以說，一個懂得給孩子希望的家長才能造就一個讓自己充滿自豪的孩子。如果一個家長總是拿孩子的缺點與別人的優點比，只會讓孩子越來越灰心，最終失去信心。作為家長，愛孩子，就應該多發現孩子身上的優點，讓其發揚光大，讓孩子永遠都能看到希望。

成名後的李政道常說：「作為父母是應該望子成龍，但要讓孩子知道父母相信孩子能夠成才，孩子需要這樣的支持。」

父母對孩子，要用正確的家教方法、熱情的態度，教育孩子健康成長。望子成龍首先應該為孩子創造好的讀書條件，同時要合理評價孩子的能力，根據孩子的能力來設置目標。家長千萬不可過於苛求孩子，這樣會使孩子在過高的期望下體驗不到成功的樂趣，失去對讀書及周圍事物的興趣，進而變得無所事事、碌碌無為。

一名中學生曾就父母的行為說出了自己的感受：

我的心裡，有許多的煩惱，有大的，也有小的。它們整天悶在我的心裡，干擾著我的課業和生活。其中，有一件最令我煩惱的事情。

從我懂事開始，我就被別人比來比去。為此，我十分苦惱。

爸爸拿我和他小時候比，他越比我就越不如他，越比越覺得我沒出息。他總說：「我小時候，放學就幫你奶奶做事，放羊、打豬草，什麼事都做，可是也從來沒有因為做事影響了成績，每次考試都是前三名。看看你，什麼事也不讓你做，你卻無法靜下心來讀書，成績更是一塌糊塗，我怎麼有你這樣不爭氣的兒子。」

第五章 「注意」需要動力的支援

媽媽的比較似乎比爸爸更高一籌。她總拿我和她同事家的孩子比較，她覺得我沒有同事家的孩子好，沒有他成績好，沒有他聽課認真，沒有他作業做得工整，總之，一切都不如人家。媽媽整天嘮叨個沒完，可她卻不知道，她的每一句話都像一把尖刀，刺破了我的自尊和自信。

在爸媽的比較下，我變得越來越不求上進，就是有進步，他們也看不見，索性讓他們說去吧，我在叛逆心理的作用下，到學校除了玩就是玩，上課也不再注意聽講，作業也不按時交，成績也下滑了。雖然我心裡也不願這樣做，可被我的爸媽逼成這樣，我幾乎看不到希望了。

可以說，每個家長都有這樣的心願，希望自己的孩子完美無缺，希望自己的孩子勝人一籌。為此，他們不允許孩子有一點點過錯。為了能更好地「激發」孩子的鬥志，「激勵」孩子自強不息。家長們經常用「比較」的方式教育孩子。殊不知，家長的這種做法嚴重地影響到孩子的自尊，傷害了孩子對課業的積極性和自信心，這樣的孩子，又怎麼可能專心致志地讀書呢？

因此，想要你的孩子能夠心無旁騖地讀書，家長應用積極地語言鼓勵孩子，讓孩子看到希望，並願意為希望而奮鬥。

▌幫助孩子確立自己的夢想

美國有一個男孩，他的父親是一位馬術師，他從小就必須跟著父親東奔西跑，一個馬廄接著一個馬廄四處奔波，男孩的求學過程並不順利。國中時，有次老師叫全班同學寫報告，題目是「長大後的志願」。

他洋洋灑灑寫了 7 張紙，描述他的偉大志願，那就是想擁有一座屬於自己的牧馬農場，並且仔細畫了一張 200 畝農場的設計圖，上面標有馬廄、跑道等的位置，然後在這一大片農場中央，還要建造一棟占地 4,000

平方公尺的豪宅。終於完成了他的心血之作。第二天交給了老師，兩天後他拿回了報告，老師在第一頁上打了一個又大又紅的 F，旁邊寫了一行字：下課後來見我。

腦中充滿幻想的他下課後帶著報告去找老師，問：「老師，為什麼給我不及格？」

老師回答道：「你年紀那麼小，不要老做白日夢。你沒有錢，沒有家庭背景，什麼都沒有，蓋座農場可是個花錢的大工程，你要花錢買地、花錢買純種馬、花錢照顧牠們。你別太好高騖遠了。」老師接著說：「你如果肯重寫一個比較不離譜的志願，我會重新給你打分數的。」

男孩回家後反覆思量了好久，然後徵詢父親的意見，父親只是告訴他：「兒子，這是非常重要的決定，你必須自己拿定主意。」

再三考慮以後，他決定原稿交回，一個字都不改，他告訴老師：「即使拿個大紅字，我也不願意放棄夢想。」

後來這位男孩真的完完整整地實現了自己的夢想，那位老師還曾經帶著自己的學生來到農場露營，離開之前對這位已經長大的學生說：「國中的時候，我曾經給你潑過冷水，這些年來，我也對不少學生說過這樣的話，幸虧你有這種毅力去追尋自己的夢想。」

心有多大，舞臺就有多大。對於孩子來說，夢想是他們擁有的最有價值的珍寶，是誘發他們的求知欲的第一個介面。有了夢想，孩子才能愉快地進入狀態，充滿憧憬地去面對課業、生活中的任何一個困難；有了夢想，孩子容易把注意力集中到追求夢想的過程中，專心度就強；有了夢想，孩子就能在自我薰陶中去做每一件事情。可以說，夢想是孩子成長的動機。當孩子有了最初的夢想和選擇時，家長不要給孩子太多的壓力和暗示，這樣會讓孩子很容易失去信心，從而變得消極。正確的做法是珍視孩

子的夢想，用夢想連接孩子的求知欲，鼓勵孩子追求夢想，把夢想轉化為讀書、成長的動力。

具體來說，家長應做到以下幾點。

> **想辦法讓孩子認識他夢想成為的那個人**：比如，孩子想成為體育明星，那就讓他多見識體育明星；想成為國家領導，就讓他多認識各國的國家領導。見不到真人也沒關係，可以讓他多看關於此人的書、故事或影片，讓他充分了解，展開想像，直到對那個人產生尊崇，把他當偶像。偶像的力量是無窮的，許多人會以偶像為榜樣規劃自己的一生。為什麼現在很多孩子，你問他想成為一個什麼樣的人，他總是無從回答，那就是因為家長忽視了偶像的力量。

> **培育孩子必備的成功素養**：比如，經常帶孩子去看名山大川和寬廣的海洋，因為仰視大山，他會感到自己的渺小，俯視大山，他又會感到大自然的廣闊；當他置身於海洋，會看到大海的波瀾壯闊與變化莫測，這樣見識過名山大川和大海的孩子一般不會孤傲、自負、狹隘與淺薄。當孩子站得很高時，就會有廣闊的視野、無限的空間和開闊的思維。

> 同時，多帶孩子去參加各種體育運動，讓他充滿活力。只有充滿活力的孩子，才是活潑的，才能很好地跟別人相處，運動是一種很好的溝通方式。

> **明定和強化孩子的夢想**：有了這些實現夢想的成功必備素養之後，就得讓孩子強化對自己夢想的理性認知，如讓他寫出盡可能多的理由，說說為什麼他想成為夢想中的那種人，這樣會使他的想法更明確化、深刻化；也讓孩子理性地思考他奮鬥的方向，從而更明確地朝著那個方向努力。孩子在很小的時候，想實現某種夢想的理由往往是很單純

的，家長要不斷地豐富他想成為某種人的理由，這樣會加強他內心的動力，讓他自己說服自己，用自己的夢想激發自己。

此外，家長還可以讓孩子把他的夢想以及要實現此夢想的理由貼在牆壁上，讓他每天看，持續地看，不斷地刺激。其實人與人的差別，是在於受到刺激的差別，接受了什麼樣的刺激，就會有什麼樣的心態。

➤ **與孩子共同探討實現夢想的必要條件和努力方法**：很多孩子在接觸到新鮮事物時，會自然而然地萌發某種理想。身為家長，千萬不要對孩子潑冷水，而應該予以支持。但支持是以孩子的現實準備為基礎，進行適當的啟發和引導的。如讓孩子懂得確立理想與現在的讀書、將來自己的發展和前途的關係，理想是指對未來事物的想像和希望，它是有根據的、合理的，與空想和幻想不一樣，只要孜孜不倦地追求，就有希望實現。

爸爸和國小三年級的孩子一起看電視。當孩子看到螢幕上出現奇妙和有趣的動物世界時，不由得產生了興致。他對爸爸說：「爸爸，上學多沒意思，我想當動物學家，去研究動物，那多有意思呀！」

爸爸看著 8 歲的兒子笑了，他拍拍兒子的腦袋說：「你想研究動物，爸爸支持你，只是你了解多少動物，拿什麼去研究動物呢？」

兒子聽了爸爸的話，就問：「那你說我怎樣才能去研究動物呢？」

爸爸溫和地說：「想當一個動物學家，首先需要把基礎知識打好，要學習很多方面的知識。如果你想成為動物學家，就應該從現在開始做準備，學好各門知識，一個沒有知識的人是不可能成為動物學家的！」

兒子聽了爸爸的話，高興地說：「我明白了，爸爸是要我現在好好上學，為以後研究動物儲備知識對麼？」

爸爸欣慰地笑了！

第五章 「注意」需要動力的支援

➤ **幫孩子確立切實可行的目標**：孩子光有夢想，是遠遠不夠的，因為夢想可能是比較遙遠、籠統的概念，只有把夢想細節化、具體化，才能在具體的實踐中付諸行動。而細節化、具體化的夢想就是目標。

➤ **鼓勵孩子立刻採取行動**：夢想重要，而行動更重要。一張最精確的地圖，也不可能將旅行者直接運送到目的地。因此，採取行動是一切知識獲取、成長進步的關鍵步驟。

➤ **灌輸一定能夢想成真的信念**：世上每一本宗教典籍都是在訴說信仰和信心帶給人類的力量和影響。只要孩子相信夢想會成真，就會充滿動力，充滿自信。自信對孩子來說非常重要。樹立自信其實就是一個人戰勝自己心理障礙的過程。有了自信，他就會主動參與一切活動，主動跟人交往，在機遇面前比其他人善於爭取。信念猶如汽油，可推動人邁向卓越之境。同時，父母也必須與孩子保持一致的觀點和理念，要相信孩子一定能夢想成真。

➤ **增強孩子的抗挫能力**：幾乎所有的父母都在擔心孩子遭受打擊，陷入困境，害怕他有挫折感。但大多數成功的人都經歷過挫折，而且正是他們當初的坦然面對，才成就了今天的事業。經歷困難挫折之後，才會得到真正的成長，而曾經的那些苦難經歷反倒成為人生一筆難得的財富。它磨煉了人的韌性，煥發人的潛能。因此，當孩子失敗時，父母應教導他如何接受失敗。因為任何參與競爭的人都必須學會面對失敗，學會如何從失敗中走出來並繼續前進。從失敗中可以學到很多東西，沒有失敗，就等於從未嘗試。

➤ **教孩子學會積極主動**：積極主動是對環境刺激所做出的積極回應。凡事應該積極主動。當你積極主動時，是你讓事情發生；而當你消極被動時，是事情在你身上發生。對待夢想永遠要飽含積極主動的熱情。

當你問孩子你長大了做什麼的時候，有的會毫不猶豫地回答你，想當醫生、作家、工程師；有的可能告訴你，又想當軍人，又想當畫家，又想當歌唱家；有的可能會搖頭，說沒有考慮，或者是不知道做什麼；有的則會笑笑說，做什麼由不得自己，讓我做什麼就做什麼吧！有個學校在1200多個學生中做關於理想的調查，理想明確的只占21％，等待型的占26％。猶豫不決型，隨遇而安型，虛無懶散型的大有人在。鑒於目前孩子的思想現狀，家長必須及早關心，助孩子一臂之力，讓他們在心中樹立起理想的航標。

因為注意是為夢想服務的，孩子的夢想越明確，他的使命感就越迫切，注意力也就越持久。因此，家長應該讓孩子明白這樣做的目的是為了實現夢想。

▌把獎勵變為孩子的動力

洋洋剛上一年級，沒有上過學前班，好多規矩都不懂，坐姿不好，小動作多，不認真聽講，不會舉手，站隊不好……總之有很多毛病。洋洋的媽媽為了讓孩子改掉壞習慣，對孩子說：「如果你一星期都認真聽講，媽媽就給你買改裝賽車的配件；如果你改掉某個壞毛病，媽媽就給你買水滸兵器……」洋洋一聽，高興極了，他對媽媽保證，自己一定會表現好的。

從那以後，洋洋一放學就立刻跟媽媽彙報：「媽媽，今天沒有被扣啊……」「媽媽，我今天表現很好，老師都表揚我了……」

這時候，洋洋的媽媽就會鼓勵洋洋：「加油啊，才過去兩天，不要功虧一簣啊。」

在媽媽的引導與教育下，在獎勵制度的推動下，洋洋慢慢就養成了做事專注的習慣。

第五章 「注意」需要動力的支援

對於孩子來說，獎勵是他們的最初動力。身為家長，在對孩子進行獎勵時，需要考慮到孩子的年齡和興趣特點。只有讓孩子有新奇感，並因花費了精力而感到愉快的勞動，才能使孩子感受到獲得獎勵的可貴。

獎勵孩子的方法很多，而每個孩子的自身特點又千差萬別，家長只有根據自己孩子的實際狀況，因人而獎，以材而勵，靈活運用各種獎賞和激勵孩子的方法，才能真正達到促使孩子進步和成長的目的。

喜歡新奇的事物是孩子的一大特點。當孩子對某一事物或說法接觸多次後，就會喪失新鮮感，逐漸失去興趣。對於父母給予的獎勵也是一樣，當父母經常用同樣的方法獎勵孩子時，會逐漸喪失效力。因此，父母獎勵孩子，可採用多種不同的方法，但無論如何，要符合孩子的年齡和他們的個性特點。

根據具體的情況採取不同的獎勵方式

如果在大人和孩子之間已形成了親密無間的關係，那麼獎勵可以採用微笑、手勢、點頭或親切的言語，及時地說些鼓勵的話：「雖然你很小，但是你一向很勇敢。」「加點油，你就會成功。」「在小組裡大家都聽話，你當然也會聽話」等，所有這些都是讓孩子形成良好行為的有效方法。

有時為了獎勵行為表現良好的孩子，可以答應帶他去公園、兒童樂園、看電影等。

贈送禮物

進行獎勵的重要方法之一是贈送禮物。但是只有在特殊場合才採用這個方法，不然孩子由於自私自利的動機才聽話，便會產生引導不當的後果。一般贈送給孩子的禮物應是玩具、書以及其他可供欣賞的東西。

當著孩子的面褒獎他的良好品行

在家裡或在關心孩子的熟人中間，當著孩子的面褒獎他的良好品行，是一種獨特的獎勵方法。大家所談的一切會給孩子良好的影響，他的行為得到了好評，使他感到無比的愉快。

當晚上全家在一起喝茶的時候，媽媽可以說：「今天阿玲的行為使我感到高興，由於工作忙下班晚，耽誤了接她回家的時間，她沒有因此而感到無聊，還幫助阿姨打掃房間、收拾玩具。」

爺爺奶奶可以對剛下班的爸爸媽媽說：「我們的小蛋蛋真的長大了，今天他趁我在準備晚飯的時候，把屋子收拾得井井有條的。」孩子聽到這樣的話，怎麼能不開心呢？

讓孩子參加家事作為獎勵

讓孩子參加家事作為獎勵，這能給孩子良好而深刻的印象。許多孩子都渴望像父母那樣做家事。父母可以選擇一些簡單的勞動作為獎勵，例如，洗手帕、幫助媽媽為客人擺好桌子準備吃飯、幫助爸爸修理腳踏車和無線電、檢查地板打蠟機是否良好等。參與大人所做的事，對孩子來說是極大的快樂。在幼稚園裡，我們經常可以聽到孩子對同齡兒童說：「我和爸爸一起……」、「我和媽媽一起……」等話，此時孩子是多麼自豪啊！

像上級對下級那樣分配任務給孩子

獎勵孩子時，可以使用這樣的方法：像上級委託下屬執行重要而光榮的任務那樣吩咐孩子。

不斷地委託新任務讓孩子負起責任，讓孩子產生責任感。孩子知道擔任上級指派的角色是不尋常的，在孩子看來這是光榮的、享有榮譽的事。這個方法對那些不願勞動及不聽話的孩子特別有效。

第五章 「注意」需要動力的支援

預先進行獎勵

有時孩子還未開始行動父母就給予獎勵，也能收到良好的效果。因為這樣做會使孩子感到被信賴而充滿信心去行動。「不應該讓大人提醒才去好好地做，要知道你已經是個懂事的大孩子了！」「你是個認真、用心的男孩子，做這件事一定會使我們感到滿意。」這種獎勵方式要建立在暗示、激發自強自愛的基礎上。

透過別人之口賞識孩子

透過別人之口賞識孩子，對孩子正確認識自己在其他人心目中的印象以及與其他人的交往都有很大的幫助。當孩子不確定自己給別人留下的印象是好是壞，以及在與別人交往過程中出現困難和障礙時，適時傳達給孩子別人對他的正面看法和讚賞，不僅可以強化孩子的信心，更可激發孩子的潛力。

在孩子的社會交往中，時常傳達別人對他的正面評價，可以培養孩子正確認識他人、評價他人、與他人友善相處的良好習慣，有利於孩子人際關係的處理，對孩子以後的生活也有很大的益處。當孩子聽到從你的口中傳達的是別人對他的讚賞時，他會更加感到光榮和自豪。

要辯證地對待獎勵

優點的背後往往是缺點，缺點的背後也往往是優點，對孩子不能只獎不罰，也不能只罰不獎。要獎罰分明，不能因為獎，而看不到孩子的缺點，也不能因為罰，而看不到優點。這裡，陶行知先生的一個故事值得我們借鑒。

陶行知先生在「育才學校」擔任校長時，他看到一名男生用磚頭砸同

學，遂將其制止，並責令到校長室等候。陶先生回到辦公室，見男生已在等候，便掏出一塊糖遞給他：「這是獎勵你的，因為你比我按時到了。」接著又拿出一塊遞給他：「這也是獎給你的，我不讓你打同學，你立即停住了，這說明你很尊重我。」男生將信將疑地接過糖。陶先生又說：「據了解，你打同學是因為他欺負女生，說明你有正義感。」陶先生遂掏出第三塊糖給他。這時，男生哭了：「校長，我錯了，同學再不對，我也不能採取這種方式。」陶先生又拿出第四塊糖：「你已認錯，再獎勵你一塊。我們的談話也該結束了。」

陶先生獎中有罰，罰中有獎，用辯證的眼光看待這件事，處理得實在高明。

值得注意的是，獎勵孩子不僅僅是為獎勵而獎勵，還應該注意一些原則，這樣才能避免適得其反。那麼在獎勵孩子的時候，應注意那些原則呢？

➤ **要避免獎勵過於頻繁**：獎勵應該是點綴式的，偶爾來一次，不能什麼都實行獎勵制度，今天作業做得清楚，獎；明天考試考得好，獎；星期天做了一些家務也獎，等等。獎勵過於頻繁，很容易產生負面效應，容易使孩子產生這樣一種心理：你不獎我就不做，我做了，你就應該獎勵，把獲取獎勵當作是自己的目標。凡是孩子應該做到的，比如作業寫清楚、簡單的家務等都不應該獎，需要獎勵的應該是那些一般難以做到的、表現突出的、進步明顯的行為。

➤ **獎勵不能失信於孩子**：說好要獎的就必須獎，說好獎多少就獎多少，不能把自己的承諾當作玩笑，也不能對獎品打折扣。有些家長，當時信誓旦旦，你做到怎麼樣，我一定怎麼樣，可待孩子真的做到了，又反悔了。這是很不好的，對孩子的傷害是很大的，對家長自己的威望也是極大的損害。

➤ **獎勵要及時**：孩子心理變化很快，時間一長就會忘了為什麼獎勵，這樣使獎勵與良好行為無法形成一種連繫，獎勵的作用也就失去了。不及時獎勵會挫傷他們的積極性和自尊心，因為他們會感到自己在父母心中沒有位置，而不把良好行為堅持下去。

➤ **獎勵的目的要明確**：當父母獎勵孩子時一定要告訴他們原因。因為孩子得到某種獎勵時，如果對為什麼得獎不清楚，他就會只關心能否得到獎勵，和得到獎勵的大小。比如，孩子畫一幅畫，顏色用得非常豐富、準確，父母就獎勵了他。如果這時候父母不把原因向孩子講清，他就會認為是因為畫畫得了獎勵。於是，為了得到獎勵，他會再畫大量的畫，卻不會注意畫的品質。顯然，父母沒有達到獎勵的目的。

培養孩子的忍耐性

常聽到一些家長抱怨自己的孩子：「我這孩子挺聰明的，可就是沒有耐性。做事總是虎頭蛇尾，半途而廢。上課的時候沒坐住幾分鐘就開始東張西望，即便不東張西望，他也會這裡翻翻，那裡敲敲……」這種情況，在孩子當中並不鮮見，許多孩子由於身心發展水準的限制，做事情缺乏耐性，無法將注意力長時間集中於一件事情上……正因為缺乏耐性，注意力不集中，孩子往往無法很好地讀書，更無法有始有終地完成一件事情，長此以往，不僅影響到孩子的學業成績，更影響到孩子今後的工作和生活，其後果不容忽視。

其實，孩子注意力不集中，做事虎頭蛇尾，屬於心理活動中的意志品質問題。要改變這一狀況，家長唯有從小培養孩子的堅強意志，培養孩子的忍耐性。為了培養孩子做事的意志和耐性，家長應注意以下方面。

➤ **家長要做出榜樣**：家長首先要學會忍耐等待，才能讓孩子學會忍耐。

許多孩子沒有耐心，是因為家長對孩子做事的要求往往也是虎頭蛇尾。所以，首先要求家長要注意不造成孩子半途而廢的行為習慣。在開始一種新的活動之前，必須讓他把正在進行的活動有個了結。如讓孩子去洗澡，應在開始燒水時就告訴孩子畫好這張畫後，就去洗澡。然後在孩子洗澡之前別忘了認真檢查畫到底畫完了沒有，這本身就是培養孩子做事有始有終的良好習慣。

➤ **為孩子設置點障礙**：家長應該有意識地為孩子設置點障礙，為孩子提供一些克服困難的機會。因為耐心是堅強意志磨煉出來的，越是在困難的環境中，越能鍛鍊孩子的耐心。要鼓勵他做事不能半途而廢，做好一件事要經過努力，才能完成。孩子經過努力完成一件事時，應當及時給予表揚，強化做事有始有終的良好習慣。

➤ **對孩子講意志力相關的故事**：家長可以經常對孩子講意志力相關的故事，告訴孩子，成功與失敗的差距往往只有一步之遙。只要咬緊牙關堅持一下，勝利便在眼前。但是，許多人正是因為在前面的搏鬥中已經筋疲力盡，在最後的關頭，即使遇到一個微小的困難或障礙都可能放棄，最終功虧一簣。

➤ **培養孩子的信心**：培養孩子的信心，使孩子了解並發揮自己的長處。天下沒有十全十美的人，而正在成長的孩子們就更需要時間來體驗挫折，享受成功，進而認識自己。家長應當從孩子小的時候就給他一定的空間，讓他大膽嘗試，並允許他在嘗試中犯錯誤來獲得經驗。
家長在鼓勵孩子大膽嘗試的時候要注意，把焦點放在嘗試的過程和孩子付出的努力上，不要過分強求一個完美的結果。家長要經常表揚孩子，讓他有機會了解自己的優點和長處。這樣，當孩子遇到挫折時，就不會一蹶不振，輕易放棄了。

第五章 「注意」需要動力的支援

> **對孩子進行堅持力的訓練**：家長要經常告訴孩子，堅持就是勝利。對孩子堅持做事的習慣，家長應給予及時鼓勵，要求並督促孩子將每一件事情做完。在鍛鍊孩子意志的過程中，家長要盡量分配與孩子的身心發展一致的任務。

> **讓孩子獨立解決問題**：無論是誰都不喜歡困難的問題和費力的事情，看到孩子做題慢或題目做不出來而將答案告訴孩子的辦法是錯誤的。應當培養孩子獨立解決問題的能力。

> **堅持有規則的運動**：有了健康的身體才會有健康的心理，運動有無與倫比的功效。讓孩子確立可行的目標，每天進行一定量的運動鍛鍊，孩子會逐步具備自我調整的能力。

> **玩益智玩具**：讓孩子玩一些具有開發智力功能的玩具，例如積木類。一個個小木塊堆積在一起組成不同的形狀，在這個過程中鍛鍊了孩子的耐性。此外，剪紙同樣也是一種培養孩子耐性的好方法。沿著畫好的線小心地裁剪，自然而然地鍛鍊了孩子的耐性。

> **從容易的教材入手**：對於沒有耐性的孩子而言，一開始就接觸較難的教材，會使孩子喪失讀書興趣。如果從簡單的教材入手，等孩子能很好地理解時再稍增加難度，這樣一來，孩子在一點點獨立完成作業的過程中便逐漸提高了耐性。

此外，要集中孩子的精力，使他們持久地沉浸在一種活動中。要讓孩子知道，生活中許多事是需要耐心和等待的。有時孩子餓了馬上要吃，渴了馬上要喝，想要什麼玩具當時就要買，家長可有意延緩一段時間，不要立刻滿足孩子的要求，以培養孩子的耐心。

「寶劍鋒從磨礪出，梅花香自苦寒來」，培養孩子忍耐性，使孩子能夠集中注意力地完成學業和工作並不是一朝一夕的事情，也不是單靠幾件

事情就能見效的，應該在生活的各個方面有意識地進行，堅持不懈地培養孩子堅強的意志力。這樣，孩子才能逐漸變得堅忍而自制。

第五章 「注意」需要動力的支援

第六章
用正面情緒引導孩子的注意力

有調查顯示：87%的孩子讀書困難的原因不是智商和學習能力的因素，而是情緒問題。而孩子的情緒直接影響孩子對外界事物的感知、注意、記憶和邏輯思維的過程。在我們的周圍，有很多孩子因為學業的壓力，產生了厭學、考試焦慮、學校恐懼、自卑、受挫、自我形象貶低、缺乏興趣、憂鬱、壓抑等情緒。這些情緒導致許多孩子做事無法集中精力。這就是為什麼很多家長為孩子投入很多卻收效甚微的原因所在。

▌讓孩子學會緩解自己的焦慮

　　教育心理學裡有這麼一句話：孩子注意力不集中，成績不好，百分之八十來自於壓力。這種壓力可分為兩個方面，一方面是來自於課業本身的壓力，另一方面則是家長和老師賦予的。在重壓下，越來越多的孩子正承受著焦慮的困擾。

　　小凡現在已經上國三了，國一、國二時，小凡的表現相當優秀。可到了國三以後，他突然發現自己沒辦法靜下心來讀書，對課業竟產生了莫名的反感，心情總是煩躁不安。小凡自己也不想這樣，也怕辜負了父母的期望，可是，他只要一拿起書來，就有些喘不過氣來。白天上課時，他更是昏昏欲睡，沒精打采的，為此，小凡的爸爸媽媽和老師都非常擔心，動不動就對著他「敲警鐘」：「小凡呀，這是很關鍵的一年，你可不能在最關鍵的時候掉鏈子呀！」可是，誰能知道小凡的苦衷呀！

　　焦慮是孩子即將面對重要事情時經常會出現的一種情緒，它是伴隨人們生活的一種情緒狀態。心理學研究顯示：在焦慮適中的情況下，孩子的讀書效率隨著焦慮的增強而呈上升趨勢。這說明，焦慮本身具有動力和促進作用，它能啟動孩子體內的相關物質和系統，從而激發孩子的潛在能量，推動孩子去積極地學習，使讀書更有效率。可以說，沒有一點焦慮的學生是不會有好成績的。

　　然而，如果孩子承受的壓力過大，焦慮的情緒過於嚴重，就會帶來一系列的副作用。如讀書效率隨著焦慮的增強而不斷下降；注意力無法集中，煩悶，靜不下心來讀書；如果在考試中出現焦慮的情緒，則會導致無法發揮正常的水準而使考試成績不理想。

　　故事中的小凡之所以難以進入狀態，正是因為課業與外界壓力使他身心疲憊、焦慮，從而導致他情緒低落、煩悶。因此，身為家長，一定要站

在孩子的立場上理解孩子，注意孩子的心理變化，及時幫助孩子學會緩解自己的疲勞狀態，進行心理調整。

那麼，家長怎樣憑經驗觀察孩子是否焦慮呢？一般來說，家長可以從以下幾個方面觀察。

- **觀察孩子的行為**：當孩子過度焦慮時，他的行為表現常常有明顯的變化，比如，平時活潑好動的孩子突然變得文靜起來；平時安靜乖巧的孩子突然變得煩躁起來；孩子總是坐立不安，拿起這個，又放下那個等，這些反常的行為都預示著孩子可能正遭受著焦慮情緒的煎熬。
- **觀察孩子的語言**：當孩子比較焦慮時，性格外向的孩子往往能夠直接說出來，家長容易從孩子的語言中發現。但是，性格內向的孩子則會變得更加少言寡語，這時，家長就要注意一下孩子的反常表現了。
- **觀察孩子的神情**：孩子往往不善於掩飾自己的情緒，當孩子焦慮緊張時，家長可以從孩子的神情中發現孩子的異樣。
- **觀察孩子的生理反應**：多數過度焦慮的孩子，往往會產生一系列的生理反應：不思茶飯、哈欠連連、頭痛、舊病復發等。當孩子出現這些反常的生理反應時，也許就是過度焦慮造成的。

當發現孩子過度焦慮時，家長可以透過幫助孩子改變單調的讀書方式來幫助孩子增強注意力。比如，用一些彩色筆勾畫書本內容，購買一些彩色版的相關資料，讓孩子聽聽喜歡的音樂，重新安排每天的作息時間，調整讀書的順序和科目等，這些變化可以給孩子新的視覺、聽覺刺激，即使是閱讀相同的內容，孩子也會覺得有新鮮感，或多或少能重新調動起孩子的讀書專注力。

「解其症，才能治其病。」一個不了解孩子的家長非但無法幫助孩子解壓，還有可能因為方法失當讓孩子陷入更加焦慮的狀態中。因此，家長

第六章　用正面情緒引導孩子的注意力

應細心觀察，了解自己的孩子。如果你的孩子此時正處於焦慮的情緒之中，身為家長，就應該幫助孩子學會緩解自己的焦慮。

專家認為，以下的方法，可以幫助孩子緩解壓力。

> **引導孩子正確認識焦慮**：孩子一旦出現了焦慮的情緒時，家長應該告訴孩子，焦慮是一種正常的情緒狀態，適度的焦慮能激勵我們發揮才能。出現過分焦慮，我們要學會認清其真面目，透過適當的放鬆調節，就能平靜從容地面對。孩子只有正確地認識到焦慮，就不會因為焦慮而長期處於惶恐不安的情緒中。當孩子學會了自我解壓，學會了正確對待焦慮後，就能慢慢地恢復到正常的學習狀態中。

> **讓孩子的身心得到充分的休息**：讓孩子得到充分休息的有效方法是 —— 睡覺、體育鍛鍊、體力勞動。所以，家長不妨讓孩子多睡覺，或和孩子一起做做體育活動，相約一起去爬山。當然也可以讓孩子幫助家長做點家事。真正充分的休息才能解除身心的疲勞感，迅速恢復體力和精力，這樣也可以增強孩子讀書時的注意力。

> **用多種語言與孩子進行溝通交流**：家長可以透過肢體語言、面目語言、口頭語言等與孩子進行交流，以撫慰孩子的焦慮情緒。在與孩子交流的時候，家長要注意自己的表情要祥和，說話的語言要溫和、親熱、充滿鼓動性。此外，家長還可以透過擁抱、撫摸等方式與孩子進行交流。這種交流方式，對孩子而言，如春風化雨一般，對緩解孩子的焦慮有實質性的意義。

> **讓孩子做放鬆情緒訓練**：當孩子出現焦慮情緒的時候，家長可以教孩子做一些放鬆訓練，如深呼吸、逐步肌肉放鬆法等。

正確的深呼吸方式要點是：緩慢吸氣，稍稍屏氣，將空氣深吸入肺部，然後緩緩地把氣呼出來，在深呼吸時應該可以感受到自己胸腔和腹部

的均勻起伏。逐步肌肉放鬆法主要採用漸進性肌肉放鬆，透過全身主要肌肉收縮—放鬆反覆交替訓練，通常由頭面部開始，逐步放鬆，直至全身肌肉放鬆，最後達到身心放鬆的目的，並能夠對身體各個器官的功能產生調整作用。

▌培養孩子的自信心

一個人想要集中注意力，首先他要做的，就是把頭腦中的所有負擔放下。缺乏自信心的直接結果就是讓人無法放下自己的負擔。因此，想要培養孩子的注意力，家長應從培養孩子的自信心入手。對於每個孩子來說，注意力集中是他們成功的基礎，是孩子自信的直接表現。

培養孩子的自信得從父母之愛開始的。自幼給予孩子最慈祥、最純真的愛是培養孩子自信最根本的環節。一個人可以被別人歧視，但絕對不能被自己的父母歧視。一個被父母歧視的人不可能有自信，更談不上成才了。

因此，想要家庭教育獲得真正的成功，父母必須用愛的雨露去滋潤孩子的心田。用脈脈溫情去營造孩子成才的軟環境，讓孩子永遠生活在和諧愉快、奮發向上的氛圍中。當一切順利的時候，需要這樣做；在困難曲折的時候，更需要這樣做。為人父母者千萬不能因為孩子一時的失誤或過錯做出過激的反應或懲罰，這樣會傷了他的自尊和自信。自尊和自信一旦失去之後，就很難挽回。在很多失敗的家教中，可能都有過這樣一段痛苦的經歷，等到後悔時已經來不及了，一失足成千古恨。

在培養自信的具體操作方面，除了上面所說的那些根本的環節之外，我們還需注意以下幾點。

➤ **尊重孩子**：任何與孩子相關的事，不管是生活方面還是課業方面，都要盡可能聽從孩子自己的意見，即使我們認為是不正確的，也要尊重他的想法，給出誠懇的建議，從不粗暴地予以否定。

➤ **讓孩子選擇樂觀的朋友**：家長應引導孩子有意識地選擇與那些性格開朗、樂觀、熱情、善良、尊重和關心別人的人進行交往。在交往過程中，孩子的注意力會被他人所吸引，會感受到他人的喜怒哀樂，跳出個人心理活動的小圈子，心情也會變得開朗起來，同時在交往中，能多方位地認識他人和自己，透過有意識的比較，他可以正確認識自己，調整自我評價，提升自信心。

➤ **給孩子表現的機會**：如，讓孩子帶路，每次出門，不管是拜訪親友還是外出旅遊，都讓孩子走在前頭，為家長帶路。這樣會培養孩子的自信心和自豪感。此外，要讓孩子堅持坐在前排，除非對號入座。這能讓孩子更有積極性。

➤ **教孩子不斷提高對自我的評價**：在日常生活中，家長應引導孩子對自己作全面正確的分析，多看看自己的長處，多想想成功的經歷，並且不斷進行自我暗示，自我激勵：「我一定會成功的」，「人家能做的，我也能做，也不比他們差」等，經過一段時間的鍛鍊，孩子的自信心就會逐漸建立起來。

➤ **爭論時，讓孩子有贏的機會**：經常有意識地與孩子爭論問題。自己站在錯誤的立場上，讓孩子在爭論中取勝，然後及時予以表揚鼓勵。千萬不能老是讓孩子輸，更不能在日常生活的爭論中以老壓小，使孩子難堪。

➤ **對孩子進行自信心訓練**：家長可以透過以下幾個方面培養孩子的自信心。

- 讓孩子練習當眾發言，培養當眾辯論的能力。
- 經常練習正視別人，用有力的目光注視對方，並且保持笑容。
- 保持良好的走路姿勢，昂首挺胸，兩眼看向遠方。經常有意識地把走路速度加快。

➤ **經常對孩子進行積極暗示**：經常用暗示的方法，使孩子相信自己是個特殊人物，將來必定有出息。這樣能使孩子經常保持良好的自我感覺，而且對自己也會有較嚴格的要求，這對培養孩子的自信確實有很重要的作用。

➤ **不要因為失敗懲罰孩子**：即使遇到最大的失敗，如學測落榜，也不能用嚴厲教訓或懲罰的方式對待孩子。相反，應該加以關懷和安慰，還要用暗示的方法使孩子相信天無絕人之路，並用塞翁失馬的故事進行開導，使孩子相信有時壞事會變成好事。

➤ **盡量找出優點及時給予鼓勵**：這不僅對一般孩子有效果，即使是優秀的孩子也很需要鼓勵，天才也需要從自己的成果中獲取進一步發展的動力，如果自己的成果得不到及時的承認，天才也會因為缺乏動力而枯萎。對那些成績較差的孩子來說，更需要用這種方法來培養他的自尊和自信。

➤ **巧妙地表揚孩子**：沒有孩子喜歡被責備，老師和家長為了激發孩子的上進心故意刺激他，久而久之會讓孩子產生牴觸情緒，孩子的自信心不會在嘲笑與譏諷中樹立起來，而是在一次次表揚後獲得。因此，家長應學會巧妙地表揚孩子，這是對孩子行為的肯定，會激發孩子的學習意識。

在一次科學活動課「可愛的小豬」這個活動中，幼稚園的老師問小朋友：「小豬的頭上有什麼？」

第六章　用正面情緒引導孩子的注意力

有個叫馬琦堯的小朋友回答：「有一雙大耳朵，還像扇子呢！」

這位老師馬上表揚：「馬琦堯觀察得真仔細，他還發現小豬的耳朵像扇子呢！」

老師的表揚使馬琦堯更加躍躍欲試，注意力變得更加集中了。而其他小朋友也不甘示弱，都認真地觀察了起來。

可以說，表揚能讓孩子的注意力變得更加集中。因此，家長要巧妙地運用表揚來培養孩子良好的習慣，增強自信心。

➤ **讓孩子體驗成功**：一般來說，有自卑感的孩子往往缺乏成功的體驗。因此，父母要千方百計為孩子提供體驗成功的機會。當然，父母替孩子設置的任務要難度適中，使孩子透過努力可以順利完成，在對成功的體驗中，孩子的自豪感和自信心會得到加強。

生物學家童第周從小就被認為是笨小孩，因此，他有強烈的自卑感。但是，他沒有失去信心，一直努力讀書。

在他取得成就後，有人曾經問他：「有哪些事情使你特別高興？」

童第周是這樣回答的：「有兩件事，我一想起來就特別高興。一件事是我在中學時，第一次拿了 100 分，那件事使我知道我並不比別人笨，別人能做的事，我經過努力也能辦到。另一件事情，就是我在比利時第一次完成剝除青蛙卵膜的手術。那件事使我相信，外國人認為很難辦到的，我們照樣能辦到。」

可見，自信建立在成功的經驗之上，一次小的成功可以成為巨大成功的基石。孩子的自卑感經常伴隨著灰心和失望，這是影響孩子專心於學業的一大障礙。因此，幫助孩子克服自卑、樹立自信是做父母的重要職責。

用愛去培養和保護孩子的自尊和自信，讓孩子一輩子保持著征服者的感情，保持對成功的信心。

▍消除孩子的畏難情緒

　　5 歲的小豆丁是個乖巧、懂事的孩子，可做事情沒有耐心，更缺乏定性，最重要的是，他很怕麻煩，更不敢面對困難。比如，他會剪直線了，媽媽為了鍛鍊他的手眼協調能力，就給他畫了曲線讓他剪，剛開始剪了一點，有點難度，小豆丁立刻對媽媽說：「媽媽，我們剪點別的吧。」然後，就隨意地剪成小紙片。

　　再比如：他很沉迷寫數字，自己喜歡很隨意地寫，媽媽想規範他一下，買了一本數字描紅給他，教他要怎麼寫。可是，剛寫了兩個，小豆丁就受不了了，皺著眉頭對媽媽說：「媽媽，寫字太難了，明天再寫吧。」總之，稍稍有一點困難，就放棄，包括運動，有一點點累，就不做了。

　　為此，小豆丁的媽媽非常苦惱。

　　其實，像小豆丁這種情況並不在少數。在現實生活中，很多孩子之所以成績不好，讀書時注意力不集中，與他們的畏難情緒有很大的關係。我們經常看著這麼一些孩子，今天熱衷於練舞蹈，明天又迷上了武術，可總是無法長久，原因就是在練習舞蹈或者武術的過程中，他們覺得累了、苦了，索性就不堅持了。

　　孩子有了畏難情緒，無論對學業還是對生活都是不利的。畏難情緒與自信心正好是相對立的。對於學業，有了畏難情緒，就可能考不出好成績；對於畫畫，有了畏難情緒，孩子沒有了這方面心理需求，便會感到畫畫是沒有意思的事情；要是對生活有了畏難情緒，孩子會對生活失去信心。畏難情緒是孩子學業和生活的最大敵人。因此，家長應抓緊機會幫孩子克服畏難情緒，培養他們的挑戰精神，只有這樣，孩子才能在今後的事業中獲得成功。否則的話，他們想要成功很難。

第六章 用正面情緒引導孩子的注意力

那麼，孩子為什麼會產生畏難情緒呢？歸納起來，有以下幾個影響因素。

➤ 孩子從小被嬌慣，家長看到孩子有困難馬上伸手。孩子逐漸喪失面對困難，解決困難的勇氣和信心。

➤ 孩子從小沒受過挫折，一帆風順，沒有面對過困難，更沒解決過什麼困難。

➤ 面對困難時多次失敗，多次失敗可能使孩子失去信心。

➤ 動機不夠，有些孩子好像對什麼都不敢興趣。

孩子的畏懼情緒，並非表現在所有的事情上，往往只是對某件事情，或者是一件事情的某一方面有畏難情緒。孩子的畏難情緒產生的主要原因是沒有興趣所致。而興趣的消失又主要是教育方法不對所致。畏難情緒的表現是，不願意做某件事情，沒有主動性；做事情沒有信心，對自己做的事情持懷疑態度；對父母要求做的事情和自己應該做的事情打休，能躲就躲，能藏就藏，就連自己原來最願意做的事情要是產生了畏難情緒，也沒有信心做好。長期下去會使孩子養成懶惰、有依賴性的壞習慣。可以說，畏難情緒對於孩子的學業是一個危險的信號。

家長如果發現孩子有了畏難情緒，要採取積極有效的措施，消除孩子心理上的障礙，幫助孩子度過這一「危險期」。家長要針對孩子畏難情緒的表現進行全面綜合分析，看看是哪方面有了畏難情緒，是什麼原因造成的？

孩子產生畏難情緒，家長應當多從自身的教育方法上找原因，注意從調動孩子的思維積極性出發，加強對孩子情感、意志等心理特質培養，還要加強對孩子的興趣培養，要讓孩子對所做的事情有感情、有意願，然後

再研究讓孩子怎樣做能做得好。還可以透過幫助孩子制定目標來培養孩子的自信心，但目標要切合孩子的實際，不要超過了孩子能達到的水準，造成孩子膽怯，產生新的畏難情緒。就是說制定目標的目的是要孩子樹立自信心，克服畏難情緒。

那麼，家長應如何幫助孩子消除畏難情緒？

➤ **家長應學會觀察孩子對哪些事情產生畏難情緒**：一般說來，解難題要涉及多方面、多層次的知識和技能。最關鍵是要找准解難題的突破口。孩子面對不同難題會出現不同反應，這時家長就需要觀察，孩子解哪些難題較容易，解哪些較困難。觀察的目的是摸清楚孩子出現以上狀況的原因。

➤ **家長要等待適當的機會**：透過觀察找出原因需要一段過程，家長要在觀察中等待。如果省略這個環節，有可能導致兩種情況。其一，任何難題家長都去幫助孩子去解析，孩子將產生依賴心理，遇到難題思維會產生惰性。其二，任何難題都一個勁兒地逼迫孩子去想，孩子百思不得其解，產生無助心理，見難題就害怕。因此等待是為了尋找幫助孩子的好方法。

➤ **家長應多鼓勵孩子，增強孩子的自信心**：查出原因，找到方法，再去幫助孩子會更奏效。比較容易攻破的難題，要放手讓孩子自己去想，在信任中鼓勵，讓孩子在自主探索中體驗成功的快樂。對比較難攻破的難題，則適時適度地給予指導，牽手過難關，在關心中鼓勵，孩子會有信心，有勇氣，逐步領悟難題的規律。在放手與牽手之間，孩子的信心增強，更重要的是孩子掌握了「捕魚」的方法，這就是學習能力的進步。

第六章　用正面情緒引導孩子的注意力

➤ **家長要改變自己的看法**：克服孩子的畏難情緒，家長要有耐心，要善於做細緻的教育工作。在方法上要將「強制孩子讀書」改為「啟發孩子讀書」，促使孩子接受家長的教育，最終把家長的積極性轉化為孩子主動讀書和做事情的積極性。

值得強調的是，要改變孩子的畏難情緒，家長不要急於求成，開始時的目標可以定得低一點，然後逐步地提高要求，讓孩子逐漸適應。要幫助孩子實現課業目標，還要幫助孩子解決課業的目的問題。孩子有了明確的學習目的，就會積極主動地學習，把畏難情緒變為必勝的信心。家長在幫助孩子克服畏難情緒時，要注重教育的過程，不要過分強調結果，所以家庭教育更應該注重過程教育。過程教育與結果教育是密切連繫在一起的，沒有好的過程就不可能有好的結果。

➤ **讓孩子端正讀書態度**：在學業方面，感到害怕、擔心學不會的人，碰到的最大敵人不是課業繁重、難度高，而是在遇到困難和挫折時所產生的心理情緒問題和動機障礙。例如，有些孩子遇到學業成績不理想時，無法正確地面對，會產生焦慮情緒和自卑感，認為自己不是讀書的料，這種想法是萬萬要不得的。父母要讓孩子端正讀書態度，對學習有一個明確的認知 —— 學習是在學習知識，而不是在受罪。

當然，要消除孩子的畏難情緒，家長除了要做到以上幾個方面，還應該注意以下幾點。

➤ 不拿自己的孩子與其他孩子進行比較，要經常與老師聯繫，當孩子在課業中確實遇到困難時，讓老師降低難度，逐步恢復孩子的自信心。

➤ 要讓孩子有露一手的機會。可以舉行家庭表演會，可以在家設立孩子作品牆，可以鼓勵孩子在學校、社區等各種場合演出。活動中多讚美孩子，讓孩子體驗成功的喜悅。

> ➤ 對孩子在體育訓練中產生的疲痛、受傷，家長要給予適當的安慰和拊愛，更要鼓勵孩子勇敢去面對。

> ➤ 孩子自己的事情，要讓他自己做，身為家長不要過多代勞。這會讓孩子產生惰性與畏難情緒。

只有做到以上幾點，孩子的良好習慣和刻苦精神才能得到很好的培養。

培養孩子積極樂觀的性格

樂觀，是一種最為積極的性格因素之一。它不僅是一種心態，更是一種人生智慧。樂觀的心態，在人的一生中有著非常重要的作用。

樂觀的孩子更有包容心。他們能以幽默的眼光看待不愉快的事情，能體諒他人的難處。與人相處，他們善於換位思考，所以會發現別人的優點，更能包容別人的缺點，他們不會因為他人曾經傷害了自己就耿耿於懷，跟自己過不去。

樂觀的孩子有顆積極向上的心，他們對未來充滿了信心和希望。他們能在困難中看到光明，在逆境中找到出路，盡快走出陰霾；而悲觀的孩子往往看不到出路，總覺得生活很慘澹，人生看不到希望，於是消極怠慢，「做一天和尚，撞一天鐘，得過且過！」

樂觀的孩子比較容易發揮自己的專長，他們能在生活中不斷激勵自己的熱情，挖掘自己的潛能；樂觀的孩子，還能吸引和感染周圍的人，使他人也變得開朗、樂觀起來，從而爭取他們的理解、支持與幫助。悲觀的孩子，不僅僅讓自己深陷於情緒的低谷中，憂鬱不安，還給人一種壓抑的感覺，所以沒有人喜歡與悲觀的人共處，這會導致自己也過得壓抑不堪。

樂觀開朗對健康有好處。樂觀的孩子能保持一種良好的心態，他們認為自己是幸運的，即使遭遇挫折，他們還是堅信自己有能力改變現狀，他

第六章　用正面情緒引導孩子的注意力

們會拿出自己最好的狀態與挫折戰鬥，直到把挫折打敗。因此，樂觀是孩子應對人生中悲傷、不幸、失敗、痛苦等不良事件的有力武器。這樣的孩子，在心態與身體上都更健康。而悲觀的孩子，容易滋生出消極的情緒和挫敗感，這兩種感情有害健康。

樂觀還是成功的一大要訣。培養孩子的樂觀精神就是在點燃孩子對未來、對成功的希望之火。樂觀的孩子能從消極中找尋積極的一面，也因此讓自己擁有一片更廣闊的天空。

在現代家庭中，獨生子女居多，而公寓又阻隔了人與人之間、家庭與家庭之間的交往。一般情況下，家長是不會放心讓孩子一個人出去玩的，這就讓孩子與外界接觸的時間更少了。不少孩子因此變得孤僻、不合群，注意力不集中等。嚴重還可能影響到孩子的心理健康。

父母是孩子健康個性的塑造者。孩子的天性本是活潑開朗的，想要培養一個活潑開朗的孩子，並不是一件困難的事情。

路遙出生在一個知識分子家庭，爸爸是一家化工研究所的副所長，媽媽是一位知名的國小老師。

小路遙剛出生的第二天，爸爸就為她買了彩色的氣球、小搖鈴、一捏就能發出聲音的大公雞等。他們把氣球掛在孩子眼睛的上方，把小搖鈴、大公雞等放在孩子的小枕頭旁邊。幾天後，他們就有意識地引導孩子觀察氣球，訓練孩子的視力。搖動小鈴鐺，捏捏大公雞，訓練孩子的聽力。由於孩子比較健壯，小眼睛比較靈活。不到 20 天，小路遙就能把臉轉向發出聲音的地方，而且還能盯著上面的彩色氣球看個不停。

等小路遙年紀再大一點，父母就開始買小孩子最喜歡的圖書給她。《世界著名童話故事》、《世界著名神話故事》、《世界著名寓言故事》等擺滿了小路遙的小書架。

書裡那些善良、聰明、擬人化的小動物以及誠實、開朗、勇敢、樂觀的孩子，成為小路遙成長過程中學習的榜樣。正是由於早期的閱讀，她上課注意力集中，取得了令同齡孩子羨慕的好成績。

路遙的父母認為：一個活潑開朗的孩子，總能對自己的能力充滿自信，容易和周圍的人友好相處，課堂上能專心聽講，並又對未知的事物有著強烈的探索欲望。因此，父母應有意識地培養孩子活潑開朗的性格。

路遙的父母無論工作多忙，每天總會抽出一些時間和孩子遊戲娛樂，在遊戲中與孩子交流感情。在和父母的遊戲娛樂中，孩子能學到一些與人交往的知識和技巧，特別能體會到父母對自己的關心和愛護。這樣，孩子在與同伴交往時會更輕鬆，也增強了與他人交往的信心。

可見，要培養孩子樂觀的性格，家長自己首先要保持樂觀友好的態度，不要動不動就責罵孩子。這些都可能影響到孩子的身心健康與樂觀性格的養成。

美國兒童教育專家塔尼可博士提出的「培養孩子樂觀心態」的建議如下。

➤ **勿對孩子控制過嚴**：身為家長，當然不能對孩子不加管教、聽之任之，但是控制過嚴又可能壓制兒童天真爛漫的童心，對孩子的心理健康產生消極作用。不妨讓孩子在不同的年齡階段擁有不同的選擇權。只有從小能享受選擇權的孩子，才能感到真正意義上的快樂和自在。

➤ **鼓勵孩子多交朋友**：不善交際的孩子大多性格壓抑，因為時時可能遭受孤獨的煎熬，享受不到友情的溫暖。不妨鼓勵孩子多交朋友，特別是同齡朋友。本身性格內向、壓抑的孩子更適宜多交一些開朗樂觀的朋友。

第六章　用正面情緒引導孩子的注意力

- **教會孩子與人融洽相處**：和他人融洽相處者的內心世界較為光明美好。父母不妨帶孩子接觸不同年齡、性別、性格、職業和社會地位的人，讓他們學會和不同類型的人融洽相處。當然，孩子首先得學會跟父母和兄弟姐妹融洽相處，跟親戚朋友融洽相處。此外，家長自己應與他人相處融洽，做到真誠待人，不仗勢欺人，不在背後隨意議論別人，為孩子樹立一個好榜樣。

- **物質生活避免奢華**：物質生活的奢華會使得孩子產生一種貪得無厭心理，而對物質的追求往往又難以獲得自我滿足，這就是為何貪婪者大多並不快樂的根本原因。相反，那些過著簡單生活的孩子，往往只要得到一件玩具，就會玩得十分高興。

- **讓孩子愛好廣泛**：一個孩子如果僅有一種愛好，就很難保持長久的快樂感覺。試想：只愛看電視的孩子一旦晚上沒有合適的節目時，心頭必然會鬱鬱寡歡。相反，如果孩子看不成電視時愛讀書、看報紙或玩遊戲，同樣可以樂在其中。

- **擁有適度的自信**：擁有自信與快樂性格的形成息息相關。對一個因智力或能力有限而充滿自卑的孩子，家長務必發現其長處發揚光大，並審時度勢地多表揚和鼓勵。來自家長和親友的正面肯定無疑有助於孩子克服自卑、樹立自信。

- **創建快樂的家庭氣氛**：家庭的氣氛，家庭成員之間的關係，在很大程度上會影響孩子性格的形成。研究顯示，孩子在牙牙學語之前就能感覺到周圍的情緒和氛圍，儘管當時他還無法用語言來表達。可以預見，一個充滿了敵意甚至暴力的家庭，絕對培養不出開朗樂觀的孩子。

另外，父母要多留心孩子情緒上的變化。當孩子悶悶不樂時，無論多忙，也要擠出時間和孩子交談，鼓勵孩子表達自己的心境。當孩子無法輕易表達或者無法確切地表達自己的心境時，父母可以想一種辦法來轉移孩子的注意力，如拿出孩子平時最喜歡的玩具、圖書，或帶孩子去公園、郊外散步，自然界的景色尤其會分散孩子的注意力，使其在獲得新的樂趣的同時，自然忘掉過去的不愉快。

給孩子正面的心理暗示

兩位媽媽分別帶著自己的孩子在公園裡玩耍。當看到美麗的蝴蝶在草地上翩翩起舞時，兩個孩子奔跑著去追趕，不小心都摔倒了。

一位媽媽趕緊跑過去，抱住孩子心疼地說：「乖乖，摔痛了吧？」孩子「哇」的一聲大哭起來：「我好痛啊。」而另一位媽媽則站在一旁，淡淡地說：「沒關係，自己爬起來。」這位孩子若無其事地爬起來，又繼續奔跑著玩去了。

同樣是摔跤，為什麼有的孩子顯得脆弱嬌氣，而有的孩子卻表現得堅強勇敢呢？這跟兩位媽媽不同的表現有關。前一位媽媽緊張不安的態度在暗示孩子，摔跤是很疼的，從而在心理上增加了孩子疼痛的感覺，使孩子變得嬌嫩，這是消極的暗示。而另一位媽媽淡然平靜的態度卻暗示著孩子，摔跤沒什麼大不了，自己應該勇敢爬起來，這是積極的暗示。

心理學家說，暗示是指透過語言、手勢、表情等施加心理影響的過程，暗示的結果是使受暗示的人在心境、情緒、興趣、意志方面發生變化。暗示教育最大的特點就是「暗」，在潛移默化、不知不覺中影響孩子稚嫩的心靈。

積極的心理暗示帶給孩子的是積極的認知和體驗。與說理教育相比，

第六章　用正面情緒引導孩子的注意力

暗示教育能融洽教育者與被教育者之間的關係，含蓄而委婉，避免說理教育帶給孩子的壓抑感和叛逆心理，使孩子於無形中養成良好的道德認知和行為舉止以及堅強的情感意志。據調查，有接近 90% 在品格、意識和智力方面有傑出表現的人，年幼時期都感受過來自家長的積極暗示。

孩子的知識貧乏，沒有主見，判斷能力差，他們在心理上具有容易接受暗示的特點，可塑性很強，不管成人流露出什麼，他們都會當真，極容易認同，所以在孩子的生活環境裡，家長應努力為孩子創設積極暗示的環境，給孩子快樂、勇氣、信心和力量。

小丹就要參加學測了，考前的第一次模擬考試，小丹考得很不理想，回家後，小丹哭著告訴媽媽自己的成績不理想。

媽媽對小丹說：「依你現在的考試成績，上個大專已經不成問題，而且現在離學測還有兩個月的時間，只要你努力，奇蹟有可能會發生在你身上。」媽媽還告訴小丹「要相信自己」，並進行正面的自我暗示，比如「讀書對我很容易」、「我相信自己的實力」，每天在自己的心裡認真地多唸幾遍，就會增強自己的信心。

小丹照著媽媽說的去做，結果發現自己的心態非常好。這種正面的自我暗示一直堅持到學測結束，結果，小丹考上了自己理想的大學。

其實，這不是奇蹟的發生，而是自我暗示的結果。正因為正面的心理暗示有著如此卓越的效果，因此，家長要教育孩子用積極、健康、正面的暗示來幫助自己，阻止有害的、消極的暗示。學會了積極的自我暗示，將令孩子終身受益。

那麼，家長可以從哪些方面對孩子進行積極的心理暗示呢？

➤ 語言暗示

‧ **設喻法**：教育孩子時，曉之以理的「理」，不一定非要直白地說出

來，有時透過設喻、講故事、玩遊戲、角色體驗等點撥啟發孩子，讓其從中懂得道理，能達到很好的教育目的。

- **對比法**：在糾正孩子的錯誤時，家長採用對比的方式，為孩子樹立榜樣，利用榜樣的力量感染孩子，使其不斷進步，注意恰當運用暗示性對比，以免傷害孩子的自尊和信心。

- **激將法**：好勝心強是孩子的天性，生活中家長不妨用暗示性的語言激起孩子的好勝心，往往能起到事半功倍的效果，促使他很快去完成某項事情或達到某種要求。

➤ 非語言暗示

- **神態表情**：神態表情是人心靈和內在情感的直接表現，家長可借助神態表情給孩子積極的暗示教育。孩子獨立完成一件事時，給孩子讚賞、肯定的眼神，讓孩子體會到成功的愉悅；孩子遇到挫折時，給孩子鼓勵、安慰的目光，讓孩子感受到勇氣和力量。這些飽含情感和愛的積極暗示，能對孩子產生更大的影響。

- **行為舉止**：家長是孩子的第一任老師，他們的一舉一動都時刻影響著孩子，為孩子所效仿。家長自覺排隊，用行為暗示孩子，插隊的人是不受歡迎的；在公共場所不隨地亂丟果皮紙屑，也會讓孩子學會自覺把垃圾丟到垃圾桶裡。家長良好的行為舉止都在無形中暗示孩子正確的道德、行為規範。

暗示用得好，就像一陣潤物無聲的細雨，悄悄滋潤著孩子稚嫩的心靈，對於培養孩子規範的舉止、優良的品性、良好的習慣具有很重要的意義。讓我們多給孩子一些積極的心理暗示吧。

除此之外，在對孩子進行暗示時，家長還應該注意到以下幾個方面。

第六章　用正面情緒引導孩子的注意力

➤ **不要過度強調孩子的毛病**：比如，許多孩子知道自己有粗心大意的毛病，而且家長也會不斷提醒孩子不要粗心，因此，每次到考試的時候孩子就會尤其緊張，而過分緊張又會導致孩子更粗心。

針對孩子的這種狀況，家長不要經常提醒孩子有粗心大意的毛病，而要有意忽視孩子的粗心，加強孩子對感覺的訓練，在孩子沒有粗心的時候及時給予鼓勵和表揚，讓孩子不斷體驗成功，促進孩子更加認真細心。

對於粗心大意的孩子，家長可以給孩子一個本子，讓孩子把每次作業中的錯題抄在本子上，並找出錯誤的原因，寫出正確的答案。這個本子實際上成了孩子集錯本。孩子在分析錯誤的原因時會發現，大多是因為自己的粗心大意造成的，這樣有利於孩子意識到錯誤的危害，下決心改正。讓孩子記錄自己的錯誤，是孩子進行自我教育的最好辦法。

➤ **教孩子積極的自我提醒**：當孩子參加一些競賽、考試等富有挑戰性的活動時，家長要教孩子在心裡暗暗提醒自己：「自信，沉住氣，我會取得成功的。」這樣，孩子就增強了自信，情緒就會恢復平靜，避免不良情緒造成的消極後果。

➤ **告訴孩子，自我暗示要用正面積極的語言**：用正面語言進行自我暗示。比如說：「我一定能成功」，而不說「我不可能失敗」；說「讀書對我來說很容易」，而不說「讀書並不難」。因為正面的自我暗示在人的頭腦裡種下的是成功的種子，這樣，潛意識就只會為你去爭取成功；而後者種下的是消極的種子，潛意識會為自己的失敗找藉口。

不要給孩子消極的心理暗示

日本腦科專家，七田真教授說過：每個孩子都會成長為父母們想像中的樣子，積極的態度塑造出積極的孩子，而消極的態度，也一定會塑造出消極的孩子。如果家長總認為「這孩子粗心大意，注意力不集中」、「這孩子不聽話」、「沒有一點長處」……那麼，孩子就會忠實地按照父母的這種想法成長起來。也就是說，孩子有出息或者沒出息，其原因就在於他們的父母，他們呈現出的狀態正是父母教育的結果。因此，想要自己的孩子「注意力集中」、「讀書能力強」，家長們就應該停止用消極的態度來對待自己的孩子。

可是，令人遺憾的是，並不是所有的家長都能意識到這一點。因此，在現實生活中，我們總是有意或者無意中對孩子採取消極的態度，使用了負面語言。

下面，讓我們來看看以下的這個案例。

一個春意融融的下午，小飛又一次被媽媽帶到了心理醫生面前。

剛剛坐定，小飛媽媽就開始訴苦：「我生小飛的時候不大順利，醫生給他吸了氧，還告訴我孩子以後可能會有一些智力上的問題，也可能有其他的問題。」

媽媽嘆了一口氣：「他今年都9歲了，和別的孩子就是不一樣。先天不足，智力有問題，又不專心，板凳沒坐熱，就不知到哪裡去了，學業成績別提了，班級裡的後五名，真不知道他以後會怎樣。」

媽媽越說越激動：「我帶他去了不少醫院，也做了很多檢查，可是沒查出是什麼毛病。」

「我估計還是他腦子有毛病。」

第六章　用正面情緒引導孩子的注意力

當醫生把目光轉向小飛時，小飛依然無動於衷。媽媽推了推小飛，小飛不假思索地說：「媽媽說我腦子有毛病，我也覺得是，上課也無法專心聽課。」

不等小飛把話說完，媽媽又對醫生說：「醫生，你說這孩子可怎麼辦才好？」

但是，在心理醫生看來，小飛的「病情」並不是什麼智力問題。果然，經過智力測定，小飛的智力水準完全正常，不存在智力低下的問題。

那麼，小飛為什麼無法把注意力放在課業上？

事實上，小飛學業成績不好，完全是小飛媽媽消極的心理暗示造成的結果。因為媽媽總在小飛面前提到，醫生說過小飛可能會有智力問題，而現實生活中，小飛又確實無法集中注意力讀書，學業成績上不去，以至於小飛也自認為自己的智力有問題。

每個孩子在學業和生活中總會接受這樣或那樣的心理暗示，這些暗示有的是積極的，有的是消極的，而一些敏感、脆弱的孩子就容易接受暗示，如果長期接受消極和不良的心理暗示，就會使孩子的情緒受到波動，讓孩子的學業和生活造成一定的負面影響。

故事中的小飛就是因為長期受到不良的心理暗示，導致注意力無法集中，以致學業成績不斷下降。施加不良心理暗示的人往往是被暗示者身邊最愛、最信任和最依賴的人，比如父親或者母親，如果父母長期對孩子施加不良心理暗示，必然會影響孩子的認知思維過程，使孩子形成不良的心理反應和行為模式。而對於缺乏辨別能力的孩子來說，不良的心理反應易於形成和固定下來，嚴重的甚至會影響孩子一生的發展。

身為家長，對於孩子正常發展具有很重要的作用，尤其是父母，一言一行都會對孩子的心理和發展產生促進或抑制的作用。所以，不管在什麼

樣的情況下，父母都要盡量對孩子進行積極健康的心理引導，讓孩子形成正確地認識自己和評價自己的能力。正確的做法如下。

不要過於看重孩子的錯誤

在我們的生活中，常有一種偏差的想法是：「找出錯誤，才能進步。」在這種錯誤觀念的推動下，許多「恨鐵不成鋼」的家長們似乎都成了專門從雞蛋裡挑骨頭的專家。動不動就指責挑剔孩子，造成很多孩子不必要的挫折和信心喪失；更有一些孩子非常害怕犯錯，但越是害怕犯錯，就越容易犯錯。如果孩子感覺不到自己的「進步」，時間久了，他們自然就開始破罐子破摔，一錯到底了。

因此，身為家長，如果你希望自己的孩子成長進步，就不要一直挑孩子的錯誤，不必對孩子的錯誤耿耿於懷，相反，你應該鼓勵孩子建立起一種價值感，把錯誤當成成功的一塊跳板，這樣，在錯誤中，孩子學會的是總結與跳躍。一個善於從「錯誤」與「失敗」中總結經驗的孩子，怎麼可能不成功呢？

相信孩子，給予孩子積極的期待

成人有益的幫助會導致兒童積極的發展趨向；反之，消極的期待則會導致兒童發展趨向於消極。如果一個家長認為自己的孩子不可能做好某件事，得到的結果通常就是如此。

趙明想參加學校足球隊的選拔，爸爸覺得他才三年級，各方面的條件還不夠，於是對趙明說：「明明呀，我覺得你今年是選不上的，為什麼不等明年再參加呢？等到明年的時候，你的年紀大一點，技術更成熟一點，選上的可能性就很大了。」

第六章　用正面情緒引導孩子的注意力

　　但是，固執的趙明不聽爸爸的話，他堅持今年一定要參加。

　　爸爸見趙明這麼堅決，只好無奈地說：「好吧！那你想參加就參加吧，不過你可別說我沒有事先提醒過你。」

　　到了選拔時，趙明「果然」如爸爸預料的，沒有選上，他因此非常沮喪，覺得自己不是踢足球的料，從此，對足球失去了興趣。

　　其實，故事中的爸爸並不是要泄他的氣，他只是希望趙明準備好以後再參加。然而，趙明卻覺得爸爸是在暗示自己沒有能力。在這種消極的「情緒」的影響下，趙明失敗是意料之中的事情。

　　事實上，期望對孩子的影響很大，當家長不相信孩子的能力，預期孩子會失敗時，孩子就會在心理或者言行上表現出沒有信心，最終導致失敗。反之，如果家長相信孩子的實力，鼓勵孩子，給孩子積極的期待，那麼孩子就有可能成功。因此，相信孩子，給孩子積極的期待吧！別讓你的孩子成為負向期望的犧牲品。

以身作則，做孩子的榜樣

　　這是兩個經歷相似，學歷相同，社會地位同等的父親。然而，面對生活中不如意的時候，第一個父親往往是樂觀、公正地看待它，分析造成眼前不便的原因；而第二個父親表現出來的則是麻木和消極抵抗。

　　兩個父親各有一個兒子，他們一樣的健康、聰明。上學後，他們卻不可避免地在生活和課業中，面對著老師的誤解和考試成績的不理想。這時候第一個父親往往靜下心來，幫孩子一起尋找癥結，教他解決的方法。第二個父親則是當著孩子的面狠狠地詛咒社會和老師，彷彿所有的波折都是有意讓他們父子難堪。

　　一次，發生了地震，兩個孩子都被埋在廢墟下。他們周圍沒有人，沒

有食物，只能等外面的救援，第一個孩子表現得很冷靜，他盡量減少活動，保持體力和足夠的勇氣，然後用磚頭不斷地敲擊樓板，發出救援的信號；而第二個孩子當時就嚇懵了，他絕望地哭了起來。等救援隊找到他們時，第一個孩子還頑強地活著，第二個孩子卻離開了這個世界。

你看，家長的處世態度對孩子有著多麼大的影響呀。一個心態消極，總喜歡抱怨的家長也會潛移默化地影響到孩子的成長，給他們的心理帶來陰影，讓自己的孩子變得和自己一樣消極，而心態積極樂觀的家長，也會讓孩子變得更加積極、樂觀、向上。

因此，身為家長，特別是心態消極的家長，一定要從孩子的角度出發，重新塑造自己的人格，力圖調整好心態，使自己具備達觀的人生態度，形成好的榜樣作用。這樣，才能提供給孩子一個塑造優秀人格的溫床。

▍讓孩子保持輕鬆的心態

有這樣一位家長，由於客觀原因沒有機會上大學，他就希望自己的孩子能成為有知識、有出息的人。

這種想法本來無可厚非，但是，這位家長對孩子要求很高，管得很嚴。孩子在家長的督促下，讀書一直很努力，學業成績也一直不錯。

儘管如此，這位家長對孩子的課業還是放心不下，時時提醒孩子要爭氣，並不斷對孩子提出更高的要求。

「你要給父母爭光呀！」

「你一定要考上大學呀！」

「你必須名列前三名呀！」

這位家長要求孩子必須在班級裡是前三名，有時，孩子達不到家長的

要求，他就冷言冷語地譏諷孩子，還經常警告孩子，如果不按家長的目標奮鬥，就上不了大學，就是給父母的臉上抹黑。

家長的做法讓孩子的心理蒙上了陰影。孩子也很懂事，認為考不上大學，就對不起自己的父母。但同時又感到困惑，是家長不信任自己，還是自己真的不行？

久而久之，家長不斷的埋怨、責備，讓孩子感到沉重的壓力，又不敢對父母講，因為孩子與父母之間的話題只有讀書和成績。於是，孩子逐漸喪失了對學業的信心，高三時，這個孩子已經沒有了參加學測的勇氣。

在一些家長的觀念中，以為孩子只有緊張、緊張、再緊張，才能激發潛能，學出好成績。殊不知，孩子不像成人那樣善於自我調節，他們不懂得如何把壓力轉化為動力。如果孩子的生活被塞得滿滿的，其結果必然會使孩子徒增壓力，讀書也會變成一種負擔。

就像在課堂上，為什麼有些孩子能夠始終注意力集中，而有些孩子的注意力卻無法集中？除了有沒有學習的目標、興趣和自信之外，還有一個就是善不善於排除自身的干擾。

有時候，一個人要排除的不是環境的干擾，而是內心的干擾。環境可能很安靜，比如在課堂上，周圍的孩子都坐得很好，但是，如果孩子自己內心有一種騷動，有一種干擾自己的情緒活動，有一種與課業不相關的興奮，那麼，他就不可能集中注意力。

對各種各樣的情緒活動，每個孩子要慢慢學會將它們放下來，予以排除。有的時候，並不是周圍的人在騷擾，而是自己心頭有各種各樣浮光掠影的東西。要去除它們，這種抗干擾的能力是要訓練的。

父母可以透過下面的放鬆訓練來幫助孩子排除內心的壓力和干擾。

全身放鬆法

讓孩子舒適地坐在椅子上或躺在床上，然後向身體的各部位傳遞休息的資訊。

先從左腳開始，使腳部肌肉繃緊，然後鬆弛，同時暗示它休息，隨後命令脖子、小腿、膝蓋、大腿，到軀幹都休息。之後，再從腳到軀幹。然後，從左右手放鬆到軀幹。接著，再從軀幹開始到頸部、到頭部、臉部全部放鬆。最後，將內心各種情緒的干擾隨著這個身體的放鬆都放到一邊。

這種放鬆訓練的技術，需要反覆練習才能較好地掌握，而一旦孩子掌握了這種技術，他們就能在短短的幾分鐘內，釋放壓力，達到輕鬆、平靜的狀態。

調息放鬆法

一種最簡單但可能頗為有效的努力就是控制呼吸，透過深呼吸緩解焦慮。

具體的做法是：保持坐姿，身體向後靠並挺直，鬆開束腰的皮帶或衣物，將雙掌輕輕放在肚臍上，要求五指併攏，掌心向下。把肺想像成一個氣球，先用鼻子慢慢地吸足一口氣，直到感覺氣球已經全部脹起，並保持這個狀態兩秒鐘，再慢慢、輕輕地吐氣。連續做 10 分鐘甚至更長時間。

想像放鬆法

想像放鬆法主要是透過對一些廣闊、寧靜、舒緩的畫面或場景的想像達到放鬆身心的目的。這些畫面和場景可以是大海，或躺在小舟裡在平靜的湖面上飄蕩等。

第六章　用正面情緒引導孩子的注意力

肌肉放鬆法

肌肉放鬆法也是最常用的專業放鬆方法。頭部放鬆用力皺緊眉頭，保持 10 秒鐘，然後放鬆；用力閉緊雙眼，保持 10 秒鐘，然後放鬆；皺起鼻子和臉頰部肌肉，保持 10 秒鐘，然後放鬆；用舌頭抵住上顎，使舌頭前部緊張，保持 10 秒鐘後放鬆。

頸部肌肉放鬆將頭用力下彎，努力使下巴抵達胸部，保持 10 秒鐘，然後放鬆。

肩部肌肉放鬆將雙臂平放身體兩側，盡量提升雙肩，保持 10 秒鐘，然後放鬆。

所謂放鬆是指努力體會肌肉結束緊張後的舒適、鬆弛的感覺，比如熱、痠、軟等感覺。每次可用 15 至 20 秒鐘左右的時間來體會放鬆感。

呼吸練習

10 歲以上的兒童可以做些呼吸練習。

➤ **交替呼吸**：讓孩子用右手大拇指輕輕堵住右鼻孔，用左鼻孔慢慢地吸氣。同時數 1、2、3，然後用中指輕輕地堵住左鼻孔，大拇指放開，用右鼻孔呼氣。一邊數 1、2、3，一邊呼出剛才吸入的空氣。反過來，用右鼻孔吸氣，用左鼻孔呼氣。反覆做幾次。

➤ **均勻地呼吸**：進行了一段時間的呼吸訓練後，孩子吸氣時說「吸」，呼氣時說「呼」。練習方式如下：

吸氣 —— 1，2，3，4；

呼氣 —— 1，2，3，4。

讓孩子試試能否計數呼吸。這種方式適合於四年級以下的學生練習。

對於五六年級的小學生可用下列方式：

吸氣 —— 1，2；

屏氣 —— 1，2，3，4；

呼氣 —— 1，2。

這種呼吸練習可以每天做幾分鐘。

或許家長也感到自己很忙很累，總被生活的壓力壓得喘不過氣來，沒有時間引導孩子放鬆自己。實際上，家長忙亂的感覺也會影響到孩子，而且孩子的許多壓力就是由家長製造出來的，所以，想讓孩子放鬆身心，家長也要想辦法讓自己放鬆。唯有家長自己學會了放鬆，必然能夠為孩子創造一個輕鬆的環境。為了讓孩子與自己都能輕鬆地感受生活，家長不妨給自己安排出一個安靜的時間，坐下來和孩子談談心，討論一下這幾天過得怎麼樣，有什麼感覺。或者晚飯後和孩子一起出去散步，這既放鬆了自己，自然也減輕了孩子的壓力。

另外，父母可以在家中養一些小鳥、小狗、小貓、小兔子、小烏龜等小動物，在孩子了解動物的習性後，幫助父母照顧這些小動物，一方面可以培養孩子愛護、照顧動物的責任感，另一方面也可使孩子的身心得到放鬆。

此外，家長還可以在家中養一些植物或盆栽。孩子對植物都有好奇心，也有興趣觀察它們。父母透過給家中的植物或盆栽澆水、摘除敗葉、施肥等活動使孩子認識植物，在辨認植物的顏色、香味、葉片的形狀的過程中，使心情愉悅，身心放鬆。

▌讓孩子多參加體育鍛鍊

現在的很多家長雖然都重視孩子的健康，但側重點還是放在飲食和保健品上，特別是為了防止孩子生病，家長總希望買一些保健品來增加孩子的免疫力。而把鍛鍊身體作為增強孩子的抗病能力、訓練孩子的注意力的

最佳方法卻一直被家長忽視著。

其實，不管是調皮的孩子還是文靜的孩子，他們都需要做運動。因為，孩子經常進行體育鍛鍊可促進身體各個部位、各器官、各系統的機能協調發展，長期堅持鍛鍊，會使各種身體素質、基本活動能力和適應能力都得到全面均衡的發展。而且對孩子的注意力的發展和心理健康也有所幫助。家長應積極帶頭參與，並督促孩子積極參加體育鍛鍊，培養他們對體育鍛鍊的興趣。適度的運動量可使學生產生愉悅和興奮感，進而促使他們更加積極主動地進行體育鍛鍊。

家長在引導孩子鍛鍊身體時，要使鍛鍊取得實效，就必須進行科學鍛鍊，否則會事倍功半，甚至事與願違，引導孩子進行體育鍛鍊時，應注意以下幾點。

➤ 家長應指導孩子選擇適合於自己的鍛鍊項目、方法、運動量及時間等，以取得最佳效果。

➤ 初始鍛鍊時，應注意選擇孩子感興趣的運動專案和運動方式，選擇一些帶有娛樂性質的體育專案，例如：慢跑、打羽毛球、踢毽子、跳繩、打太極拳等，從而激發他們對體育運動更大的興趣以提升持久性，形成積極主動參與體育鍛鍊的好習慣。

➤ 體育活動的安排應該由易到難、由簡到繁、由慢到快地逐步進行，切不可急於求成。中學生經常過高地估計自己的能力，因此要幫助孩子合理安排體育鍛鍊，從開始參加體育鍛鍊，過渡到經常進行體育鍛鍊，然後再到進行比較激烈的體育競賽。

➤ 運動技能的掌握也必須先易後難、先簡後繁、由慢到快。運動技能需要經過反覆練習才能掌握。要讓孩子知道，簡單、單個和慢速動作是複雜、組合和快速動作的基礎。

➤ 進行體育鍛鍊時，運動量的增加應該是兩個波浪式的漸進過程。循序漸進，逐步發展。如果急於求成或片面追求大運動量，不但容易造成傷害事故，還會影響孩子身體正常的生長發育。

➤ 體育鍛鍊要做到持之以恆。俗話說：「冬練三九，夏練三伏」。體育鍛鍊強身健體的效果不是一次兩次就能達到的，要經過長時間的堅持不斷的鍛鍊，才能收到實效。而且，堅持不懈地開展體育鍛鍊活動，還有利於培養孩子的意志力、自制力和注意力，使之形成良好的個性。

➤ 一般透過測量脈搏、血壓、體重的變化和觀察來分析判斷孩子的運動量是否合適。如運動量適宜，則脈搏、血壓變化不明顯，體重無明顯下降的趨勢，食慾、睡眠及精神狀態均良好。如出現上課注意力不集中，打瞌睡的現象或食慾不振、不易入睡、多夢、乏力、盜汗、心慌、自信心動搖以及對鍛鍊產生厭惡感等現象，說明運動量過大，導致了身心疲勞，應立即減少運動量。

第六章　用正面情緒引導孩子的注意力

第七章
在生活中，有目的地訓練孩子的注意力

高效的注意力不僅是在平時的生活與讀書中形成的，更是後天強化訓練的結果。在平常生活中，只要我們經常對孩子進行有效的注意力訓練，我們就可以幫孩子訓練出高效的注意力來。

第七章　在生活中，有目的地訓練孩子的注意力

▌孩子的視覺注意力訓練

　　著名的京劇大師梅蘭芳小的時候，眼皮下垂，兩眼無神。他的啟蒙老師告訴他：「你這樣的眼神是不適合學唱京劇的。」

　　梅蘭芳很受打擊。為了治好自己的眼睛，他想出了一個好辦法。梅蘭芳每天把家裡的鴿子放出去，當鴿子在天空飛翔時，梅蘭芳就用一杆頂端拴了紅綢子的長竹竿，指揮鴿子起飛，如果鴿子下降，他就把綢子換成綠色的。

　　有趣的是，鴿子喜歡混在一起飛，如果自家的鴿子訓練得不熟練，很可能讓別人家的鴿子拐走。因此，梅蘭芳要手舉高竿，不斷搖動，給鴿子發出信號，同時還要仰著頭，抬著眼，極目注視著高空中的鴿群，要極力分辨出裡面有沒有混入別家的鴿子。

　　經過長期的訓練，梅蘭芳的眼皮不下垂了，眼神不呆滯了，注意力也更加容易集中了。

　　後來，梅蘭芳發奮學戲，創立了梅派，成為中國一代京劇宗師，名列「四大名旦」之首。

　　也許，有些家長會說，我的孩子又不需要學唱戲，他也要進行視覺訓練嗎？答案是肯定的。因為，一個人的視力與他的注意力是有一定關係的。當一個人目不轉睛地盯著圖畫看的時候，那代表他的注意力高度集中，正在聚精會神地思考問題。當一個人目光渙散，沒有視力焦點的時候，則代表他的思維正處於無緒狀態，或者是沉浸在想像當中。一個視覺能力弱的孩子在閱讀時會產生錯字、漏字、跳行、串列等現象，另外對形狀、方向的識別、空間關係、位置關係、距離關係等的判斷都會產生困難，自然也影響對事物的觀察能力。因此，訓練孩子的視覺注意力勢在必行。

視覺注意訓練分視覺集中、視覺追蹤、視覺轉移三種。

所謂視覺集中，就是指將視力集中在某一點上，長期練習，可讓孩子集中注意力。比如，一個人要射箭，就必須注意力集中，對準目標，在最關鍵的時候射箭。如果注意力有一點點不集中，就不可能射中。因此，練習射箭的人，往往會將一個中間有一個小洞的小銅錢掛在遠處，經常遠遠注視它，努力去分辨出銅錢的空心。練到一定的時候，當他們能夠輕鬆地射中銅錢的空心時，他們才進行更進一步的訓練。

視覺追蹤指的是，一個人的眼睛跟蹤著某一物體，使其在自己的視線範圍之內。視力追蹤，一般用於閱讀、計算水準的低級階段，以及容易出錯的繁瑣的計算中。我們經常發現，會計在閱讀報表，累計大串數字時，會一邊用筆尖順著數字滑動，一邊口中唸唸有詞，以便集中注意力。會計手中的筆就是視力引導工具。使用視力引導工具能夠大大改善注意力集中的水準，並且能夠促使眼睛進行平穩的、有節奏的運動，可以幫助閱讀者糾正看書過程中反覆、回跳和視線游離等注意力分散狀況。不僅使閱讀速度得到提升，而且還增強對閱讀內容的理解和記憶。

視覺轉移指的是，引導孩子跳躍式注意某些東西。如隔行注意等。

以下為提升孩子視覺注意的練習，這些訓練有助於提升孩子的視覺注意能力。

視覺集中訓練

視覺集中訓練一：靜視練習

在房間裡找一樣東西，可以是一張椅子或一盆花，放在前方約 60 公分處，讓孩子的眼睛平視前方，自然眨眼，集中注意力注視這一件物體約 15 分鐘。在這段時間內，要專心致志地仔細觀察。然後，讓孩子閉上眼

第七章　在生活中，有目的地訓練孩子的注意力

睛，努力在腦海中勾勒出該物體的形象，盡可能地加以詳細描述，最好用
文字將其特徵描述出來。然後再重複細看一遍，如果有錯，加以改正。

　　用靜觀的方法，不僅可以改善觀察力、注意力，而且可以提高記憶力
和創造力。

視覺集中訓練二：注視一點不動

　　家長不妨和孩子一起動手，做一張中間畫著一個黑點的白紙卡片（如
下圖）。然後，平置於距離孩子眼睛 30 公分處，讓孩子目不轉睛地連續
盯視一分鐘，盡量不眨眼睛，看黑點下面是否出現白色晃動的光暈。之
後，看牆壁上是否有一個白色圓點，數從看到白色圓點到消失時間的長短
（可數數，一秒一個計算）。連續做 3 次，每天做這樣的練習，連續 15 天。

（圖：一個黑點）

　　這種練習以黑點後的白色光暈出現得越來越快、牆上白色圓點持續的
時間越來越長為好。因為這與啟動視網膜上的視錐細胞、視桿細胞的程度
有關，肯定也與訓練次數的逐漸增多成正比，堅持對孩子進行訓練，就能
見到效果。

視覺集中訓練三：讀數字

　　家長向孩子出示 250 個數字。要求孩子準確、清楚而快速地讀這 250
個數字。家長要幫忙孩子檢測讀數的情況，並把讀錯的次數和所用的時間
寫下來。兩天練習一次，堅持一段時間。

14158	26353	67890	23457	26609
83425	50322	47927	89533	37510
58729	34825	67890	59230	07862
20889	86280	34856	33211	70629
82148	08658	49760	74502	79603
46097	37867	84129	53226	60924
02841	64437	76197	54930	38196
44288	25405	66743	76178	28467
64832	53210	37846	05473	19095
87639	01438	65759	98756	42330

視覺集中訓練四：讀倒寫的故事

訓練時，讓孩子集中注意力讀，爭取加快速度並減少錯誤。請家長幫忙檢測讀故事的情況，然後，把讀錯的次數和所用的時間記錄下來。以錯誤少，速度快為好。以後，家長可以經常對孩子進行這樣的練習。

北風和太陽

。勝利告宣就誰，服衣的人路下剝能誰：定商們他。量力有最誰底到論爭陽太和風北

？做樣怎會底到陽太看看要，陽太訴告它。望希的利勝了棄放於終風北，後最。衣大的己自住包地緊緊是越人路，烈猛是越風的它是但。風冷出吹力盡它，量力的它示顯先首風北

。來澡起洗裡溪小在，服衣了光脫然竟，後最，套外掉脫始開就，氣熱的烘烘暖陽太到覺感經已們人，時多不。人路暖溫去光陽的它用上馬陽太

。量力有更風暴比暖溫，見可

197

第七章　在生活中，有目的地訓練孩子的注意力

視覺追蹤訓練

視覺追蹤訓練一：筆尖遊戲

父母與孩子一起看同樣的書，然後尋找書中的某些關鍵字語。要求在看書的時候拿支筆，看到重點的地方畫條線。這樣，孩子的眼睛會不自覺地跟著筆尖走，不僅能夠提升閱讀速度，而且可以幫助孩子糾正看書過程中注意力分散的不良習慣。

視覺追蹤訓練二：圈字訓練

要求孩子把 6 後面第二個數字全部打圈。

35915693698245236502366525362260236950029541335877896431255796831254975512356545687985425484585567845784578458547874455122342422124956327562148963258963147075858289070917096087475651562956154565678794346321616462474585296359624689712213215216521322132486897456354120520627602489537568450218974592303465877896541238780787172987578741998676354302151293425896541230789453126987025893054510578932542024852135677920102154810542363542104865717327987090708172890421789043540659676098876354325172432709876543678908774184905769584928464922124874921415928
2

視覺追蹤訓練三：掃視直線

　　首先，家長和孩子一起動手，製作一張卡片（如下圖）。然後，將卡片平置，眼睛距圖 20 公分，頭不轉動（頭上可以頂裝有米的杯子）。眼睛由黑圈開始沿箭頭方向處掃視，之後，再返回向黑圈處掃視。在掃視的過程中，必須把線上的每個黑點看清。在一分鐘時間內，記住掃視的次數（以從黑圈到黑點，再由黑點返回到黑圈為一次）。

　　以在規定時間內（三個 1 分鐘），看清黑點，並以掃視的次數多為好。

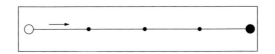

視覺追蹤訓練四：掃視折線

　　先製作一張卡片（如下圖）。再將卡片平置，眼睛距圖 20 公分，頭不轉動（頭上可以頂裝有米的杯子）。眼睛由黑圈開始沿箭頭方向處掃視，之後，再返回向黑圈處掃視。在掃視的過程中，必須要把線上的每個黑點看清。在一分鐘時間內，記住掃視的次數（以從黑圈到黑點，再由黑點返回到黑圈為一次）。

　　以在規定時間內（三個 1 分鐘），看清黑點，並以掃視的次數多為好。

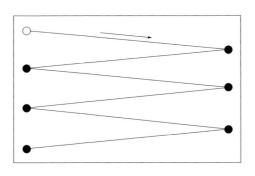

第七章　在生活中，有目的地訓練孩子的注意力

視覺轉移訓練

視覺轉移訓練一：加法計算

訓練過程：

1. 將相鄰兩數相加，如 3、5 等於 8，將和數 8 寫在第三格內。
2. 再將第二和第三個數相加，和數寫入第四格內（超過 10 的，只寫個位數。如 5 + 8 = 13，就只在第四格內寫「3」）。
3. 直至出現與第一、第二數（3、5）相同的數的循環時為止。
4. 數出循環出現前共有多少個數。
5. 把循環數的個數和發生錯誤、重新計算的次數記錄下來。

第 1 題

3	5	8	3											

第 2 題

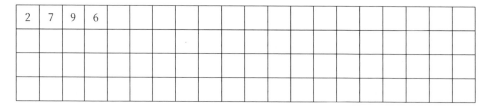

2	7	9	6											

　　這個練習需要很細心地進行計算，只要有一個地方出錯，後面就全都錯了。如果一旦無法循環或很快開始一輪新的循環，就是出錯了，要重新

開始。此練習以重複計算的次數越少，所需的時間越短越好。讓孩子經常做這樣的練習，一段時間後，孩子就能做得又好又快。

視覺轉移訓練二：減法計算

練習過程：

1. 將相鄰二數相減，如 5、2 等於 3，將差數 3 寫在第三格內。

2. 再將第二和第三個數相減，差數寫入第四格內。不夠減時，自動變為十幾。如 3 － 7 不夠減，就自動變為 13 － 7，然後把差數 6 寫在第四格內。

3. 直至出現與第一、第二數相同的數循環時為止。

4. 數出循環出現前共有多少個數。

5. 把循環數的位元數和發生錯誤、重新計算的次數記錄在第 3 個表中。

第 1 題

5	2	3	9														

第 2 題

5	1	4	7														

這個練習同樣需要很細心地進行計算，只要有一處地方出錯，後面就

第七章　在生活中，有目的地訓練孩子的注意力

全都錯了。如果一旦無法循環或很快開始一輪新的循環，就是出錯了，要重新開始。此練習以重複計算的次數越少，所需的時間越短越好。讓孩子經常做這樣的練習，一段時間後，孩子就能做得又好又快。

孩子的聽覺注意力訓練

「聽」是人們獲得資訊、豐富知識的重要來源，會聽對孩子來說非常重要。然而，在生活中，就有一些孩子不善於「傾聽」。

念念上課總是無法長時間專心聽講，注意力分散，對別人的話常常充耳不聞，也無法理解老師課堂上所講的知識；複述老師所講的內容時，顯得語無倫次。他總是記不全或記不住老師的話。老師安排的作業和事情，他總是放學後由媽媽打電話問班上其他的小朋友，媽媽為此不知生了多少氣……像念念這樣，上課無法認真聽講的孩子，相當多的是由於缺少一種重要的學習能力 —— 聽講能力。

聽覺的發展對孩子的智力發展具有重要的促進作用，兒童依靠聽覺，辨認周圍事物的發聲特點，欣賞音樂，學習唱歌。聽覺也是學習語言的重要條件，學說話，聽別人說話，都離不開聽覺。因此，家長一方面要注意保護孩子的聽覺器官，講究用耳衛生；另一方面，還應該進行有意識、有目的的聽覺訓練。

在日常生活中，家長可以經常讓孩子聽廣播和錄音，能幫助孩子在表達時累積豐富的素材，並鍛鍊較強的語言組織能力。在與孩子說話時，語言盡量規範準確，安排任務給孩子時，可以從含有一個條件往含有多個條件過渡。比如：

➤ 請你送三本書給隔壁的「小燕」；

➤ 請你送三本圖畫書給隔壁的「小燕」；

➤ 請你明天早上送三本圖畫書給隔壁的「小燕」。

這三句話就包含了從一個條件往多個條件的變化。

此外，家長在與孩子說話時，還應該切忌囉嗦和重複。要相信孩子的記憶力，囉嗦不利於養成孩子良好的聽講習慣，孩子很難抓住要點，不好直接辨別哪些是要聽的，哪些是不要聽的，很可能導致孩子沒興趣聽，不認真聽。

當然，家長還可以鼓勵孩子經常談談自己的所見所聞，學習對一個事物或事件的多種表達方法，訓練孩子良好的聽力。比如，家長可以讓孩子聽音樂、聽小說，鼓勵孩子用自己的話描述所聽到的內容，從而培養孩子專心聽講的好習慣。

家長還可以利用玩具進行各種練習聽力的遊戲，例如，用能發出悅耳聲響的玩具，逗不滿周歲的嬰兒將頭轉向有聲音的一側，尋找聲源。對大一些的孩子，家長則可以和他玩「聽聽我是誰」，「聽聽什麼在發聲」等遊戲。對於上學的孩子，由於每天學業負擔較重，家長可以讓孩子定時聽聽明快柔和的音樂，不僅能使孩子緩解疲勞，精神愉悅，而且還可以促進孩子的聽覺感受和理解能力的發展。

在空閒的時間，可以帶孩子外出散步或者郊外旅遊，可引導孩子注意傾聽大自然中各種聲音，如風聲、雨聲、流水聲、鳥鳴聲、蟲叫聲等。

總之，只要掌握科學的辦法，就能幫孩子開個好頭，養成良好的讀書習慣。以下是關於聽覺注意力的訓練題。

聽聽看

先準備 5 ～ 10 個不同的容器，並且裝滿水。在遊戲時，父母用筷子

敲裝滿水的容器，讓孩子去分辨聲音的高低。

這個遊戲主要是訓練孩子的聽覺，聽覺是由內耳聽覺器官接收聲波的刺激，然後傳送到腦幹部位的聽覺中樞，以辨認聽覺資訊的性質。在訓練聽覺的時候，孩子必須集中注意力去聽。因此，孩子的注意力也得到了鍛鍊。

瓜子花生交響樂

父母先準備瓜子、花生、瓶子數個。

在做這個遊戲時，父母可以試著讓孩子用手或小湯匙，將瓜子、花生等小物品慢慢地放入瓶中。在孩子放入少許的瓜子或花生後，家長可以協助孩子轉好蓋子，和孩子一起有節奏地搖動瓶子，並打拍子，讓孩子跟著做做看；此時也可以播放孩子喜歡聽的音樂，讓孩子一邊唱一邊跟著打拍子，增加孩子的節奏感和對聽覺的敏銳度，透過這樣的練習，不僅可以訓練孩子手眼協調的能力，也可鍛鍊孩子肢體觸覺方面的能力。

聽文找「的」

唸一篇短文給孩子，請他仔細聽，邊聽邊注意文章中出現的「的」字，聽到「的」字就拍一下手。

盡量在孩子現在所使用的國文課本中選，父母在朗讀時發音要準確，不能故意出現停頓引起孩子的注意。當文章中出現孩子無法理解的詞彙時，家長要耐心地給予解釋。

這一遊戲的目的是訓練孩子的聽覺專注力，培養有意識傾聽的習慣。

請孩子聽下面的短文〈四季之美〉，並複述四季都美在哪裡？

春天最美的是黎明。東方一點一點泛著魚肚色的天空，染上微微的紅暈，飄著紅紫紅紫的彩雲。

夏天最美的是夜晚。明亮的月亮固然美，漆黑漆黑的暗夜，有無數的螢火蟲翩翩飛舞，即使是濛濛細雨的夜晚，也有一兩隻螢火蟲，閃著朦朧的微光在飛行，這情景著實迷人。

秋天最美的是黃昏。夕陽偎依著西山，感人的是點點歸鴉急急匆匆地朝窠裡飛去。成群結隊的大雁，在高空中比翼雙飛，更是叫人感動，夕陽西沉，夜幕降臨，那風聲、蟲鳴聲聽起來叫人心曠神怡。

冬天最美的是早晨。落雪的早晨當然美，就是在遍地鋪滿銀霜的早晨，在無雪無霜寒冷的清晨，也要生起熊熊的炭火。手捧著暖和的火盤穿過廊下時，那心情和這寒冷的早晨是多麼和諧啊！

在孩子聽完這篇小短文時，家長可以先讓孩子說說短文是按什麼順序寫的，並說說每個季節都有什麼特點。之後讓孩子開始複述。

孩子的眼、耳、口協調訓練

讓孩子大聲讀書，在西方是一種長期形成的傳統。1979 年，美國畫家兼專欄作家崔利斯，有感於美國兒童閱讀水準普遍下降的狀況，特地著書宣導「讓孩子大聲讀書」，並說明了大聲讀書的作用。後來，越來越多的家長意識到了大聲讀書的好處，也紛紛加入了這個行列中。

據現代科學研究證明，大腦中 80 ％～ 90 ％的能量由耳朵供給，而且聲波（音樂）可以經由迷走神經通向五臟六腑。大聲朗讀的時候，嘴巴配合眼睛一起運動，會加強對大腦語言管理中樞的反射強度，提高人對語言的感知能力。此外，大聲朗讀還有以下好處。

➤ **可以排除雜念，提高專注的程度**：大聲朗讀有排除雜念，提高專注程度的作用。如果你的孩子讀書一直無法專心，你便可以讓孩子大聲地

讀出聲來，孩子一下就能專心而投入了！讓孩子經常大聲讀書，有利於訓練孩子的注意力。

➤ **大聲讀書可以結合口到和心到**：只是用嘴巴小聲讀，有時會像「小和尚唸經」一樣，有口無心。不過大聲讀書就不同了，孩子想不用心都不行，因為孩子的精神力、專注力都提升了，自然就達到口到與心到結合的目的。

➤ **大聲讀書可以振作精神**：大聲讀書可讀到全身發熱，這樣就能起到振作精神的效果。

正因為如此，家長應鼓勵孩子大聲朗讀。家長可以每天安排一定的時間讓孩子選擇他們喜歡的小故事、童話等大聲朗讀。在孩子讀書的過程中，家長要對孩子提出這樣的要求，盡量不讀錯、不讀丟、不讀斷。孩子在大聲讀書時，要達到這樣的要求，注意力必須高度集中。如果能把這種訓練一直堅持下去，孩子的注意力就能逐步得到提升，理解能力也會增強。

有一位媽媽在引導孩子大聲讀書時是這樣做的，她說：

我女兒日常生活中的節目挺豐富的，除了吃飯、睡覺和上幼稚園外，還要和大朋友、小朋友們玩耍，還要畫畫、跳舞、看卡通等。細心的家長如果仔細觀察一下，大概每個孩子的一天都是這樣忙忙碌碌的。一句話，孩子用在讀書上的時間很有限。如何讓孩子在成長之路上變成一個喜愛讀書的人？我想，只有父母身體力行。

我喜歡在空閒的時間大聲讀書，其實說是大聲讀書，並不是要求聲音要達到多少分貝，而是要讀出聲音來。女兒很小的時候，我就讀書給她聽，除了唸書給女兒聽，家裡的大人還時常互相讀一點什麼，比如讀一些

報紙上有趣的事情，或者書上的某些段落。像《愛心樹》這樣的書，是特別適合家人互相讀來聽的書。還有些有趣的問答卡片，比如有一套唐詩問答卡片，非常適合全家人一起來讀書、玩遊戲，只是把最初搶答的機會讓給孩子。逐漸地，女兒也開始愛上了讀書，而且是有表情地大聲讀。

有經驗的父母在引導孩子讀書時，常採用閱讀漫步讀書法。閱讀漫步讀書法，其實就是輕鬆自然地引導、陪伴孩子，翻看圖書裡的圖畫或插圖。這種讀書方式應該是非常閒適的，它可以穿插在大聲讀的全過程中，也可以單獨進行。這種讀書活動適用於圖畫書或有插圖的書。優秀的圖畫書往往具有很好的圖畫敘事能力，孩子可以從圖畫中「讀」出一個完整的故事來。

在孩子大聲讀書或者父母為孩子大聲讀書前，可以先讓孩子進行閱讀漫步，這好似一種預演活動。比如，媽媽指著封面問孩子：「猜猜看，這隻小豬為什麼叫西裡呼嚕？」然後隨意翻看書裡的插圖，「瞧瞧，西裡呼嚕怎麼這麼狼狽？」「不好，大灰狼來了！」等等。經過這樣的預演，孩子的注意力就被吸引過來了，對書裡的故事充滿好奇。

在大聲讀完後，可以和孩子一起，也可以讓孩子自己，再次漫步畫中，重新回味。孩子如果興致高，會自己一邊拿著圖畫，一邊講故事。千萬別要求孩子的故事「忠於原著」，大人應該細心傾聽孩子自己的故事。

在引導孩子大聲讀書的活動中，如果父母同時參與進來並加入表演的成分，會讓整個過程變得很開心，而且達到很好的效果。在與孩子共讀時，一般最簡潔的表演是富有感情色彩、節奏調整適當的朗讀。為了吸引孩子的注意力，父母應該事先預習一下素材，至少在有對話的地方要能分清哪一句話是誰說的。對話太多的書一般不適合大聲讀，父母在選書時可以盡量避免選擇這類讀物。那些主人公形象特別可愛、性格鮮明、語言特

徵明顯的故事，是特別適合孩子大聲讀的。

讓孩子大聲讀書，本身並不困難，難在要持之以恆。可以讓孩子選擇合適的時間段，每天堅持至少讀 20 分鐘，讓孩子快樂地享受讀書的過程。

注意力訓練題

（1）讓孩子朗讀下面的故事，並複述小蝸牛和媽媽的對話

事情發生在春天。

蝸牛媽媽對小蝸牛說：「到小樹林裡去玩玩，樹葉發芽了。」

小蝸牛爬得很慢，好久好久才爬回來。牠說：「媽媽，小樹林裡的小樹長滿了樹葉，碧綠碧綠的，地上還長著許多草莓呢！」

蝸牛媽媽說：「哦，已經是夏天了！快去採幾顆草莓回來。」

小蝸牛爬呀，爬呀，好久才爬回來。牠說：「媽媽，草莓沒有了，地上長著蘑菇，樹葉全變黃了。」

蝸牛媽媽說：「哦，已經是秋天了！快去採幾顆蘑菇回來。」

小蝸牛爬呀，爬呀，好久才爬回來。牠說：「媽媽，蘑菇沒有了，地上蓋著雪，樹葉全掉了。」

蝸牛媽媽說：「哦，已經是冬天了！唉，你就躲在家裡過冬吧！」

讓孩子讀完短文以後，家長先引導孩子回答三個問題：

➤ 小蝸牛準備做哪些事情？

➤ 都做成功了嗎？

➤ 為什麼會這樣呀？

當孩子理解了這些內容時，複述對他（她）來說就不再是什麼困難的事情了。

（2）有趣的表演

父母可以根據孩子的能力選擇合適的故事。對於小小孩，可以更多分派一些動作和簡單的發音。比如，在表演《烏龜飛上天》的故事時，大人可以有許多臺詞，小孩子可以大部分時間就學烏龜爬，臺詞分給他兩句：「你是誰呀？」和「你帶我上天玩，好嗎？」

在故事表演中，大人如果表演得妙趣橫生，孩子是非常願意成為故事的一部分的，如果能有機會投入其中，他們會樂此不疲。透過這樣的表演，會強化孩子的注意力、記憶力等。

▍孩子的自主注意訓練

愛因斯坦 25 歲生日那天，他的朋友知道他早就想嘗嘗美味的魚子醬，於是買了魚子醬給他當作禮物。

愛因斯坦一邊吃一邊興致勃勃地與朋友談論著白熾燈。正當討論進行得最激烈的時候，魚子醬上來了，愛因斯坦一邊講燈絲的材料，一邊把魚子醬送進了嘴裡。

吃完後，朋友問愛因斯坦：「你知道吃的是什麼嗎？」

「是什麼啊？」愛因斯坦問。

「就是你一直想品嘗的魚子醬呀！」

「啊？是魚子醬？」愛因斯坦不好意思地叫了起來。

相信很多家長都有這樣的經驗，許多事物在我們眼前出現了許多次，但是我們總是「視而不見」。為什麼呢？那是因為，這些事物不符合自己的需求，我們的大腦感到沒有必要去理睬它們。上例中的愛因斯坦就是因為把注意力完全集中在討論問題上而沒有把注意力放在魚子醬上，因此吃了魚子醬也不知道。

第七章 在生活中，有目的地訓練孩子的注意力

可見，不管要注意什麼，首先要主動去注意，只有「自主注意」，才會真正注意到。如果愛因斯坦的朋友之前告訴他這是魚子醬，愛因斯坦就會有目的地去注意魚子醬了，這種有預定目的，需要一定意志努力的注意就是自主注意。它是注意的一種積極主動的形式，服從於一定的活動任務，並受人的意識自覺調節和支配。

任何成功的活動除了一些知識經驗、能力等基本條件外，還需要一種「精神上」的準備和堅持到底的品格，這就是我們說的自主注意。只有我們把注意力集中在這件事情上，才能獲得自己想要的東西。

要培養孩子的自主注意，家長要注意以下幾點。

要提高孩子對活動的興趣

興趣是引起注意的關鍵。沒有興趣的注意是枯燥的，也是沒有效果的。

小羽是個聰明的孩子，媽媽教給她的東西，她總是一學就會。小羽一歲多的時候，媽媽帶小羽去商場，出人意料的是，小羽居然能看著商場的價格牌唸出「1、2、3……」媽媽欣喜之餘，開始認認真真地教小羽學數字。

為了對小羽進行啟蒙教育，媽媽特地去書店買來了算術卡，這些算術卡的數字後面都配著鮮豔的花朵、小動物，很好看。小羽看了一眼算術卡就喜歡上了。媽媽看到這副情形，愈加高興了。她認認真真地教起了小羽，即便是吃飯的時候也不錯過機會。

可是，小羽的新鮮勁兒並沒有持續很久，幾天之後，她就再也不願去認識那些枯燥的數字了，只要媽媽提到讓她算術，她就會心不在焉地岔開話題，媽媽要是強迫，她索性就溜了。小羽為什麼會這樣呢？小羽的媽媽甚是不理解。

事實上，小羽之所以不再喜歡數字，是因為枯燥的算術教學讓她對數字失去了興趣。因此，想要培養孩子的注意力，家長要先從興趣入手，用興趣激發孩子長久的注意力。日常生活中，家長可以透過一些趣味性的活動來讓孩子保持熱情。

如果孩子年齡較大，已經有了相對不錯的自制力，家長就應該讓孩子學會自己尋找樂趣。如，上課時，努力找出老師講課有趣的地方，提高聽課的興趣，這樣，注意力就會比較主動和集中。

家長應讓孩子意識到活動的重要性

如果一些老師的課實在不怎麼有趣，很難讓孩子感興趣，這時候，家長不妨從聽課的目的性入手，告訴孩子集中注意力的重要性。或者，教孩子告誡自己，如果今天能把這位老師的課認真聽下來，說明自己的控制能力是非常強的。這可以促進孩子的自主注意。

讓孩子學會有計畫地規劃自己的活動

讓孩子有計畫地規劃自己的活動，就是要使孩子所做的一切活動都要服從於當前的任務和目標，這種努力是非常重要的。當孩子多次成功地舉行活動以後，他的自我控制能力會越來越強，對活動的規劃能力也越來越容易，自主注意也就能更順利地進行。

【練一練】

1. 端坐在椅子上，閉上眼睛，把注意力集中到聲音上來。仔細地聽聽周圍有什麼聲音？這些聲音是從哪裡發出來的？這些聲音有什麼特點？每天堅持五分鐘，你會發現自己的注意力提升了許多。
2. 與爸爸媽媽或者同學一起做一個有趣的練習。練習規則：

第七章　在生活中，有目的地訓練孩子的注意力

一個人發出命令，其他人做動作。

右手為有效命令，左手為無效命令。

當發命令者舉起右手並說出命令時，其他人跟著做。

當發命令都舉起左手並說出命令時，其他人可做任何動作，但不能做發命令要求做的動作。

這個練習可以讓孩子的大腦適當地放鬆並更快地進入角色，從而鍛鍊自主注意。

▍孩子的專注力訓練

拉拉是個想像力豐富，愛做白日夢的孩子，她很難把精力集中在她的家庭作業上。心理學和教育學測試顯示，拉拉很聰明，但不成熟，她正處於注意力缺乏障礙症的邊緣。

為此，拉拉的媽媽找到了心理醫生。心理醫生了解了拉拉在家做作業的情況。

拉拉的媽媽告訴醫生，每天拉拉放學回家，拉拉的媽媽就在廚房裡忙開了，為了能隨時幫助到拉拉，拉拉的媽媽就讓拉拉在廚房旁邊的桌子上寫作業。拉拉的媽媽一邊忙著廚房裡的工作，一邊照顧拉拉的作業，忙得不可開交。而拉拉的媽媽一走開，拉拉就開始這邊瞅瞅，那邊看看。千方百計要引起媽媽的注意。

心理醫生一聽這情形就明白了，拉拉之所以無法專注地寫作業，跟拉拉的媽媽是有很大關係的。因為不信任孩子，擔心孩子無法獨立完成作業，拉拉媽媽要在自己做飯的時候監督孩子的作業。做飯時鍋碗瓢盆的叮噹聲和媽媽的嘮叨聲無一不影響著拉拉的注意力，使她無法專心讀書。當媽媽發現孩子做事拖拖拉拉時，只是不停地嘮叨、催促和訓斥，使孩子更

加喪失了讀書的興趣。

孩子注意力不集中，有先天性的病理因素，但更多的是後天的不良習慣和環境所造成的。其中，沒有養成良好的專注做事的習慣，是造成孩子注意力不集中的最重要因素。關心孩子的注意力問題，就是要訓練孩子把注意力持續地集中在某個事物上一段時間，而這個過程不會被外界環境所干擾。這裡面包括兩層意思：

➤ 孩子的心理活動選擇在某一個方向（對象）上。

➤ 心理活動集中在這個對象上的強度或緊張度，且在此期間不會被外界環境所干擾。因為，孩子的心理活動在某一事物上的強度越大，緊張度越高，注意力也就越集中。

為了訓練孩子的專注力，美國教育家卡爾·威特經常與孩子玩一種「平靜下來」的遊戲。

遊戲的規則是：參加者在一定時間內從一堆木棍中移走一根，不能碰其他木棍。內容雖然很簡單，但需要參加者能集中注意力，具備很好的動作協調能力和情感控制技能。參加者在玩時，旁邊的對手可以以任何方式取笑他，但不能碰他取出的每一根木棍。如果參加者對取笑有反應，即便取出棍子也只能得到一分，而如果對取笑毫無反應，就得兩分。

卡爾·威特是這麼描述遊戲的過程的：

小卡爾全神貫注，要把綠棍下的紅棍取出來。因為他太專心，他的手都有些發抖。他只有在不碰到黃棍的情況下，把紅棍移動四分之一英尺（約 8 公分），才算成功。我不停地與他說話，試圖分散他的注意力，但小卡爾完全不為所動，慢慢做深呼吸，放鬆肌肉，眼睛緊緊盯著目標。他知道，想贏得這場遊戲，就必須不受我的影響，集中注意力。他暗暗告訴自

第七章　在生活中，有目的地訓練孩子的注意力

己：「只看眼前的目標。」果然，他把紅棍取出來了，而且沒有碰到綠棍。

卡爾·威特認為和小卡爾玩的這種「平靜下來」的遊戲，可以幫助孩子對付別人的干擾，教會兒子情感控制技能。孩子在遭到取笑時，身為家長，光告訴孩子怎麼做是不夠的，同時還要告訴他應該學會控制住自己的情感。

專注力是耐力的基礎，如果孩子的專注力好，自然容易有耐性。要訓練孩子的專注力，家長需要有意識地培養孩子的自我控制能力和抗擾能力，只有這樣，孩子才能夠做到無視於外界環境的影響，而專注於眼前的目標。卡爾·威特的教育方法是值得廣大家長效仿的。

那麼，在日常生活中，哪些遊戲有助於提高孩子的專注力呢？以下是教育專家推薦的幾個訓練孩子專注力的小遊戲。

> **坐滑板車（此遊戲適合1～2歲的幼兒）**：讓孩子盤腿坐在滑板車上，雙手緊緊抓住車的把手，然後家長推、拉滑板車以和孩子身體方向一致或相反的兩個方向拉動車子。
>
> 孩子在滑板車上要根據車子的運動方向和速度來調節身體的平衡，有助於提高孩子的專注力。

> **托物走路（此遊戲適合3～5歲的兒童）**：為孩子準備一個塑膠托盤，在上面放上幾顆棗子或是幾顆蘋果，讓孩子從房間的一端走到另一端，轉個身再走回來。
>
> 由於孩子的平衡能力還不是太好，孩子在托物行走的時候很難控制好手中的盤子。這個遊戲不但訓練了孩子的平衡能力，讓孩子在遊戲中學會手眼協調和身體姿勢協調，為孩子奠定了手部控制能力的良好基礎，同時有助於提高孩子的專注力。

> **釣魚（此遊戲適合3～6歲的兒童）**：給孩子上面有磁鐵的玩具漁竿。

家長幫助孩子把磁鐵吸在小魚的嘴上，然後讓孩子拉起漁竿把小魚從盆中釣離，最後把魚放在一旁的籃子裡，家長幫助孩子把魚取下。再反覆做。邊釣邊數數。

這個年齡層，孩子的手眼協調性還沒有發育得特別好，需要家長幫助孩子把遊戲完成。孩子能很好地控制很長的漁竿在一定範圍內移動就非常不錯了，遊戲不但訓練了孩子的手控制力，同時也提高了孩子的專注力。

➤ **認讀遊戲（此遊戲適合 7 ～ 8 歲的兒童）**：這是一種心理學中專門用來訓練專注力的小遊戲。

在一張有 25 個小方格的表中，將 1 ～ 25 的數字打亂順序，填寫在格子裡。然後以最快的速度從 1 數到 25，要邊讀邊計時。研究顯示：7 ～ 8 歲兒童按照順序找每張圖表上的數字的時間是 30 ～ 50 秒；正常成年人看一張圖表的時間大約是 25 ～ 30 秒，有些人經過訓練可以縮短到十幾秒。

家長可以多製作幾張這樣的訓練表，每天讓孩子訓練一遍，相信孩子的注意力水準一定會逐步提升。

值得家長們注意的是，每個孩子做事都只有三分鐘的熱度，不能因為孩子沒有達到自己預期的目標而訓斥孩子，打擊孩子的自信心，應觀察孩子的情緒反應，循序漸進地引導，在活動的過程中給予鼓勵。比如，當孩子完成一些任務，到達某個階段的時候，要及時地鼓勵：「孩子，你真棒，做了這麼多！」「好孩子，你一定能堅持到底，你會做得很漂亮！」「真是個通情達理的好孩子！」這些讚美都會讓孩子樂於繼續努力，有助於提高孩子的專注力。

第七章　在生活中，有目的地訓練孩子的注意力

▌孩子的注意廣度訓練

有這麼一個趣味故事：

一天深夜，著名的地質學家李四光正在辦公室寫論文，突然，他發現面前站著一個小女孩。李四光停下筆來，和藹地問道：「小姑娘，這麼晚了妳還不回家，妳媽媽不想妳嗎？」小姑娘聽他這麼一問，大聲叫起來：「爸爸，媽媽等你都等急了！」

李四光這才恍然大悟，原來小姑娘就是自己的女兒，忙說：「這就回家，這就回家」。

這個故事聽起來有點讓人啼笑皆非，一個父親，居然連自己的女兒都沒有認出來。可實際上，這也說明了一個問題：一個人在注意力高度集中的時候，是很難同時注意到其他事物的。也就是說，注意廣度和注意的集中有時是很難統一的。沒有經過訓練的正常人在注意事物時，很難做到一目十行的廣度。而且，一個人的注意廣度，還會因各種條件而變化。

首先，刺激物的特點會影響人的注意廣度，如用速示器呈現的外文字母，顏色相同時，注意廣度就大，顏色不同時，注意廣度就小；排成一行時注意廣度就大，雜亂無章分散排列時，注意廣度就小；字母的大小相同時，注意廣度就大，大小不同時，注意廣度就小等。總之，注意的對象越集中，排列得越有規律，越能成為互相關聯的整體，注意廣度就越大。

其次，注意廣度隨著活動的任務和個人的知識經驗不同而有所不同。例如，只要求知覺字母的數量就比要求指出哪個字母有錯誤時注意廣度大。精通外文的人就比剛學外文的人閱讀外文時的注意廣度大。

注意廣度在生活實踐中有很重要的意義，注意廣度的擴大，有助於一個人在同樣的時間內輸入更多的資訊，提高工作效率，使人能夠更好地適

應周圍的世界。

注意的廣度是可以訓練的。在印度，打獵的部落喜歡玩這樣的遊戲：兩個或幾個人參加比賽，先把某種物體觀察一段時間，然後，每個人把他們所看到的東西告訴裁判，每個人都要盡量說出這些事物的細節。誰說出的事物及事物的細節最詳細就算勝利。這種方法是為了訓練獵手的注意廣度。

在現實生活中，我們訓練孩子注意廣度的目的在於提升他們的整體知覺能力。想提升孩子的整體知覺能力，家長可以用以下的方法。

劃數字訓練

列給孩子一張數字表（表中數字的多少和排列順序可根據孩子的實際情況確定），表中的數字都是無規則的，然後劃去任意兩個數之間的某個數，如劃去「1」和「7」之間的偶數（或奇數）。

$$1\ 5\ 3\ 4\ 9\ 6\ 3\ 8\ 2\ 5\ 4\ 7\ 9$$
$$3\ 0\ 3\ 7\ 1\ 5\ 4\ 2\ 6\ 9\ 8\ 7\ 4$$
$$4\ 2\ 7\ 3\ 0\ 1\ 5\ 6\ 4\ 9\ 2\ 3\ 8$$

等孩子完成以後，家長幫孩子計算劃對、劃錯和漏劃三種數據。全部劃對的數字的總和稱為粗分，劃錯的加上二分之一漏劃的稱為失誤。粗分減去失誤稱為淨分。用公式表示為：

淨分＝劃對數一（劃錯數＋ 1/2 漏劃數）

失誤率＝（劃錯數＋ 1/2 漏劃數）÷ 劃對數 ×100％

要求孩子每天拿出一定的時間進行自我訓練，堅持一段時間後可透過比較多次訓練間的淨分和失誤率，看出孩子的注意廣度的訓練成效。一般來說，經過多次重複練習，淨分會逐步提升，失誤率會逐步下降，代表孩

子的注意力已經提升。

數物品

　　家長與孩子一起找一些小石子或者玻璃球放在盒子裡，由一個人迅速打開盒子讓另一個人看兩秒，然後迅速合上蓋子，讓看的人說出盒內小石子或者玻璃球的個數。兩人可交換著進行。可以不斷變換盒子內的小石子或者玻璃球的個數。

▎讓孩子學會分配自己的注意

　　注意分配指的是在同一時間內把注意指向不同的對象和活動的一種行為，它在人的實踐活動中有重要的現實意義。

　　生活中，有不少活動或工作本身就需要人同時注意好幾個方面，特別是較複雜或較富創造性的活動或工作。如飛機駕駛員在駕駛飛機的同時，須留意地形、氣候的變化，並認真觀察各種儀錶，此外還得隨時注意可能出現的意外情況。鋼琴家在手指擊鍵時，眼看著琴譜，耳聽著琴音，大腦則在分析、判斷音樂的節奏和輕重。顯然，一個無法有效「分配」注意力的人，在從事這類活動或工作時，就會手忙腳亂。相反，如果這個人學會了「分配」自己的注意力，面對這些事情的時候，自然就能夠應付自如了。

　　據美國行為學家、心理學家和教育專家聯合進行的一項專題研究證實：兒童可以同時把注意力集中在 2 ～ 3 種事情上，而成年人更可以同時把注意力集中在 4 ～ 6 種事情上，即便是剛剛學步的周歲嬰兒，也可在父母的教導下一邊聽從父母的指點，一邊邁出蹣跚的步子。這就意味著，對一個頭腦和身體均正常的人來說，「一心」是完全可以「兩用」甚至「多

用」的。

值得一提的是，注意力的「分配」和注意力的「集中」一樣，也需要後天培養，而嬰幼兒時期對其所做的有意識培養尤為關鍵。美國專家建議，對不同年齡層的兒童，應由淺入深地進行「一心二用」的訓練。如：

1歲前後的嬰兒可學習一邊聽音樂一邊聽說話，或試著一邊學說話一邊拍手，或反覆練習在注視一枚發光彩球的同時做出舉手動作，或一邊搖動一面紅旗一邊發出呀呀的喊聲，或一邊學步一邊聽歌。

2～3周歲的幼兒可一邊講一則簡單故事，一邊臉部做出種種表情；或一邊背誦兒歌，一邊根據內容扭動身軀；或一邊搖動鈴鐺，一邊報出鈴聲的次數；或一邊注視眼前的圖片，一邊留意別人輕擊自己背部的次數。

接受過「一心二用」訓練的3周歲以上的孩子，家長可以根據其興趣愛好、表現能力和智力、體力的綜合水準因材施教，如邊講故事邊表演魔術，邊看電視邊背誦詩歌，邊背誦英語字母表邊以軀體動作做類比字形表演等難度較大的「一心二用」的訓練。

研究還顯示，凡能輕鬆完成「一心二用」訓練的孩子，反過來需要注意力集中時，往往堅持的時間更長，大腦反應較快，身體各部位動作較協調，記憶力較強，也更富創造性。

不過，在讓孩子學會「一心二用」的同時，家長自己也必須明白：並非所有活動或工作都是可以同時進行或同時操作的，條件是同時關注的兩件事之中至少有一件是孩子較熟悉又較簡單的，換句話說就是不需要花費很大注意力的。如果兩件事情或兩項活動都比較困難和複雜，注意分配時就比較困難，結果往往是兩件事情都做不好，兩項活動都開展不好。因為，注意的集中性與注意的分配性在一定的程度上是對立的。

此外，有些場合「一心二用」可能引發副作用，如一邊用餐一邊講故

事就不宜提倡，因為分心會抑制孩子唾液的分泌，從而影響正常消化。父母還須特別提醒那些坐不住的「多動」孩子：要是在聽課時看連環畫或做小動作，那就「丟了西瓜揀了芝麻」，得不償失啦。

以下是心理學家為孩子提供的關於注意力分配的訓練。

> **兩不誤**：和孩子一起一邊聽故事，一邊進行加法運算。
> 先讓孩子做裁判，父母邊聽故事，邊進行加法運算，再把聽到的故事複述一遍；接著父母做裁判，讓孩子邊聽故事，邊進行加法運算，再讓孩子把聽到的故事複述一遍。最後，比比誰計算的準確率高，誰複述故事的細節多。

> **一心多用**：家長可以讓孩子一邊穿珠子，一邊和小朋友聊天；一邊看電視，一邊背誦唐詩；一邊彈鋼琴，一邊唱歌。

▎孩子的注意轉移能力訓練

注意的轉移是指，根據新的任務，主動地把注意從一個對象轉移到另一個對象上。注意的轉移與分配是彼此緊密連繫著的。每一次注意轉移的時候，注意的分配也必然發生變化。注意一經轉移，原來注意中心的對象便移到注意中心以外，而另外的新對象進入注意中心，整個注意範圍的圖景便發生變化。因此，每當注意中心的對象轉換了以後，必然呈現出新的注意分配的情況。例如：學生回家做家庭作業時，往往不是做一門功課，如果，注意力的轉移和分配能力不佳，那麼，勢必在做第二門功課的時候，錯誤率會增加，並且時間也會拖得很久。在學校上課時，也是一樣的情形，往往已經上數學課了，而學生還在想著上節課的內容。這說明孩子的注意轉移性還不夠好。

與注意的分散不一樣的是，注意轉移的好壞在於轉移的快慢、年齡越小的孩子注意轉移的速度越慢，年齡越大的孩子越容易迅速轉移注意力。無法快速轉換注意並不代表孩子的注意力不好，只是說明孩子在注意轉移方面不夠靈活；只要父母在平時多幫助孩子進行注意轉移訓練，注意力就能靈活地轉移了。

下面的訓練對於孩子的注意轉移會有很大的幫助。

想像轉移訓練

讓孩子躺在床上，閉上眼睛，仔細想像英文字母 A 的樣子，好像放電影一樣讓 A 字出現在腦海中，然後，像擦黑板一樣把 A 從想像當中擦去，接著想像 B，然後把 B 擦去，再想像 C……這樣一直想像下去，每次想像 10 個字母。

看誰算得快

隨便寫兩個數字，一個在上面，一個在下面。例如 2 和 7。

第一種寫法：把它們加起來兩數之和寫在上面數字的旁邊，並把原來上面的那個數寫在下面那個數的旁邊。如此不斷進行。當兩數之和大於 10 時，則記個位數。

29101123
72910112

第二種寫法：把它們相減，兩數之差寫在下面數字的旁邊，把下面的那個數寫在上面那個數的旁邊，如此不斷進行。

27523121

第七章　在生活中，有目的地訓練孩子的注意力

75231211

與另一個人一起玩，一個人先發指令：「用第一種寫法」，39 秒後再說：「用第二種寫法」。指令一發出，寫的人就在當前位置開始寫或迅速轉換到另一種寫法，這樣不斷進行。

最初練習可以只給孩子 3 分鐘，每週做 2～3 次，看加算量有無進步，錯誤是否減少，3 週後增加到 5 分鐘，每週 3～4 次。透過一段時間訓練，孩子的自我控制能力會得到提升，做題的錯誤率會減少，轉換的速度也會加快。

課間身體協調性訓練（玩繩子）

➤ 過獨木橋：兩條繩拉成相距 10 公分的平行線為獨木橋，孩子在平行線中間走，盡量不要踩繩、出繩。

➤ 走鋼絲：一條繩拉成直線為鋼絲，孩子踩繩行進。

➤ 雙腳分合跳：兩條繩平行放置地上，孩子在繩內跳起，雙腳在繩外落地，再跳起雙腳並齊在繩內落地。

➤ 跳大繩：兩人各持繩的一頭掄繩，其他孩子在繩上跳，人數可由少到多。

➤ 下課身體訓練時間為 20 分鐘，休息調整五分鐘以後，進入下一個訓練。

第八章
訓練注意力的特殊方法

除了視覺、聽覺、感覺等方面的注意力訓練以外，我們還可以對孩子進行想像專注、專心思維、放鬆練習等一系列特殊的訓練。在這些特殊的訓練中，孩子的注意力將得到更進一步的強化與提升。

專心思維的訓練

根特先生是德國著名的哲學家，根特在讀書時經常使用一種精神集中法。其做法是，在他讀書前，或者在書房裡深思冥想問題時，他必定是透過窗戶凝視著遠方屋頂上的一個隨風擺動的風向標箭頭，他一邊眼盯著風向的轉動，一邊下意識地沉浸於深深地思考之中。這種方法大大幫助了他，哲學中的許多理論就是這樣思考出來的。

根特先生使用的這一方法，正是專心思維訓練法。在生活中，我們也常有這樣的經驗，當兩眼凝視著某一點時，一邊對著視點出神，一邊思考著所要解決的問題，或者思考已讀過的內容，無形之中，注意力好像就集中在一起，促進了思考的深度。

在日常生活中，我們也可以透過專心思維訓練，來提升孩子的注意力。而想要訓練孩子專心致志的思維，家長必須做到訓練方法具有趣味性和挑戰性。

以下是幾種訓練孩子專心思維的方法。

專注於集中性思維的訓練

文字遊戲：圖形成語

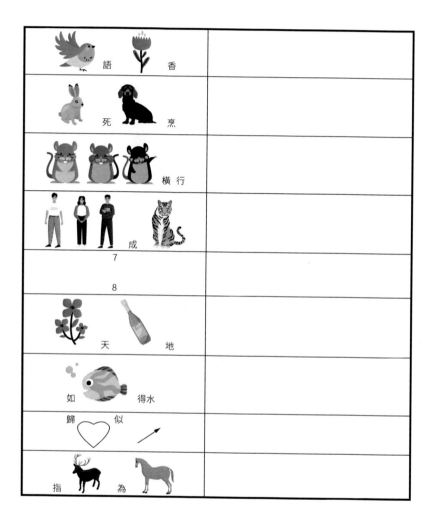

以上圖形中的每樣東西都代表一個字，要求孩子在空格中添入一個適當的字，使每一橫行的圖與字組成一個成語。

以上圖形的答案分別是：

1. 鳥語花香　2. 兔死狗烹　3. 鼠輩橫行　4. 三人成虎　5. 七上八下

6. 花天酒地　7. 如魚得水　8. 歸心似箭　9. 指鹿為馬

第八章　訓練注意力的特殊方法

數字遊戲：打靶

智慧王國裡有許多有趣的事，打靶遊戲就是其中的一種。他們的靶子，只有 7 個靶環，每環上標有擊中後的得分。射擊者十分自由，站得多近都行，打幾槍都可以，可以說是隨心所欲。但是射擊者的最後得分必須是 100 分，多一環或少一環都算失敗，那麼究竟該怎樣射擊才能打到規定的 100 環呢？

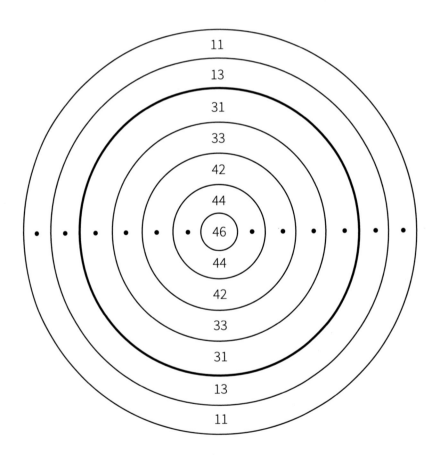

圖形遊戲

例1：巧移方桌

下圖是心靈手巧的德·雷絲小姐用幾根火柴擺成的兩把椅子和一張方桌，要求孩子移動3根火柴，將方桌挪到椅子的中間去。

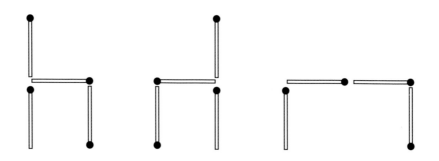

例2：拼正方形

夏綠蒂想縫一個正方形的坐墊，鋪在自己的那把硬邦邦、涼冰冰的凳子上，但手頭只有兩塊奇形怪狀的布料（見下圖），那麼如何給這每塊布料分別剪一刀，把它們合在一起拼成一個正方形？

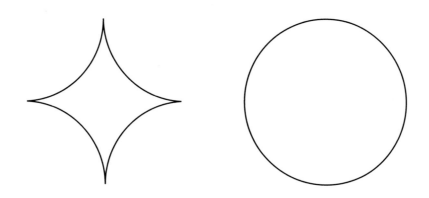

第八章　訓練注意力的特殊方法

專注於發散性思維的訓練

> **物體用途訓練**：物體用途訓練是一種很常見的，訓練孩子發散性思維的方法。一些物品經常出現在我們的身邊，我們也經常用到。若問孩子：「你知道鉛筆能做什麼嗎？」他們可能多半回答：「鉛筆能寫字」，「鉛筆能畫畫」。這些當然沒有錯誤，不過他們都是鉛筆在通常情況下的用處。

思路更寬闊一些的話，鉛筆可以派上用途的地方是非常多的，例如它可以撓癢，鉛筆芯削成粉是一種很不錯的潤滑劑，往生銹的鎖孔裡面倒點這種「粉」，效果還很不錯。鼓勵孩子對某一物體說出奇持的、不同尋常的答案，說得越多越好。例如，學生說出迴紋針可以用來綁鞋帶，把迴紋針拉直並且穿過鞋孔扭結起來，就是個獨特的答案。

練習：讓孩子說說下列物體的用途：錘子、手電筒、報紙、鑰匙、書、紅磚、易開罐、硬幣、水……

> **文字遊戲訓練**：文字遊戲的訓練題要靈活，利用這些沒有固定答案的題目，可以有效地訓練孩子的發散性思維能力。

 ‧ 分別寫出你所知道的所有帶「木、口、十、人、乙等」偏旁的字。如帶有「木」的字有：林、棉、杏、櫃、材、桌、案等。

 ‧ 分別寫出「堅強、光明、公正、耿直」等詞的所有反義詞。如「堅強」的反義詞有：懦弱、軟弱、柔弱、虛弱、怯弱、弱小等。

 ‧ 分別寫出與「麵包、腳踏車、書包」等相關的事物。如與「麵包」相關的事物有：麵粉、廚師、砧板、自來水。

 ‧ 盡可能多地寫出「美麗、孤獨、朋友、口袋」等的定義。如「孤獨」的定義有：孤獨就是一人獨處；孤獨就是總是不被別人理解等。

想像的專注訓練

想像訓練一：想像數字

讓孩子舒適地坐好或站好，閉上眼睛，想像阿拉伯數字的模樣。當孩子感覺在想像中看清楚了，就讓他從自己的想像中完全擦去數字的形象，再想像。在想像中看清楚之後，擦去它，再想像……這樣一直做下去，直到想像完為止。這個練習可訓練孩子注意的穩定性、注意的轉移以及想像能力。

想像訓練二：想像物品

讓孩子躺下，全身盡量放鬆。選擇一種所熟悉的簡單物品，像鋼筆、鉛筆、橡皮擦或書等。選定之後，輕輕地閉上眼睛，盡量想像出這個東西的樣子。腦子裡要排除一切雜念，把注意力集中在這件東西上幾分鐘，不要把注意力放在牌號、標題或到印在上面的字等其他東西之上。開始的時候，會覺得比較難，因為與之相關的東西差不多總會溜進頭腦中。在集中精力想像鉛筆的時候，可能會想到拿著鉛筆的手或印在鉛筆上的字等。這些情況都顯示自己的思想偏離了鉛筆本身，沒有像要求的那樣堅持在鉛筆上。這需要多多進行練習，經常做這個練習可以強化注意的穩定性，增強想像能力。

想像訓練三：想像未來

➤ 例 1：假如有朝一日外星人乘坐飛碟來到地球上空。他看到地面上放著五顏六色的汽車，感到非常奇怪和有趣，請你猜猜這時外星人會有什麼樣的想法。

➤ 例 2：假如有朝一日外星人終於和地球之間達成友好往來，地球有什

麼東西可以出口到外星球上去？我們又可以從外星人那裡進口什麼樣的神奇東西？

> 例 3：假如有朝一日可以透過器官移植換腦，那麼接受大腦移植的會是一些什麼人？手術完畢以後，他們會有什麼樣的感想？

> 例 4：假如有朝一日地球上的人們人人都可以活到 800 歲以上，那麼會發生什麼事情呢？

想像訓練四：創造想像的訓練

連詞遊戲

例 1：這裡有 10 個詞語，分別是「廚房、洗衣機、鐵、醬油、阿司匹林、拉肚子」，請用一段話把它們連接起來。

例 2：這裡的 10 個詞語是「腳踏車、電話答錄機、香煙、鐵皮、毛巾、皮鞋、印章、磁帶、臉盆、汽車」，請用一段話把它們連接起來。

創作故事

剛開始，父母在講故事給孩子聽時，留一個尾巴不講，讓孩子自己結尾，然後父母講得越來越少只開個頭，最後鼓勵孩子完全獨立地講故事。這種方法既訓練了孩子的想像力，也訓練了他們的語言表達能力。

▌追根溯源練習

家長可隨便找出一樣東西讓孩子來進行研究，讓孩子想像它的製造方法，甚至最初的來源，這可以訓練孩子注意的穩定性和定向搜尋的能力。

> 家長可以拿出一把刀讓孩子研究，孩子可以這樣追溯下去：這把刀是用木頭和鋼做成的，木頭被車圓，拋光和打眼。刀柄是木頭的，這木

頭來源於樹，樹是人砍倒的……刀刃是鋼，鋼是用鐵和焦炭等冶煉出來的，鐵是從礦石中提煉出來的，礦石是工人從地下採出來的……

➤ 拿一本書研究，可以這樣追溯：書是在紙上印上字而成的，紙要切成書這樣大小。紙是由紙漿做成的，紙漿是由草、樹等製成的，草要由人收割、晾乾、打包，運到造紙廠，樹則是由人砍倒的……

此方法練習看似簡單，但是想不讓枝節問題擾亂思路，是不容易做到的，因此，對孩子進行追根溯源練習，有助於提升孩子的注意力。

發現練習

心理學家發現，如果我們能不斷地從注意力集中的對象身上發現新的東西，注意力就會集中下去。根據這一原理，我們在訓練注意力時，就可以用這種不斷發現的辦法。

比如，讓孩子把注意力集中在媽媽的臉上，如果僅僅只是強迫自己「只准看這張臉，不許看別的」，那是不夠的，這樣孩子集中注意力會非常吃力。但是，如果孩子對媽媽的臉仔細觀察，看看它還有哪些自己以前沒有注意到的方面、特徵，這樣做下去，孩子的注意力就能經久不衰，從而始終保持高度的注意力集中。當孩子把這種方法運用到學業中時，比如聽老師講課，孩子可以注意聽老師今天講的內容和以前講的內容有什麼不同，老師做例題時有什麼新變化等，孩子就能始終注意聽講。

運用這個方法訓練孩子的注意力時，家長可隨便挑選一件東西，比如一幅畫，作為注意的對象，要求孩子努力在 3 分鐘內找出這幅畫的各個特點，這樣做時，要遵循一定的方法，如：先從整體輪廓入手，再到細節，然後進行描述。回答這樣幾個問題：畫的是什麼？如果畫了人，有多少

人？他們是什麼樣子？穿什麼衣服？衣服是什麼顏色？有房子嗎？房子有多少窗戶？有花嗎？是什麼顏色的花？畫上有鐘嗎？鐘上幾點了？等等。也可以用其他事物作為注意對象來進行類似的練習。

　　每次練習都要確定認識的目的，即你要孩子看什麼。練習的時間逐次延長，最後還要在不利條件下（例如嘈雜的環境中）進行練習。

▌擬物化練習

　　擬物化練習可用各種東西來練習，能增強注意力是想像法中的一種變式，適合於高年級的學生。

> 或坐或站，手上拿一顆橘子，聞聞橘子的氣味，體會橘子在手中的感覺，然後閉上眼睛，讓孩子回想自己對橘子氣味的反應是什麼，如流口水、想吃等，然後放輕鬆，想像自己變得越來越小，小到能鑽進橘子裡去觀察它，想像自己在橘子裡面的感覺。橘子是顆鮮橘子嗎？裡面的顏色和外面的一樣嗎？最後，想像自己從橘子中鑽了出來，恢復原來的樣子，記住自己所見到的、感覺到的、嘗到的以及經歷到的一切。

> 讓孩子拿一個隨身聽或小收音機，感受它的重量和形狀、材質，保持這種感覺。聞聞它是什麼樣的氣味？再放鬆一點，讓孩子想像自己變得越來越小，小道能鑽進收音機裡去觀察。

讓孩子想像自己在收音機裡看見的各種零件顏色、形狀，並感受自己在裡面的感覺，當他在各個零件之間穿梭，是否感到擁擠？最後，孩子想像自己從收音機裡面鑽出來了，恢復成原來的樣子。讓孩子努力記住在收音機裡面「旅遊」時所見到和感覺到的一切。

　　這樣的練習，對訓練孩子的想像力和注意力有很大幫助。

即時注意力訓練

即時注意力訓練有以下幾種方法。

辨音法

這種方法取材廣泛，簡單易行，它既能訓練注意力的集中性，還有助於消除疲勞，增強聽力。

打開收音機，放低音量，然後再放低，把音量慢慢調到盡可能低，低到剛好能聽見為止。微弱的聲音迫使孩子盡力集中注意力，使注意力集中性得到訓練。做這個練習的時間，最好不要超過 3 分鐘，否則易導致疲勞。或者在白天，放一首簡單一些的兒童音樂，辨別音樂中都用了哪些樂器。

這個練習還可以變通一下。如果你的孩子是低年級的學生，你這樣做：讓孩子坐好，輕輕地閉上眼睛，接著，家長可以弄出各種聲音來，比如敲碗聲、拍掌聲、腳步聲等讓孩子猜。隨著孩子聽音辨音能力的增強，家長可以把聲音弄得更複雜一些，如同時弄出好幾種聲音，讓孩子來分辨。這種方法，每天可進行 10 分鐘左右，既鍛鍊了孩子的注意力，還能加強家長與孩子的交流。

如果你的孩子是高年級的學生，你可以讓孩子在睡覺前做一下鐘聲練習。這種練習，要求用正確放鬆的坐姿或仰臥的睡姿，平心靜氣地傾聽鬧鐘的滴答聲。開始聽時，孩子會感到鬧鐘聲音既輕又遠，經過一段時間的鍛鍊後，孩子就會感到聲音變響了，變近了。如果練到能察覺到鬧鐘聲是從周圍牆壁和門窗上反彈回來的時候，就說明孩子的注意力已集中到驚人的地步。

這種方法有健身、養腦、集中注意的功效。讓孩子堅持做這個練習，能增強鬧中取靜的能力，使孩子注意力集中的強度大大提升，這樣，孩子就可以不怕外界干擾而集中精力讀書。

第八章 訓練注意力的特殊方法

大腦抽屜法

這種方法可以訓練孩子轉移注意力的能力。

第一步設計出 3 個問題，這些問題對於低年級學生來說要編得簡單些，對高年級學生來說要編得稍微難一些。比如，可為二年級學生編這樣3 個題目：

➤ 星期六媽媽帶我上公園，我想玩什麼呢？

➤ 3×34 等於？

➤ 人海的「海」字有幾筆？在海邊能看見什麼呢？

當然，這 3 個題目，家長可根據自己孩子的年齡大小來編製。

第二步，讓孩子每道題思考 3 分鐘。前 3 分鐘想第一題，第二個 3 分鐘想第二題，最後思考第 3 題。思考時，思想要集中，不能恍神，尤其不能想另外 2 道題。訓練的關鍵就在於想好一題之後再去想另一題，從而訓練注意力能自如地從一件事上轉移到另外一件事情上。

神秘箱法

在一個紙箱上開一個口子，剛好夠伸進去一隻手。家長先在箱子裡放一些東西。練習時，家長說出要找的東西的名稱，然後讓孩子把手伸進箱子裡去找，只許用手去摸，不能用眼睛去看。也可以說出某一東西的特徵，再讓孩子去摸出來。這種方法可以訓練孩子注意力集中的強度，還能鍛鍊他們的感覺能力。

數石子法

家長可以找一些大小相近的石子，你可以先放 3 個小石子在桌上或地上，然後拿硬紙蓋上，不讓孩子看見。讓孩子坐在石子前，告訴他，拿開

紙後，孩子應注意看一眼桌子上有幾顆石子，然後立刻蓋上，讓孩子說出石子數目。剛開始，2 顆、3 顆，孩子能看清，等到了 4 顆以上，低年級學生就看不太清有幾顆了。

這個訓練具有遊戲的特點，它要求孩子在只看一眼的情況下數出石子數，這樣的訓練能夠引起孩子的興趣，誘發他的注意。

如果用彩色小球來做，可以讓孩子看一眼後，說出都有什麼樣的顏色，這種訓練，要注意拿開遮蓋物之後要很快地再蓋上，通常你可以默默地數數，數「1」時拿開，數到「3」時蓋上。

這種簡單的方法能測出孩子的注意範圍，同時對他的視力敏感性和觀察力也是很好的訓練。

▌模型練習法

這是透過特製的模型來訓練注意力的方法。共有 3 種模型。

- ➤ **模型 1**：剪一塊 38 公分的方形黑紙板（沒有黑紙，可用墨汁把白紙染黑）和一塊 5 公分的方形白紙板，然後把白紙板黏在黑紙板的中心。
- ➤ **模型 2**：剪一塊 38 公分的方形黑紙板，再在 5 公分的方形白紙上剪出一個五角星，並把它黏在黑紙板的中心。
- ➤ **模型 3**：剪一塊 38 公分的方形白紙板，再用藍紙板剪個直徑為 12.5 公分的圓，並把它放在白紙板的中心。

訓練 1

1. 把模型 1 貼在明亮的室內牆上，與自己坐在椅子上時眼睛的高度一樣。
2. 坐在離模型 1 公尺遠的椅子上。
3. 按自己喜歡的放鬆方法進入放鬆狀態。

第八章 訓練注意力的特殊方法

4. 閉眼大約 2 分鐘，在腦子裡想像一面黑色的螢幕。

5. 睜開眼注視模型 3 分鐘，盡量不眨眼，但也不要過分用力。

6. 慢慢地把眼睛離開模型轉向牆壁，這時由於視覺暫留現象，會看到牆上似乎有一個黑影（一個黑板）。盡力凝視那個黑影，假如黑影開始消失，仍要想像它停留在那裡。

7. 當黑影完全消失後，閉上眼睛，在腦海裡再次想像它，要努力讓它牢牢銘刻在自己的腦海中。

8. 重做一遍。這個練習一次可以練習 15 分鐘。

訓練 2

1. 把模型 2 貼在牆上，其五角星中心的高度與自己坐在椅子上眼睛的高度相同。

2. 坐在離牆 1 公尺遠的椅子上。

3. 放鬆。

4. 閉眼，在腦海裡想像一個黑色螢幕。

5. 凝視五角星模型大約 2 分鐘。

6. 移動眼睛至牆上，繼續凝視牆上五角星的黑影（視覺後像）。

7. 閉上眼，努力使五角星模型留在自己的腦海之中。

8. 重複做一遍，本練習可做 15 分鐘。

訓練 3

1. 把模型 3 貼在牆上，高度同前。

2. 坐在距牆 1 公尺遠的椅子上。

3. 進入放鬆冥想狀態。

4. 閉眼呆 1 分鐘，想像出一個黑色螢幕。

5. 睜開眼睛凝視模型，眼睛的視焦點集中在藍色圓板上。想像自己看到了電影院的圖像放大鏡，放大鏡一直照在藍色圓板上，藍色圓板變得越來越大，直到它充滿你想像的整個螢幕。停止放大，直到它又變成原來的大小。如此反覆做幾次。

6. 在想像中增加一些運動。按順時針方向圍繞藍色圓板的外圈移動眼睛，大約進行 5 次，再按逆時針方向圍繞藍色圓板外圈轉動眼睛 5 次，繼續順時針 5 次、逆時針 5 次做轉眼動作，並逐漸加快速度，直到好像看見一個具有立體感的轉輪為止，然後慢慢地停下來。

這個訓練每次大約需要 5 分鐘，也可用五角星模型來做。盯住五角星的角，先按順時針方向、再按逆時針方向轉動眼睛，逐漸加快速度，直到五角星似乎成為立體，再慢慢地停下來。

這種訓練，有一種簡化方式，即可以凝視一根火柴，閉上眼睛待一會兒，然後突然睜眼，將會看到一根像電線桿一樣的大火柴。想像它的巨大尺寸，然後想像這根巨大的火柴被點燃，發出閃閃的巨大火焰。

▌動腦筋練習

我們都知道，人在動腦筋思考時，注意力是高度集中的。透過一些有趣的問題，能吸引孩子的興趣，產生注意，並在解決問題的過程中養成保持注意的能力，還能夠鍛鍊他克服困難的毅力。

練習一

下面的圖案，每一組中總有一個與其他圖案的特徵不同，請孩子把它找出來（答案參見本節末）。

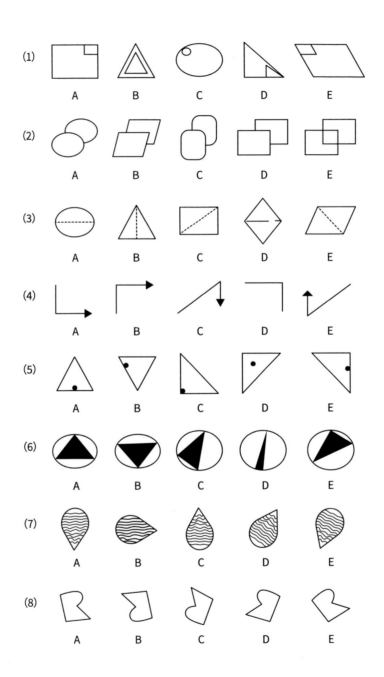

練習二

下面每組圖案中都有一個空缺，請動腦筋，把空缺的圖案補上。、

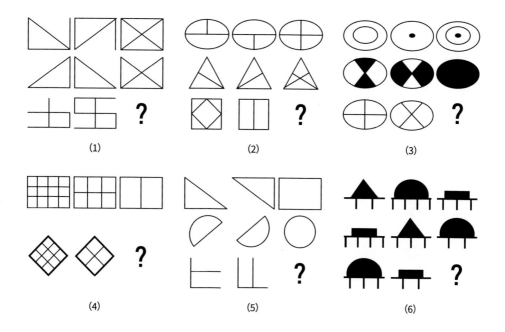

(1)　　　　　　　　(2)　　　　　　　　(3)

(4)　　　　　　　　(5)　　　　　　　　(6)

練習三

下面這幅圖案中，原來共有 16 個玻璃瓶，分別有 8 對瓶子的花紋完全相同。小明不小心打碎了 3 個瓶子，請問這 3 個瓶子長什麼樣？

第八章 訓練注意力的特殊方法

答案：

練習一：(1) C；(2) E；(3) D；(4) D；(5) D；(6) D；(7) B；(8) D。

練習二：略。

練習三：略。

第九章
訓練孩子注意力的相關遊戲

　　每個孩子都喜歡遊戲，遊戲是他們最喜愛的活動，它能激起孩子的興趣，使孩子心情舒暢。在遊戲的過程中，孩子的注意力集中程度和穩定性一般都比較強。因此，家長應該讓孩子多參加遊戲活動，並在遊戲中訓練孩子的注意力。

第九章　訓練孩子注意力的相關遊戲

▍認知類遊戲

動物分類遊戲

遊戲目標：比較各種動物特徵、習性，引導孩子從多角度分類。

遊戲1：「動物找家」

在地上畫幾個圈，代表天空、海洋、山林、草地等。孩子戴動物頭飾，聽音樂做模仿動作，音樂停，孩子迅速跑回家中，互相檢查有無錯誤。孩子互換頭飾，反覆遊戲。

遊戲2：「動物餐廳遊戲」

在三個桌上分別放肉、魚、蟲，樹葉、果子、竹筍和蛋，代表肉食、草食、雜食。孩子戴動物頭飾隨鈴聲做模仿動作，聽到「餐廳開飯了」的信號，迅速跑到一個桌旁坐下模仿動物吃食。互相介紹自己愛吃什麼。

孩子互換頭飾，反覆遊戲。

遊戲3：建造動物園

用積木建造動物園，將其分為許多格，將各類動物玩具放入動物園，觀察比較它們的特徵、習性，與孩子一起討論應該怎樣分類餵養，引導孩子從多角度分類。

按居住地點分為：「樹林」、「水中」。

按活動方式分為：「走」、「爬」、「游」等。

按腿的數目分為：「兩條腿」、「四條腿」等。

按食性分為：「吃肉」、「吃草」、「雜食」等。

遊戲 4：魚蟲鳥獸

（1）將各種動物的絨布教具藏在各處，讓孩子尋找。

（2）將絨布分為四塊，教師在上面分別貼上魚蟲或鳥獸的圖片。

（3）讓孩子將手中的動物圖片送到 4 塊絨板上，將同類的放在一起，互相檢查有無錯誤。

（4）分組討論魚蟲鳥獸的共同特徵。魚：水中生活，有鰭，鰓呼吸等。昆蟲：6 條腿，兩對翅膀。鳥：兩個翅膀，兩條腿，有羽毛，下蛋。獸：長皮毛，4 條腿，生小動物，喝奶。

（5）出示蝴蝶、海豹、鴕鳥等教具，思考牠們屬於哪類。

空氣遊戲

遊戲目標：感知空氣的存在與功用，激發孩子探索空氣的興趣，培養孩子注意力。

遊戲準備：杯子、手帕、魚缸、蠟燭、氣球等。

遊戲 1：手帕為什麼不溼

將魚缸放滿水，手帕塞入杯底，倒扣杯子，猜一猜手帕溼了沒有，拿出看看，手帕為什麼不溼。（杯中有空氣，水不能進杯子）

遊戲 2：會沉會浮的乒乓球

讓乒乓球浮在魚缸的水面，用一個倒扣的杯子將球扣住向下壓，將球壓入杯底，把杯傾斜，觀察氣泡溢出，水進入杯子，乒乓球逐漸在杯中浮起來，討論沉浮的原因。

第九章　訓練孩子注意力的相關遊戲

遊戲 3：哪支蠟先滅

將 3 支蠟燭點燃，用大中小 3 個杯子同時扣在蠟燭上觀察哪支蠟燭先滅，想想為什麼。（注意安全）

遊戲 4：火箭上天

在塑膠瓶口捲上一個紙筒，做成火箭狀，套在瓶口，拍打塑膠瓶，火箭就被推上天空，想想為什麼。（使用配套科學玩具製作材料）

遊戲 5：降落傘

用手帕、綢子、塑膠膜等材料製作降落傘，比一比哪種降落傘飄得最好，是誰托著它慢慢飛。（使用配套科學玩具製作材料）

風的遊戲

遊戲目標：製作風的玩具

遊戲準備：各種紙、剪刀、漿糊、吹氣玩具、打氣筒等。

遊戲 1：製作風車、紙蛇（配套科學玩具製作材料）

➤ 出示各類風車、紙蛇，讓孩子玩耍，觀察風的作用，引起製作欲望。

➤ 孩子嘗試製作，父母進行指導。

➤ 風車製作方法：

　·用稍厚的紙剪成「十」形。

　·把四角彎曲成風車形狀。

　·用一條橡皮筋套在左手拇指和食指上，把風車的小開口掛在橡皮筋上，拉緊再放手，使小風車彈出。（注意讓風車的彎曲面向下）

遊戲 2：我來造點風

➤ 提供材料，讓孩子想辦法製造點風。

➤ 孩子操作材料。啟發孩子扇動紙片、扇子、裙子，擠吹氣玩具，用氣筒打氣等方法製造風。

遊戲 3：帆船比賽（配套科學玩具製作材料）

孩子用紙折小船，放在水裡或桌上，用嘴吹或用扇子扇，推動帆船前進。比比誰的船行駛得快，引導孩子發現風的大小、方向會影響船的速度，了解帆船是風力推動的。

轉動的輪子

遊戲目標：比較正方體、長方體、球、圓柱體的異同，觀察輪子的特徵，發現其功能。

遊戲準備：收集各種大小紙盒、積木、球、廢罐頭盒、輪子及各種玩具車。

遊戲過程：

➤ 什麼會滾，什麼不會滾？

· 自由地玩紙盒、積木、球、罐頭盒、輪子等物體，引導孩子將物品分成「會滾」與「不會滾」兩堆。

· 再滾動球、罐頭盒、輪子，發現球能向四面滾動，輪能向兩面滾動。

➤ 玩車子。

· 在光滑的、傾斜的、凸凹不平的地面上玩車，比較其不同。

· 在車輪上塗顏色，在白紙上滾過，觀察車輪印跡。

· 比較各種車輪的異同。

- ・ 聯想，還有哪些物品需要輪子。
- ・ 用車子將重物推到頭，再將重物抱回來，比比有什麼不同感覺。
- ・ 推動帶輪的小車與不帶輪的紙盒，哪個跑得快而遠。

➤ 尋找生活中的輪子，發現它們的各種功能：如吊車、窗簾盒、沙發輪、冰箱架等。

冰孩子

遊戲目標：聆聽童話故事，了解冰與人們生活的關係，自然美。

遊戲準備：製作「冰花」的材料。

遊戲過程：

➤ 聽家長講故事。

➤ 家長提問孩子：你見過哪兒有冰孩子？

➤ 利用「冰孩子」製作玩具好嗎？與孩子一起製作「冰花」、「冰食」啟發孩子精心「設計」出不同的冰花（為孩子提供不同形狀的器皿，不同顏色的水，不同的水中裝飾物）（利用果汁冷凍後可食）。

遊戲建議：上述遊戲之後孩子再複述故事。

遊戲附故事：

冬婆婆給冰孩子打扮得可漂亮啦，白衣服、水晶鞋，全身明亮。

風爺爺在田野裡使勁地吹著，湖裡的魚兒凍僵了。冰孩子跑過來用自己的身體給湖面裝上一塊「擋風玻璃」，冰下暖暖和和，魚兒們快活極了。

風爺爺在田野裡使勁地吹著，大樹變得光禿禿的，冰孩子跑過來，鑽進了有顏色的水，凍成了五顏六色的冰塊，小朋友把它掛在樹上。呀！多麼美麗的冰花。

快過年了，媽媽買了許多雞、鴨、魚、蝦。冰孩子跑過來，鑽了進去，把雞、鴨、魚、蝦凍得硬邦邦的，再也不會壞了。

冰孩子愛幫助別人，大家都喜歡它，它高高興興地鑽進水缸去睡覺，身子一脹，水缸破了。哎呀，這次惹禍了，黑貓走過來奇怪地問：「誰打破了缸？」冰孩子低下了頭說：「不怪別人，是我打破的，真對不起！」

冰孩子可是個誠實的孩子。大家更加喜歡它了。

機器人遊戲

遊戲目標：產生好奇心，製作想像中的機器人。

遊戲準備：紙盒子、硬紙板。

遊戲過程：

➤ 了解機器人。講關於機器人的故事《機器人奇奇》（自編）。帶孩子看關於機器人的影片或連環畫冊，鼓勵孩子搜集關於機器人的圖書、圖片。

問孩子：你見過機器人嗎？它是什麼樣的？它會做什麼？你喜歡機器人嗎？機器人與人有什麼不同？

➤ 製作機器人。做機器人之前，可以讓孩子欣賞機器人圖片或玩具。介紹用不同材料製作機器人的方法，讓孩子按自己意願選擇製作材料，分成小組，共同製作機器人。

· 用積木搭機器人。

· 用橡皮泥或膠泥捏機器人。

· 用硬紙板做機器人：先畫一張機器人的圖像，剪貼到硬紙板上，將其剪下，在機器人腳下做一個托盤，使其直立，用針或曲別針固定，可成為磁鐵玩具。

· 讓孩子用大紙盒挖洞，套到頭上、身上、臂上、腿上，扮成機器人。

➤ 機器人展覽。將孩子製作的機器人擺放在桌上或走廊裡，將孩子搜集的圖片貼在地上，再擺上機器人圖書和玩具模型，辦一個綜合展覽。

➤ 機器人遊戲。在角色遊戲和表演遊戲中，可讓孩子扮成機器人，玩遊戲。要鼓勵孩子大膽想像和創造。

語言類遊戲

繞口令

遊戲目標：練習準確發音，能不間斷地快速朗誦繞口令。

遊戲準備：圖片，參考相關圖書。

遊戲建議：

➤ 家長結合圖片清楚、正確地為孩子朗誦 2 ～ 3 遍。

➤ 請孩子分析理解繞口令的內容。

➤ 跟家長朗誦幾遍以後孩子自己記憶朗誦，提高速度。

遊戲延伸：鼓勵孩子自學一些繞口令，比一比看誰說得多。附繞口令：

大貓和小貓

大貓毛短，

小貓毛長，

大貓比小貓毛短，

小貓比大貓毛長。

一匹布，一瓶醋

肩背一匹布，

手提一瓶醋，

走了一裡路，

看見一隻兔，

卸下布，放下醋，去捉兔。

跑了兔，丟了布，灑了醋。

娃娃畫畫

娃娃畫畫畫花花

娃畫花花結瓜瓜

花花結瓜給娃娃

娃娃吃瓜畫花花。

我和鵝

我是我，鵝是鵝，

我不是鵝，鵝不是我。

鵝肚餓，我餵鵝。

我愛鵝，鵝愛我。

猜謎語：可愛的動物

遊戲目標：能初步根據動物的姿態、特徵編寫出簡單的謎語。

遊戲準備：各種動物卡片。在日常生活中引導孩子猜謎。

遊戲提示：家長讓孩子猜謎，應以激發孩子主動參與活動為目的培養孩子動腦習慣。

第九章 訓練孩子注意力的相關遊戲

活動附謎語：

腦袋小，脖子長，

脖子一伸頭上房，

沒有聲帶不說話，

身上穿件花衣裳。（長頸鹿）

一物生來真奇怪，

肚下長個皮口袋，

孩子袋裡吃和睡，

跑得不快跳得快。（袋鼠）

嘴尖尾巴長，

偷油又偷糧，

白天洞裡躲，

夜裡咬衣箱。（老鼠）

一物像人又像狗，

爬竿上樹是能手，

擅長模仿人動作，

家裡沒有山中有。（猴子）

大尾巴，尖嘴頜，

跳跳蹦蹦採松果，

夏天樹上來乘涼，

到了冬天洞裡躲。（松鼠）

頭藏紅帽子，

身穿白袍子，

說話伸脖子，

走路擺架子。（鵝）

尖頭尖尾，

身穿銖衣，

游來遊去，

水裡遊戲。（魚）

年紀不大，

鬍子一把，

喜吃青草，

愛叫媽媽。（山羊）

身穿花花綠綠，

走路彎彎曲曲，

洞裡爬來爬去，

牙齒頂頂惡毒。（蛇）

耳朵長，尾巴短，

紅眼睛，白毛衫，

三瓣嘴兒膽子小，

蹦蹦跳跳人喜歡。（小白兔）

第九章　訓練孩子注意力的相關遊戲

身穿白袍子，

頭戴紅帽子，

走路像公子，

說話高嗓子。（公雞）

身穿黑緞袍，

尾巴像剪刀，

冬天向南去，

春天回來早。（燕子）

鬍子不多兩邊翹，

開口總說妙妙妙，

黑夜巡邏眼似燈，

白天喜歡睡懶覺。（貓）

林海之中一醫生，

保護樹木立大功，

不打針來不給藥，

一口叼出肚裡蟲。（啄木鳥）

傳聽接力遊戲

這個遊戲是要記住前面的人所說的話，再將那段話正確迅速地傳達給後面的人。參加遊戲者必須分成人數相等的隊伍。譬如有 30 個人參加，就分成 3 行，每行 10 人，並分別冠上 A、B、C 的稱呼。

接著指導者把 A、B、C 各行排頭的人叫到跟前，對他們說：「現在我給你們看一張紙條，請你們記住上面的字。記住後就回到自己隊伍中，

悄悄地靠在第二個人耳邊，用其他隊伍聽不見的聲音，迅速正確地傳達紙條上的話。懂了嗎？現在打開開紙條了。」

假設紙條一列開，上面寫的是：「請問你想喝冰牛奶還是熱咖啡？」

排頭的 3 人記住紙條上的話後，放下紙條回到隊伍傳給第二個人。這般重複傳話，直到傳至最後一個人為止。

最後一個人聽完傳話後就把它寫在紙上，寫完馬上舉手報告指導者。指導者在黑板上依傳話完成速度依序寫出隊伍名稱。

接著，依傳話完成順序，從每行最後一人開始發表他聽見的話，最後再由指導者讀出他原來在紙條上寫的字。

結果沒有一行能正確的傳話到最後，有一行是：「請問你想喝熱牛奶還是冰咖啡？」另一行卻是：「明天是運動會，希望是好天氣。」還有一行甚至是：「明天是運動會，吃便當真好。」

大家都大笑起來，這時候孩子們覺得答案荒唐而大笑，可是有些孩子卻可能因此失去自信，指導者要留意不讓他們笑得太過火，如果場面快失控，指導者得用幽默感收拾殘局。指導者判斷每一行是否能正確、迅速地完成傳話，輸的隊伍得應大家要求唱歌或跳舞助興。

傳話遊戲使用的文字得考慮參加成員的年齡。如果參加者是 8 歲以上，就可使用容易錯的字，不好唸的話或繞口令等。

傳話遊戲的例句：

三四歲孩子：

小飛俠。

小叮噹。

蘋果紅紅的。

第九章　訓練孩子注意力的相關遊戲

四五歲孩子：

章魚有八隻腳。

桌子有四條腿。

魚在水中游泳。

五六歲孩子：

郵局在市場隔壁。

學校有一棵榕樹。

那個池塘有許多鯉魚。

六七歲孩子：

我拿出五子，鴿子就圍了過來。

熊貓正在大嚼竹葉。

昨天我用積木做了一個大城堡。

七八歲孩子：

垂柳底下有兩條泥鰍。

岩石上坐著兩隻青蛙。

請給我 3 個三角形飯團和兩塊四方形豆腐。

今天的早餐有特製生菜沙拉和煎蛋。

九歲以上孩子：

廣闊的海岸有 7 艘白色的船。

生的新鮮雞蛋，熟的水煮雞蛋。

這個木樁怎麼敲怎麼挖都起不來。

以上是語句傳話的例子，若改成數字傳話也可以。此外，也可改成傳字遊戲，也就是不說話，而在別人背上寫某個字，一個一個傳下去，直到最後一個才揭曉答案。

聽故事排圖片

玩遊戲前，家長先對孩子講個故事。以《醜小鴨》為例：

「出來呀，你們都可以出來了」鴨媽媽對著她孵了好久的一窩蛋喊道。

蛋一個個裂開了，從裡面鑽出一隻隻鴨寶寶。「咦，這隻也是我的孩子嗎？」鴨媽媽看見鴨寶寶當中有隻奇怪的灰色小鴨，不禁叫道。

鴨媽媽把鴨寶寶們召集到湖邊，對大家說：「我們開始練習划水吧！」只見那隻灰色的小鴨也游得很好。「畢竟是我的孩子。」鴨媽媽欣慰地想。可是，附近的雞和火雞卻都瞧不起這隻灰色的小鴨：「好醜的鴨子，你給我離遠一點！」就連其他鴨寶寶們也開始討厭灰色小鴨了：「你跟我們都不一樣，離我們遠一點！」醜小鴨聽到這些話非常傷心，就離家出走了。

可是無論牠到哪裡，都沒有人願意接納牠。

秋天到了，醜小鴨看見有晚霞的天空上飛過一群群雪白的大鳥。「好美的鳥啊，我要能變成牠們那樣就好了。」醜小鴨心裡好羨慕。冬天來臨，醜小鴨住的池塘結冰了。小鴨絕望地想：「我大概活不了……」

幸好這時有路過的好心人撿起小鴨，把牠帶到家裡避冬。可是醜小鴨卻擔心自己又遭人欺負，便趁那家人不注意的時候逃了出去。漫長的冬天終於過去了。春天降臨，池塘閃耀著動人的光芒。

「哇！」只見一隻雪白的鳥的美麗身影倒映在池塘，那似乎是醜小鴨在哪裡見過的鳥。「莫非……這就是我嗎？」醜小鴨簡直不敢相信，原來

第九章　訓練孩子注意力的相關遊戲

醜小鴨竟是天鵝的孩子。牠一點都不醜，牠已經長成雪白美麗的天鵝了。

「這麼美的天鵝很少見呢！」看見的人無不讚美。

溫柔的陽光灑在天鵝身上，這隻由醜小鴨變成的天鵝顯得更加美麗動人。

以上的故事孩子聽完後，再讓他看依故事順序畫成的六張圖片，弄混這六張圖片，要孩子依故事順序從頭排序一次。如果孩子依 A-B-D-F-C-E 的順序排列，就完全正確，只要是小孩子都能用心聽完故事，也會很喜歡這種排圖片的遊戲。

讓孩子講故事

遊戲目標：孩子練習根據圖片的內容講故事，激發孩子對神話故事的興趣。

遊戲準備：家長為孩子講「孫悟空三打白骨精」、「豬八戒吃西瓜」等《西遊記》中的情節。

遊戲過程：

➤ 觀察圖片分析故事，根據孩子用書提供的圖片內容請孩子邊觀察邊自己議論。

➤ 家長提問孩子思考。

· 這幾幅圖講的是什麼事？

· 唐僧、沙僧、豬八戒、孫悟空他們要到什麼地方去？做什麼？你知道誰是他們的敵人嗎？為什麼？

· 八戒為什麼吃西瓜？

· 圖片上的美女和骷髏女是誰？

➤ 請孩子講故事。

孫悟空三打白骨精

唐僧去西天取經，一路千辛萬苦。這一天，來到一片荒山中，師徒四人又渴又餓，唐僧便叫悟空去找吃的。悟空臨走前在地上畫了個防妖圈，

第九章　訓練孩子注意力的相關遊戲

並告誡唐僧等三人千萬不要走出此圈。

　　悟空剛走，就見從大樹後面走出一個漂亮的女子，她手提飯籃，向唐僧走來。她剛走到防妖圈，一下就被打個跟頭，她沒爬起來，八戒就走過去扶起她。女子一坐起來就對唐僧說：「長老，這飯髒了沒法吃，你們隨我到山廟去吃飯吧。」唐僧剛站起，悟空拿著吃的回來了，見小媳婦是妖精變的，舉起金箍棒就將妖精打死。唐僧責怪他為何無故傷人，悟空說她是妖精，只見這個妖精變成一股煙跑了。其實，這妖精是波月洞裡的白骨精變的。白骨精並沒走遠，躲在山後，趁悟空跳上雲頭探路的機會，又搖身一變，變成個老太婆向唐僧走來。她見到唐僧忙問：「長者，看到我的閨女了嗎？」嚇得唐僧不敢說話。老太婆見地上躺著一個媳婦，假裝哭著喊叫閨女。悟空從天上回來，一見老太婆，知道又是妖精變的，一棒打下去將她打死。妖精又化作一股青煙跑了。唐僧見悟空連傷人命，非常生氣，就說起悟空來，並要唸緊箍咒。悟空忙求饒，表示絕不再傷人，唐僧才甘休。這時白骨精一不計成，又生一計，搖身一變，變成個白鬍子老頭。在岩石後一見悟空四人經過，忙跑過去跪倒在唐僧面前，詢問唐僧：「長老，可見我的老伴和孩子？」唐僧正支吾著，悟空回過頭來看是妖精，舉棒要打，老頭忙跪在唐僧身後求饒，唐僧忙喝令悟空不許打，可悟空容不得妖精作怪，還是一棒將老頭打死。唐僧此時，非常氣惱，唸起了緊箍咒，痛得悟空滿地打滾，唐僧唸了一陣，對悟空說：「我們出家人行德積善，不容殺生，你連殺三人，我不用你保護去西天，你回去吧。」悟空怎麼解釋也不行，一氣之下就回到了花果山。唐僧趕走了悟空，來到一座廟宇，見正中有一座鍍金佛像，趕緊下跪磕頭。這時，忽然陰風四起。佛像變成了一個妖精，兩旁的羅漢全變成了小妖精，一下子就把唐僧沙僧捉住。八戒跑得快，沒被捉住。八戒想：怎麼辦？最後，決定還是去找悟

空。悟空一聽師父被抓走，心裡雖然很急，但嘴裡卻說不管。八戒連忙激他，講妖精說悟空沒本領，鬥不過他。悟空大怒，馬上與八戒一起來到波月洞。快到洞口時，見到白骨精的乾娘坐著轎子要到波月洞去吃唐僧肉。悟空將她們打死，搖身一變，變成老太婆，坐在轎子上，來到了波月洞。白骨精還以為真是乾娘呢，便將三變小媳婦、老太婆和老頭騙唐僧的事講了一遍。唐僧後悔不該趕走悟空，孫悟空一見師父悔悟，馬上現了原形，和白骨精打了起來，白骨精鬥不過悟空，剛要跑，被悟空吐火焰燒死了。八戒又上去一耙，將它砸碎。唐僧非常感激悟空，悔恨交加。

豬八戒吃西瓜

唐僧帶著三個徒弟沙和尚、豬八戒和孫悟空去西天取經。一路走來，沒有看見一座房子和一個人，又趕上大熱天，火紅的太陽照在地上，火辣辣的。他們四個人，過了中午不只沒吃上飯，就連水也沒喝上一口，又餓又渴，好不易找到一座破廟，就走進去歇息歇息。孫悟空說「師父，你們就在這兒歇歇，我去弄些瓜果來。」豬八戒聽說要去找瓜果，口水都要流出來了，心想：「讓我跟猴子一起去吧，要是找到瓜果，我老豬就可以先吃個痛快。」於是，豬八戒就跟孫悟空一起去找瓜果了。

豬八戒最怕熱，剛走了幾步，就出了一身汗，越走越後悔，心想真不該跟猴子出來，於是，他就假裝肚子疼，不再走了。孫悟空知道他的貓膩，就一個筋斗翻到天上獨自找瓜果去了。

八戒等孫悟空走了，就在大樹下躺著，正想打個盹兒，忽然看見草堆裡有個大西瓜高興極了。真想一個人把這個西瓜吃掉，但一想師父和沙和尚還在廟裡等著呢，我不能一個人吃。可是，八戒嘴饞，口水都流出來了，實在等不及了，就把西瓜分成四塊，挑了一塊最大的先吃了起來，剩

第九章　訓練孩子注意力的相關遊戲

下的三塊準備留給師父、師兄弟們吃，正在這時候，孫悟空剛好採來了瓜果，一個筋斗翻了回來，正想從天上下來，看見八戒捧著一塊西瓜在吃。孫悟空想：「八戒真饞，找到大西瓜躲在這裡一個人吃，把師父和師兄弟都忘了，讓我再仔細看個明白。」八戒吃完一塊西瓜還想吃，自己嘟囔：「哎，真好吃，我把猴子的一塊也吃了吧！」

他吃完第二塊還想吃，自己嘟囔著：「我把沙和尚的一塊也吃了吧！」

他吃完了第三塊，還想吃，一邊吃一邊嘟囔著：「只留一塊也沒意思，我把師父的一塊也吃了吧！」孫悟空看得又好氣又好笑。便在空中叫了聲：「八戒。」八戒一聽，慌忙將四塊瓜皮丟得很遠很遠，這才放心。孫悟空裝做什麼都沒看見。心想：「讓老孫來教訓教訓他。」八戒跟孫悟空回去了，沒走幾步，八戒就踩上一塊西瓜皮，「啪！」摔了一跤，把臉也摔腫了。八戒站起來一看，原來是自己丟的西瓜皮，一聲也不敢吭。想不到剛走了十幾步，又踩上一塊西瓜皮，身子一搖晃，又摔倒了，把鼻子也摔出血了。孫悟空把他扶起來故意說：「是哪個懶傢伙，吃了西瓜，把西瓜皮亂丟，害得八戒連摔了兩跤。」八戒看了一下西瓜皮，心想：「真倒楣！」

這會兒，八戒走路可小心了，眼睛看著地上，走一步瞧一步，不知怎麼搞的，忽然腳下一滑，又掉了一跤，摔倒在孫悟空旁邊，這一次摔得可不輕，把腳也摔壞了。孫悟空笑著扶起他，八戒低頭一看，又是一塊西瓜皮，心想：「一定是猴子已經知道我獨自吃了一個大西瓜，故意用西瓜皮來教訓我的。」自己做錯了，又不好說什麼，只好忍著疼，一瘸一拐地往前走。

八戒瘸著腳好不容易走到廟前，心想：「總算到了，讓我老豬進去好好休息休息吧！這一路摔得我好苦啊。」正想著，誰知腳下一滑，又摔了一個大跟頭，這一次摔得他連爬也爬不起來了，痛得直哼哼。孫悟空扶著

八戒進去，唐僧、沙和尚看見孫悟空帶回大包瓜果，十分高興，看見八戒臉上青一塊，紅一塊，走路一瘸一拐，忙問：「八戒，你怎麼弄成這等模樣？」八戒紅著臉哼著說：「我不該獨自吃了一個大西瓜，一路上猴哥用西瓜皮把我摔成這等模樣，以後我再也不敢這樣做了！」悟空聽了摀著肚子哈哈大笑起來。

▌娛樂性遊戲

多米諾骨牌

　　「米諾」意謂正方形，「多」指兩人的意思。一張牌由兩個正方形連在一起，就叫做「多米諾」。這是 18 世紀在法國和義大利興起的遊戲。

　　多米諾骨牌是由 0～6 的點數兩個兩個排在一起，共計 28 張牌。除標準牌外，也有 0～9 的點數共組成 55 張牌。

　　28 張多米諾骨牌內容如下：

6-6 6-5 6-4 6-3 6-2 6-16 -0

5-5 5-4 5-3 5-2 5-15 -0

4-4 4-3 4-2 4-14 -0

3-3 3-2 3-13 -0

2-2 2-12 -0

1-11-0

0-0

　　這是兩個人玩的遊戲，首先將牌全部翻成背面，在預先洗完牌後一人分 5 張，剩餘的牌則背面向上放在桌角上。猜拳後贏的人先出第一張牌，接著由對手出牌。對手出的牌若與第一張牌呈相同點數就並列旁邊，兩人

依序交替出牌，從自己的牌中找出與行列兩端相同點數，並排下去。

　　如果手裡已沒有與行列兩端相同點數的牌，就由桌角的牌中取出一張，若剛巧符合兩端點數，便可排上去。如果點數仍然不符，就收為自己的牌，再由桌角取出一張，直至找到相同點數的牌為止。如果無法順利出牌，手裡的牌就會不斷增加，這個遊戲的贏家就是手裡的牌最先出完的人。如果出現兩個相同點數並行的牌（如 1-1，2-2 等），就得與行列呈直角方位排列，這樣才會像上圖一般，使圖形向四方伸出「枝杈」。「多米諾骨牌」另有做給孩子用的圖畫牌。這是將一張牌的兩個正方形分別畫上圖案，再將相同圖案的牌並列的玩法，更添趣味性。

撲克猜拳

　　「撲克猜拳」是兩個人面對面用撲克牌爭勝負的遊戲方法，猶如猜拳，因此而得名。兩個人中有一人握有紅心的「1」、「2」、「3」三張牌，另一人則捏黑桃的「1」、「2」、「3」三張牌。

　　這兩個人先經猜拳定出攻擊和防衛的角色。先攻擊的人可猜對方出哪張牌，再想像和自己出的牌合計「數目」是多少，而喊出「預備，（合計數目）！」同時兩人一齊出牌。

　　譬如，攻擊者自己打算要出「3」的牌，並猜測對方會出「1」的牌，便一邊喊：「預備，4！」一邊出牌。如果兩人合計書目正好是 4，攻擊的人便贏了。如果攻擊者猜的數目錯了，便不論輸贏，只是雙方攻守交替，改由防衛的人攻擊，直到分出勝負為止。而兩個人的牌共計有 2、3、4、5、6 五種可能數目。

　　不過，這個遊戲並非全是瞎猜，而是有一點道理可循。即己方判斷要出某數字的牌，則合計數目就超過某數以上，或不低於某數以下。例如自

己想出「1」牌，則合計數目將不超過 4，若自己要出「3」的牌，則合計書目將不低於 4。

像這般預測要花點腦筋，年幼的孩子參加，請玩得慢一點。猜中對方數字時可獲得無窮的快樂。

馬得馬基可

這是一種源自義大利的遊戲，現在在世界各地都有人玩，首先準備一副撲克牌，把小丑片拿掉後餘 1-13 共 4 組 52 張牌。

這個遊戲沒有人數限制。每人各自在紙上畫一個 5×5 格的正方橫盤圖形，再準備一支鉛筆。首先由一人坐莊，負責讀牌。莊家把牌洗好後，牌背面向上疊成一落放在桌上，再取最上面一張牌，讀出其中數字，是紅心或方塊等則不用讀。參加者聽見數字後就在 5×5 的格子當中選格填上該數字，填入後便不可擦掉。接著莊家再拿第二張牌，讀出上面數字，參加者也再選一格填入。如此進行直到 25 個方格填滿為止。

這個遊戲要花心思的一點，就是參加者將數字填入格子時，得考慮填入哪一格最好。這要靠參加者詳記數字的排列規則和得點，才能做出最有利的選擇。得分的計算方式是分別計算縱列、橫列和對角線的得分，再予相加，得分最高的人就是冠軍。下頁的圖是計算得分的例子（這個遊戲適合 7 歲以上的孩子）。

（數字的排列規則）	（得分）
2 個相同數字	10（20）分
2 個相同數字有 2 組	20（30）分
3 個相同數字	40（50）分
3 個相同數字 1 組和 2 個相同的數字	80（90）分

第九章　訓練孩子注意力的相關遊戲

（數字的排列規則）	（得分）
5 個相同數字	160（170）分
5 個連續的數字（排列順序不論）	50（60）
「1」有 3 個和「13」有 1 個	100（110）分
「1」、「13」、「12」、「11」（10）（次序不論）	150（160）分
「1」有 4 個	200（210）分

　　注：括弧內的得分是指對角線得分。非括弧內的得分則是指縱列或橫列得分。

俄羅斯娃娃

　　俄羅斯娃娃是用材質很輕的木材挖空做成的娃娃。它從身體中央分成兩半，兩個半邊合起後，再將小娃娃放進大娃娃中，由小到大一個個往上套，最後全部套進最大的娃娃。通常娃娃都被畫上可愛的傳統俄羅斯圖案。這個玩具的玩法有以下兩種。

(1) 把娃娃全部掏出分成兩個，再各自找出相合的身體上半部和下半部拼湊起來，就可以還原成大大小小數個娃娃，最少有 4 個，最多可達 10 個。

(2) 把娃娃全部拿出來，再在最大的娃娃中放入次大的娃娃，接著由大到小依序放入娃娃身體中，最後一定是最大的娃娃在最外面，最小的娃娃在最裡面，以此養成順序觀念。

　　第（1）種玩法只要找出同樣大小的兩半予以拼合即可，大概 5 歲孩子就會了。第（2）種玩法則有時會剩下一兩個放不進去，要全部成功得等到 9 歲左右。

玩具總動員

遊戲目的：

➤ 訓練孩子注意力，使孩子能夠開始服從於家長提出的目的和任務，並且開始培養孩子獨立地規劃和控制自己注意力的能力，讓孩子開始運用一些簡單的方法來維持自己的自主注意。提高注意的穩定性和分配能力。

➤ 訓練孩子的觀察力，提升孩子觀察的概括性，使孩子能夠在一定程度上把事物的各個方面、各個部分連結起來，找出它們的相互關係。

➤ 養成整理的好習慣。

➤ 培養孩子的分類整理能力。

遊戲內容：從孩子出生到長至六七歲，家長為了促進孩子的發展，一定買了許多玩具對孩子進行智力投資，加上家長製作的玩具，孩子可擁有一個玩具王國，對孩子的玩具進行大整理，我們稱之為玩具總動員。

➤ **修補玩具**：有些玩具，孩子也許玩了好幾年。比如汽車、飛機等交通類玩具；積木、積塑等益智類玩具；書本、畫片、畫冊等玩具，都會不同程度地出現破損。家長可把孩子所有的玩具都收集在一起，讓孩子自己找出其中破損的玩具。這時就要求孩子仔細地觀察玩具，找出破損的，並進行修補。比如說對圖書進行黏貼，把掉了的汽車輪子裝上等。既訓練了孩子的觀察力，又發展了孩子的思維能力、創造力。

➤ **整理玩具**：家長給孩子幾個放玩具的大箱子，告訴孩子，把玩具按不同的類別整理放在不同的箱子裡。比如交通類的玩具放到一個箱子裡，畫冊放到一個箱子裡⋯⋯然後家長離開，讓孩子獨自一人在房子裡整理玩具，看看孩子的注意力能堅持多長時間。過一段時間家長應

看看孩子，是否仍在堅持，若孩子沒有堅持，家長對孩子進行提醒，提醒孩子加強注意，繼續整理玩具。玩具整理結束。

孩子整理好玩具後，家長應首先對孩子進行表揚和鼓勵，以培養孩子整潔的好習慣。其次，家長應對孩子的整理進行檢查，看有沒有分類分錯的，若有，應及時指出來，讓孩子加以改正，以免造成孩子的錯誤認知。

遊戲結束。

遊戲指導：

➤ 該遊戲可每個月進行一次，既訓練孩子的注意力、觀察力，又培養了孩子愛好整潔的好習慣。

➤ 玩具分類對孩子來說有一定的難度，家長可提前為孩子分好。

➤ 讓孩子整理玩具時，家長可間隔 10 分鐘左右去看一次，看孩子是不是在繼續整理玩具（這時家長應給予孩子及時的表揚）。若孩子拿著某樣玩具在玩，則說明孩子注意力轉移，家長應提醒孩子整理玩具。

➤ 修補玩具時，家長應提供給孩子一定的工具和原料，協助孩子共同完成。

聽鼓聲走

準備小鈴鼓或其他能發出聲音的玩具一個。

在遊戲過程中，讓孩子遵守遊戲規則。鈴鼓拍得快，孩子走得快；鈴鼓拍得慢，孩子走得慢；鈴鼓停止時，孩子站在指定物體旁。

在玩遊戲時，父母可以不斷變換指定目標，在孩子走的過程中，父母可以變換鈴鼓的快慢，以此指揮孩子快走或慢走：變速走及向指定方向走。

雞毛信

準備形狀、顏色各不相同的圖形紙片及鈴鼓紙片，請孩子說一說這些圖形的名稱。

父母向孩子介紹遊戲規則：敵人開始掃蕩了，孩子送信，不同形狀的信要放在指定的地方。

和孩子一起遊戲時，家長當指揮官，孩子當通信員，家長發出指令：把紅色三角形的信送到某處，把藍色正方形的信放到某個地方。孩子聽到指令和鈴聲後出發，在鈴聲停止時要把「信」送到指定地點。

當孩子把「信」送到指定地方後，家長要給予表揚，以激發孩子繼續玩遊戲的興趣。

我是木頭人

歌謠：賽賽賽，山上有個木頭人，不許說話不許動。讓孩子邊拍手邊說歌謠，歌謠停止，必須做到一動不動。家長剛開始靜觀之，過一會兒可在孩子面前做各種怪動作，目的是把孩子逗笑，注意力集中，堅持不動的時間越長越好。

▎數學遊戲

鑽山洞

準備幾個弓形門當山洞，洞上掛上數字卡。

孩子自由組合，兩人手把手，兩人的數字合起來是幾，去鑽幾號山洞。每個洞口由一名孩子把守正確便發給兩人各一面紅旗。孩子反覆玩幾分鐘後集中，數一數每人手中的紅旗，比誰的紅旗多。

第九章　訓練孩子注意力的相關遊戲

手指遊戲

　　用一隻手，邊唸兒歌邊做手指分合動作練習 5 的組成：「5 可以分成 1 和 4，1 和 4 合起來就是 5；5 可以分成 2 和 3，2 和 3 合起來就是 5……」

　　兩個小朋友一起玩手指遊戲，一名孩子說數，另一名孩子用兩隻手的手指來表示這個數的一種分法，如，孩子甲說 3，孩子乙一隻手伸一個手指，另一隻手伸兩個手指。遊戲可反覆進行互換角色，並可以加快說數的速度，加大遊戲難度。

三人翻數遊戲

　　三人一組，一名孩子為發令者，一名孩子手舉數字卡，另一名孩子為對數者。遊戲開始，一名孩子任舉一張字卡，發令者說某數，並說：「我出 ×，」對數者要根據發令者說出的數及對方手裡的數字卡，迅速說：「我對 ×。」如：發令者說：「我出 5。」一孩子舉的「2」。那麼另一孩子就要迅速說出：「我對 3。」若對錯了，三人互換角色。進行一段時間後，可以加快說數、舉卡的速度來提升遊戲的趣味性和激烈程度。

聲音對數遊戲

　　教師舉 5 的數字卡或拍手 5 次（擊鈴鼓 5 下），兩名孩子依次用拍手或搖鈴鼓的方式來對 5，兩個人的聲音合起來應為 5。

遊戲一：大西瓜、小西瓜

　　其實這是一個反口令練習，當老師說大西瓜的時候，學生的手要比劃成小西瓜的形狀；當老師說小西瓜的時候，學生的手要比劃成大西瓜的形狀。如果想採取比賽的形式，每組可派代表上臺，看誰堅持到最後，誰的注意力就最集中，反應也最敏捷。

數青蛙

這是一個訓練數學思維和注意力的比較難的遊戲：一隻青蛙一張嘴，兩隻眼睛四條腿，撲通一聲跳下水。兩隻青蛙兩張嘴，四隻眼睛八條腿，撲通撲通跳下水。三隻青蛙三張嘴，六隻眼睛十二條腿，撲通撲通撲通跳下水……老師先說到這裡，讓同學們自己總結出規律，再請五位同學上臺，也可以全班按座位依次接力數，看誰的注意力最集中，誰的數學思維敏銳，反應快，誰堅持到最後也不出錯，誰就是勝利者。

躲開「3」

從 1 開始數數，凡是和 3 相關的數字，3 的倍數，都不能說出來，要用拍手表示。這個遊戲比「明 7 暗 7」難度高一點，因為和 3 相關的數字出現的頻率較高，3、6、9、12、13、15、18、21、23、24……所以一不小心，就會中圈套，所以注意力必須得高度集中。

從這 6 個遊戲來看，好像和數學有著緊密的連繫，數學學不好的孩子，出錯的概率明顯要高；還有反應能力，平時反應慢的孩子也容易卡殼；當然，在遊戲中注意力不夠集中的孩子，那是絕對要失敗的。因此，孩子的數學思維一定要從小培養。

教師可以把這幾種遊戲借鑒到自己的課堂中去，一是能激發學生的興趣，緩解他們學業疲勞；二是能增加班級的融洽氛圍，增強集體的凝聚力；三也是最主要的，能在遊戲中訓練他們的注意力，真是一舉多得啊。

第九章　訓練孩子注意力的相關遊戲

▎運動類遊戲

拋接球遊戲

　　具體操作方法是，找一個橡膠球，兩個孩子或孩子跟父母，對站保持一定拋接球的距離。用身體的上肢拋接球。熟練後，可以數數，數出聲音來。更加熟練後，可以默數。為了增加難度和防止這種簡單的遊戲失去挑戰性，可以在拋接球過程中，孩子邊跳邊遊戲或同時拋接兩個球等增加難度。

　　這個運動的機理其實很簡單，拋接球，需要眼睛看到球的移動，同時配合手。這是手與眼的協調，加入數數就是加入大腦的思考，加入默數就是避免互相干擾影響，看看運動這種干擾是否會影響數數。這就像在做作業，但外面有雜訊，如果足夠專注，那麼就不會受到外界聲音的影響。

　　注意力的提升實際上是要求一個人在一個時間把精力專注到一個事情上來，同時還可以兼顧其他不重要也不分心的事情。往往這種能力可以提高效率，延長坐下來的時間，對於長大後從事較長時間的讀書、工作都有好處。

　　我們發現球越大，難度越低。而這種拋球運動時間久了，孩子會厭倦。那麼只要明白了機理，家長還可以自行調整這個方法。比如，把大球變成小球，如網球、羽毛球、乒乓球等，但是由於網球往返距離遠，需要的力量大，不適合正在生長發育的兒童。

　　記得在雜技中有個很簡單的雙球拋接，比如手裡同時抓住兩顆球，把一個球往上拋，當拋出的球落下的同時把另一顆球拋出，讓兩顆球形成循環。這種玩法不僅鍛鍊專注力，而且一個人玩，隨時隨地不受空間限制。當然，增加難度到三個是肯定能達到的，再往上增加有較大難度。

我們看見一項體育運動可以調節一個人的很多能力，而並不是用學業來改變讀書習慣這麼枯燥單純。只要想辦法，好的方法和變通總是會有的。

翻花繩

有些學校每年都會舉辦「翻花繩」的遊戲，為什麼這個遊戲能持續下去呢？理由如下：

➤ 可以和朋友或家人一起玩；

➤ 用一條繩子就可做出各種有趣的視覺變化；

➤ 運用手腕和手指才能靈活玩耍，一點都不呆板；

➤ 是中國傳統的女性遊戲，由祖母傳給母親，再由母親傳給女兒，屬於生活文化的一部分；

➤ 可由圖形的連續變化獲得樂趣；

➤ 適合的年齡層很廣，幼稚園大班生就能玩得很順暢了。

翻花繩有什麼益處呢？至少有下列好處：

➤ 促進持續性的注意力；

➤ 手指運動可刺激大腦；

➤ 訓練手指的操作能力和靈活度；

➤ 認識和記憶圖形的變化；

➤ 認識圖形的變換順序和體系性；

➤ 從遊戲中獲得與他人相處的親近感和安全感，以此培養豐富的心靈；

➤ 促進國際友誼。翻花繩遊戲其實不只是中國才有，英國、美國、紐西蘭和日本都有類似的遊戲，所以此種遊戲也可促進各國之間的友誼。

翻花繩可以歸納出以下玩法。

第九章　訓練孩子注意力的相關遊戲

> **兩人遊戲**：由一個人先在自己手中打第一個結，再由另外一個人一邊用手指變花樣，一邊把繩結引到自己手上。如此交換，重複玩耍，繩結越扣越多。

> **一人雙手遊戲**：自己一個人用雙手鉤住繩子，再用雙手變換花樣。可以做出蟹、龜、梯子等圖形。

> **一人單手遊戲**：自己用一隻手鉤住繩子，再用另一隻手變花樣，可做成松葉、掃帚等圖形。

> **用一個環繩就可以變出許多戲法**：看起來亂成一團的繩結只要抽出其中一條或放開一根手指，就能恢復原狀。有抽手腕、拍手指和抽繩子等各種方式，也有用硬幣、剪刀等小道具的玩法。

踢罐子

　　和團體一起到戶外玩也是養成注意力的好方法。以「踢罐子」遊戲為例。

　　「踢罐子」其實是捉迷藏的一種，只是比一般捉迷藏多了一道踢罐子的步驟。「踢罐子」遊戲中，當「鬼」的孩子要防備不讓躲藏的孩子踢到罐子。躲起來的孩子則要比「鬼」搶先一步找到罐子。這個遊戲需要凝聚全方位的注意力，並不同於一般捉迷藏所需的持續注意力，更要求瞬間注意力。

　　這個遊戲以五至八個人玩最剛好。在有圍牆、樹木和小屋等藏身處的地方玩最好。

　　首先是準備工作。在地上畫半徑 1 公尺左右的圓圈，圓心豎著一個空的飲料罐。當把罐子踢出去時必須在遠處都能聽見，所以最好是空鐵罐或鋁罐。如果沒有飲料罐，也可以用其他能發出聲響的替代品。

大家猜拳決定誰當「鬼」，其次從躲藏的人中選出一個最先踢罐子的孩子。

遊戲開始了。剛剛選出的孩子先踢出罐子，當「鬼」的人再把罐子撿回來放在圓圈當中。撿罐子回來的方法有兩種：一是用腳踢回原點；二是用手拿回原點。幼小的孩子一般會用手拿。當「鬼」的人在原點數完一定數目（通常是 50），這段期間其他的孩子就趕快找藏身處躲起來。當「鬼」數完會大叫：「開始囉！」這是出發去尋找其他孩子的警告。他一邊叫，一邊得用腳踩一下罐子。當「鬼」找到其中的孩子時，就得叫出那孩子的姓名，再衝回放罐子的原點，用腳踩住罐子，大叫：「×××，中標了！」如果「鬼」沒有回到原點，或沒有踩到罐子，即使找到人也不算數。當「鬼」的人除了找到躲藏的人，再跑回去踩住罐子的時間之外，都是在圓圈外面找人。

這時候其他躲藏的孩子得注意「鬼」到哪裡去了。如果判斷「鬼」距離罐子夠遠，就可衝出去踢罐子。若「鬼」在找其他孩子的時候罐子被踢到，那麼被他找到的孩子都能獲得釋放，重新找地方躲。

可是，如果罐子一再被踢，那麼做「鬼」的人也太可憐了。所以罐子若被踢中 3 次，就得換人當「鬼」。如果躲藏的孩子用板子當護身，一邊遮掩一邊前進，或五六個人一起出動擾亂「鬼」的判斷，就更有趣了。

踢罐子遊戲在幼稚園大班左右就能學會，不過最愛玩的年齡大概是國小中年級。它不但需要注意力，也需要敏捷的身手和判斷力。

賽龍舟

遊戲目標：增強孩子肺活量，鍛鍊孩子動作的協調性及互相合作的能力，引導孩子喜愛傳統活動，訓練孩子注意力。

第九章　訓練孩子注意力的相關遊戲

遊戲準備：

➤ 透過吃粽子、做紙龍船，講「屈原投江」的故事等方式幫助孩子了解端午節。

➤ 透過看圖片或電視錄影的方式讓孩子觀看龍舟比賽。

遊戲過程：

遊戲 1：吹龍船

孩子將折疊好的各色「龍船」放在桌子一邊，孩子站在龍船一邊，一起用嘴吹氣，促使其前進。比賽哪條「龍船」先到終點。

遊戲 2：孩子搖船比賽

將孩子分成 2 人 1 組，拉住對方的胳膊互相坐在對方腳背上，前後移動位置，像小船行進。

遊戲 3：划龍舟

孩子 5 ～ 6 人一組，排頭當龍頭，後面每人左手搭在前面孩子肩上，排成一隊蹲下，變成船體，聽口令開始划船，大家用右手模仿划船，配合節奏，喊著口號，全組孩子協調一致地向前行船，比比誰先到終點（活動中注意提醒全組孩子要互助合作）。

玩跳繩

遊戲目標：學會跳繩的多種玩法，鍛鍊孩子四肢力量和全身協調能力，發展孩子的注意力。

遊戲準備：大、小跳繩。

遊戲過程：

➤ 過獨木橋：兩條繩拉成相距 10 公分的平行線為獨木橋，孩子在平行線中間走，踩繩、出繩為落河。

➤ 跨小河：兩條繩拉成相距 40 ～ 80 公分的平行線當小河，孩子從上跨跳過去。

➤ 走鋼絲：一條繩拉成直線為鋼絲，孩子踩繩前進。

➤ 左右行進隊一條繩拉直放在地上，孩子在繩的兩邊左右輪換行進跳。（單、雙腳均可）

➤ 雙腳分合跳：兩條繩平行放置地上，孩子在繩內跳起，雙腳在繩外落地，再跳起雙腳並齊在繩內落地。

➤ 雙腳向上跳過繩：繩子提到一定高度（30 公分左右，繩最好有彈性），孩子從繩上跳過去。

➤ 跳方格和米字格；將繩子擺成十字形和米字形，4 ～ 8 名孩子同時由自己格內向前面格裡連續跳。

➤ 搶繩：一條繩的兩端置於兩把小椅子下面，兩名孩子聽信號，圍小椅子繞一圈跑後坐下，立即彎腰拖繩子的一頭，誰先拉到為勝。

➤ 小繩跳：自掄自跳、自己掄繩跑步行進跳等各種花樣跳。

➤ 跳大繩：兩人各持繩的一頭掄繩，人數可由少到多。

套灰狼

遊戲目標：練習四處躲閃越過障礙地，提升動作的靈敏性及反應能力。

遊戲準備：學會兒歌：大灰狼，狠心腸的一群大灰狼。

玩法：

大部分孩子扮灰狼，1 ～ 2 個孩子扮捉狼的獵人。遊戲開始，大家一

起說兒歌，當唸到最後一句時，獵人開始追趕大灰狼群，狼要躲開獵人的追捕，而且不能跑進地面的圓圈內，要繞過圈或跳過圈跑。狼被獵人捉到或不小心跑到圈內，均為被捉到。要停止遊戲一次，暫時站到場地邊沿觀看別人遊戲。

　　遊戲規則：扮狼的孩子不能跑出規定範圍的場地，狼如果跑到圈內即是被套或者掉到了陷阱裡，要主動停止遊戲，站到場地邊沿。

海豚玩球

　　遊戲目標：

➤ 練習拋接球。

➤ 鍛鍊孩子的腹肌及雙腿的肌肉。

➤ 發展孩子的注意力。

　　遊戲準備：每人一個皮球，及直徑 8 公分左右的硬紙環和放球的竹筐 2-4 個。

　　遊戲過程：

➤ **海豚玩球**：向上拋球由低逐漸增高。

➤ **海豚頂球**：把紙環放在頭頂上，球放在紙環上，孩子扮海豚在場地上玩，球不要掉下來，或魚貫地在兩條平行線間行走。

➤ **海豚滾球**：孩子分兩隊，面對面蹲下，相距 2 ～ 3 公尺，雙手推球滾給對面的小朋友，再滾回來。

➤ 海豚互相拋接球。

➤ **頂球爬行**：海豚頂球在墊上魚貫爬行，看誰的球不落下來。

➤ **海豚投球**：雙足夾球，根據墊子的多少分組進行。開始參加的海豚將

球夾在雙足之間，兩腿伸直，接著上體後倒在墊上，順勢將球投到頭頂前的筐裡，起身可連續將 2～3 個球夾起，然後再換第一名小朋友練習。

遊戲規則：雙臂平放身體兩側，不要用手幫助放球。

足球運動員

遊戲目標：練習用腳踢球的技能，鍛鍊下肢肌肉，提高孩子的注意力。

遊戲準備：每人一個小足球（大皮球）。

遊戲過程：

➤ 開始讓大家討論足球可以怎麼玩，大家根據自己的意願玩一會兒。根據孩子的玩法選擇幾種大家練習。

- ・用腳踢球。
- ・用腳帶球走。
- ・將球踢進球門。
- ・向上踢球。
- ・用頭頂球。
- ・兩人互相踢球。
- ・兩人傳遞帶球行進。

➤ 分組比賽罰點球，哪組射門進球多者為勝利。

➤ 帶球進行射門誰先射進為勝。

➤ 遊戲：「以球擊壁」。在牆上畫球門，球彈回接著還可以繼續踢，規定時間內以踢進門多者為勝。

第九章　訓練孩子注意力的相關遊戲

➤ 足球比賽：在長方形場地兩方各放一個球門，孩子分成兩隊，各一名守門員，6 名隊員。開始球放線上，由一隊先踢，本隊隊員互相配合傳遞，進攻對方球門，踢進一球給一分，哪隊把球踢出去，由另一隊在踢出的地方發球。在 15 分鐘內以進球多者為勝。

遊戲規則：不許用手動球，不許推拉絆人。

獵人捉野兔

遊戲目標：練習跳及四散跑，提升躲閃追捉能力，養成遵守規則的好習慣，練習注意力。

遊戲準備：沙包，數量是獵人數量的一半。學會兒歌：

小野兔輕輕跳，小野兔眯眯笑，青草地來遊戲，跳得高跑得快，獵人來了我不怕。

遊戲過程：

➤ 孩子扮作野兔在場地的中間練習跳和奔跑。
➤ 「獵人捉野兔」遊戲。

孩子一半扮作獵人站在場地的兩端，一半扮作野兔在場地中間。

遊戲開始，野兔邊唸兒歌邊在場地自由跳動，當唸到最後一句「我不怕」，扮獵人的孩子從場地兩端用沙包向「野兔」投去。野兔奔跑躲閃，被沙包投中的孩子站在場地邊上停一次遊戲。遊戲重新開始，獵人和野兔可以互換角色。

猴子摘桃

遊戲目標：練習爬及跳的動作。

遊戲準備：提升靈敏協調的水準。10 公尺左右的方形場地，四周放上

墊子、塑膠圈。中間高懸的繩子上掛著桃（高度為孩子跳起後能摘到桃）。

　　遊戲過程：

➤ 孩子扮小猴子摘桃，要從墊子上爬進場地，再跳起摘桃，出來要從圈裡跳著出來把桃放到指定的容器裡面。主要指導孩子正確爬行及雙腳連續向前跳和向上跳的動作。

➤ 遊戲：小猴摘桃，選出數名（5～6人）孩子扮看桃園的人，其餘孩子扮小猴。遊戲開始，小猴從墊子上爬進果園（場地）摘桃，看桃的人即可追捉小猴不讓其摘到桃，小猴則要躲避看園人，不讓其捉到，想辦法摘到桃。小猴摘到桃後要從場地邊的塑膠圈上跳出去。如果被看園人捉到，就在場地外的猴籠中待一會兒（停止遊戲一次）。

▌藝術類遊戲

猜猜看

　　遊戲目標：

➤ 練習聽辨打擊樂器的音色及模仿節奏的能力。

➤ 練習快速反應及準確表達。

　　遊戲準備：有樂器圖樣的卡片，具有不同聲音特點的樂器，如三角鐵、響板、串鈴、鈴鼓。

　　遊戲過程：

➤ 請小朋友自由敲擊手中的樂器，熟悉一下它們的名稱及聲響。

➤ 小朋友從家長手裡抽取一張卡片，用手勢及聲音模仿等方法，表演出卡片上的樂器，讓其他小朋友猜自己表演的是什麼樂器。

第九章　訓練孩子注意力的相關遊戲

- ▶ 全體孩子手持樂器在場地裡自由走動，同時敲擊教師所指示的節奏。
- ▶ 聽教師口令，全體孩子迅速躲進四周的屏障（可以是案上報紙的椅子後面），可指定躲得最後的孩子留在中間。
- ▶ 教師暗中選定一件樂器，敲出一個簡單的節奏，這時拿相同樂器的小朋友就要迅速做出反應，模仿這個節奏敲奏，留在中間的小朋友要憑聽覺指出這些聲音在哪裡。
- ▶ 互換樂器，遊戲可反覆進行。

遊戲建議：

遊戲過程中，教師要注意提醒孩子不要使勁敲擊樂器免發出很強烈的音響。

花式染紙

遊戲目標：學習用紙浸染的技能，培養注意力。

活動 1：折紙染色

- ▶ 把紙折成各種圖形和形狀。
- ▶ 把圖形對邊、對角或用其他折疊方法反覆折疊（層數及方向不限）。
- ▶ 把紙的各折角處分別浸入不同顏色水中浸染顏色。
- ▶ 把紙打開放在舊報紙上鋪平、晾開。

活動 2：吸附染色

- ▶ 在一盆清水中放些顏色（不要調和），顏色會浮在水面，並逐漸散開成方狀。
- ▶ 把紙輕放在水面上。

活動 3：看看它像什麼

➤ 把紙對折，壓出折印，打開紙後用塑膠眼藥水瓶吸上自己喜愛的顏色，在紙的中間（折印處）滴上一滴顏色。

➤ 把紙再折合一起，用手壓按。

➤ 把紙打開，即出現對稱的圖案，啟發孩子從不同角度看它像什麼。

遊戲建議：染色時，開始用單色染色作品。以後可以同時選用幾種顏色搭配著，鼓勵孩子巧妙地利用染紙的圖案剪成不同款式的衣服。孩子作品可用作「商品」或娃娃家的用品及製作降落傘等玩具。

故事裡的聲音

遊戲目標：練習用敲木紙盒的方法來模仿日常生活中的聲響。

遊戲準備：一個空紙箱。

遊戲過程：

➤ 請孩子在紙箱上用不同的方法進行敲擊，如指彈、摩擦等，從而發現不同種東西，可以發出不同的聲響。

➤ 家長邊講故事，邊用紙盒配音。「有一天早上，小明躺在床上，他聽到一陣腳步聲（手在紙箱上摩擦），原來是媽媽穿著拖鞋到廚房去了，他閉上眼睛，又聽到爸爸出門下樓去上班的腳步聲（手指在紙箱上敲出漸弱的聲響）。」

➤ 家長講故事，請小朋友來配音響效果。

➤ 請孩子分組編故事，並用紙箱造效果。最後，可以給孩子其他一些小的東西來配合紙箱，這樣，音響效果會更豐富一點。

遊戲建議：在活動區中投放一些紙箱引導孩子創編「聲音故事」。

第九章　訓練孩子注意力的相關遊戲

美麗的拉花

　　遊戲目標：學習折、剪紙，培養動手能力。

　　遊戲準備：各色電光紙。

　　遊戲過程：

➤ 出示拉花，引起孩子的興趣。

➤ 孩子觀察，家長講解製作方法。

· **怎樣折剪**：用正方形紙對角折三次，手捏著中心這個角，從一邊向另一邊剪弧線，不要剪斷，再從另一邊向這邊剪弧線，這條弧線自對邊弧線的中間，然後拉開。

· **怎樣黏**：兩張紙正面對正面，將其小心黏起來，再將兩張中的其中一張和另兩張中的其中一張反面對反面，將四角黏貼起來，反覆做下去就成了一根長長的拉花。

➤ 孩子動手操作，家長指導，提醒孩子可以選擇多種顏色的紙，折時對角要對齊，剪時粗細要適中，否則不易打開或容易斷開。

石頭畫

　　遊戲目標：學習在石頭上裝飾與繪畫。

　　遊戲準備：發展孩子創造力與注意力。各種石頭、廣告顏料、彩色筆。

　　遊戲過程：

➤ 滾石頭畫：在石頭上塗上顏色，讓石頭滾來滾去，在盒底留下圖案。

➤ 染石頭：選擇自己喜歡的顏色，把它變成彩色石頭，欣賞它的美。

➤ 畫石頭：

· 將石頭塗成白色，晾乾。

· 在石頭上用彩色筆隨意畫上自己喜愛的東西。

➤ 石頭連環畫：

· 挑選大小差不多的幾塊石頭，塗成白色，晾乾。

· 在石頭上畫故事情節，一個石頭畫一個情節，幾塊石頭連接，便構成完整的故事。

➤ 石頭組畫：幾塊不同石頭組成一個物體貼在紙上，再塗上顏色成為一幅畫。比如一個小石頭、一個大石頭上下黏在紙上，塗上顏色成為不倒翁娃娃。

遊戲建議：除了石頭之外也可以用雞蛋殼、廢紙盒、塑膠瓶等進行彩繪。

「被」分心的孩子，愛干擾的父母：

不暴躁、不苛求、不逼迫，雙方都該學會「靜心」，爸媽更要一起練習！

編　　著：胡郊仁，陳雪梅

發 行 人：黃振庭

出 版 者：崧燁文化事業有限公司

發 行 者：崧燁文化事業有限公司

E-mail：sonbookservice@gmail.com

粉 絲 頁：https://www.facebook.com/
　　　　　sonbookss/

網　　址：https://sonbook.net/

地　　址：台北市中正區重慶南路一段六十一號八
　　　　　樓 815 室

Rm. 815, 8F., No.61, Sec. 1, Chongqing S. Rd.,
Zhongzheng Dist., Taipei City 100, Taiwan

電　　話：(02)2370-3310

傳　　真：(02)2388-1990

印　　刷：京峯彩色印刷有限公司（京峰數位）

律師顧問：廣華律師事務所 張珮琦律師

定　　價：375 元

發行日期：2023 年 02 月第一版

◎本書以 POD 印製

國家圖書館出版品預行編目資料

「被」分心的孩子，愛干擾的父母：不暴躁、不苛求、不逼迫，雙方都該學會「靜心」，爸媽更要一起練習！/ 胡郊仁，陳雪梅編著 . -- 第一版 . -- 臺北市：崧燁文化事業有限公司 , 2023.02
面；　公分
POD 版
ISBN 978-626-332-978-2(平裝)
1.CST: 親職教育 2.CST: 注意力 3.CST: 兒童教育
528.2　　111019780

電子書購買

臉書